소설 교수의 소설 읽기

소설 교수의 소설 읽기

조동길 지음

맵씨터

소설 교수의 소설 읽기

초판인쇄 2013년 10월 30일
초판발행 2013년 11월 10일

지 은 이 조 동 길
꾸 민 이 공 정 선
펴 낸 이 김 정 희
펴 낸 곳 맵씨터
등 록 제2002-000026호
주 소 서울특별시 성동구 아차산로 3(성수동 1가) 502호
전 화 (02)464-7708 / 3409-4488
전 송 (02)499-0846
이 메 일 hkm7708@hanmail.net

책값은 뒤표지에 있습니다.

ISBN 978-89-969760-1-1 93810

이 도서의 국립중앙도서관 출판시도서목록(CIP)은 e-CIP 홈페이지(http://www.nl.go.kr/cip.php)에서 이용하실 수 있습니다. (CIP제어번호: CIP2013021871)

■ 머리말

소설교수란 말은 잘 쓰지 않는 말이다. 그래서 낯설다. 그러나 철학교수, 음악교수, 무용교수 등의 용어를 떠올려보면 전혀 쓸 수 없는 말도 아닌 것 같다. 필자는 40여 년 가까이 소설을 창작하고, 연구하고, 가르쳐 왔다. 거의 평생을 대학에서 소설론과 소설교육론을 강의하며 밥을 벌어먹고 살았으니 이런 말을 쓸 수도 있겠다는 생각이다.

이 책은 소설과 글 읽기에 관한 이론적 글과 소설 작품 읽기의 실천적 글, 그리고 몇 작가의 소설집에 관한 서평을 모은 것이다. 청탁을 받아 쓴 것도 있고, 전공과 관련하여 평소 가볍게 쓴 것들도 있다. 오래 전에 쓴 것은 치기 어린 것도 있다. 그럼에도 방치해 두기 아까운 생산자(부모)의 마음에서 못난 자식들 불러 모으듯 한 자리에 모아본 것이다.

제1부에는 읽기에 관한 이론적 글 네 편을 모았다. 읽기의 본질과, 소설 읽기와 감상의 길잡이가 되는 글, 그리고 잘 쓴 소설과 좋은 소설에 관한 것과 여성문학에 관한 것이 그 내용이다. 제2부에는 단편과 장편 등 소설 읽기에 관한 실천적 글들을 모았다. 대상이 된 것 중에는 예전 작품도 있고, 최근 작품도 있다. 약간 깊이 들어가 전문적으로 논의를 한 것도 있고, 가볍게 감상이나 해설 형식으로 쓴 것도 있다. 글 내용에 일관성이 없이

자유롭게 된 것은 이런 이유 때문이다. 제3부에는 소설집 서평 세 편을 모았다. 내 주변의 세 작가가 낸 소설집에 관해서 서평 형식으로 쓴 것이다.

어려운 출판 시장 사정에도 불구하고 책을 내 주신 한국문화사 김진수 사장님의 배려와 책을 예쁘게 꾸며 주신 편집진에게도 고마운 마음을 전한다. 바쁜 와중에 어지러운 원고를 정리해 준 김영아 박사의 수고 또한 고맙기 이를 데 없다.

2013년 가을

금강과 계룡산 자락의 연구실에서

조 동 길 씀

■ **차례**

제1부 소설 읽기와 쓰기의 토대

제2부 소설 읽기의 실천

제3부 소설집 해설과 서평

제1부

소설 읽기와 쓰기의 토대

제1장 왜 읽어야 하는가?

1. 문자 발명의 경이(驚異)

인류 최고의 발명품은 무엇일까? 보는 시각에 따라 다르긴 하겠지만 한 인터넷 사이트에서는 종이, 문자, 시계, 도자기, 칼, 바퀴, 도르래, 달력, 페니실린, 나사 등 열 가지를 꼽고 있다. 이밖에 언어, 불, 도시, 피임약, 기업, 가정 등을 꼽는 사람도 있다. 그러나 그 어떤 경우에도 문자가 그 상위권을 차지한다는 사실을 부정할 사람은 많지 않을 것이다. 문자가 생김으로써 사람들은 자신의 생각을 기록할 수 있게 되었고, 그 기록의 축적으로 인류의 문명이나 문화가 발전하고 향상할 수 있게 된 것은 움직일 수 없는 역사적 사실이기 때문이다.

만약 문자가 없었다면 인류는 어떻게 되었을까? 언어의 발달 과정에서 음성언어와 문자언어는 상호 상승 작용을 일으키며 발전한다. 따라서 문자언어가 없으면 음성언어 역시 발전을 하기가 어렵다. 또한 기록을 통한 지식의 전승과 축적이 되지 않을 때 어휘의 확장이나 사고의 심화는 이루어질 수 없다. 언어가 사용자들끼리의 의사소통 기능을 넘어 의식과 정신의 질료이자 사고 작용의 필수적 도구라는 사실을 상기하면 이런 사실은 더욱 자명해진다. 즉, 문자언어는 인류의 언어를 폭발적으로 발전시킨 획기적인 발명품이 아닐 수 없는 것이다.

현재 우리가 누리고 있는 문자들은 어느 천재적인 한두 사람의 아이디어로 만들어졌다고 보기 어렵다. 초창기의 조잡한 그림으로 시작된 문자언어는 수많은 시간 동안 무수한 시행착오와 실패와 좌절을 겪으며 단련되어온 결과물이라고 보아야 한다. 지금은 사라지고만 수많은 문자와 기록으로 남아 있는 문자 유산은 선인들의 고심과 번민이 담겨 있는 당대 최고의 지적 산물이라고 할 수 있다. 이런 관점에서 보면 우리의 자랑인 한글이라는 문자의 위대성에 감탄하지 않을 수 없다.

문자를 사용할 수 있게 되면서 인류의 문명은 새로운 기원을 열었다고 해도 과언이 아니다. 개인의 독창적인 생각을 오래, 그리고 멀리까지 전파할 수 있게 되었음은 물론, 사고 작용이 더욱 정교하고 치밀하게 수행될 수 있게 되었으며, 나아가 지식의 효율적인 교육이 활발하게 이루어질 수 있게 되었기 때문이다. 따라서 문자의 발명이야말로 사람을 사람답게 해주는 것은 말할 것도 없고, 인류 문명이 정체(停滯)를 벗어나 전진과 향상을 할 수 있도록 추동력을 가속한 최고의 발명품이 아닐 수 없는 것이다.

2. 읽기와 세기

인간이 이 세상에 태어나 살아가려면 필요한 최소한의 기능을 갖추어야 한다. 모든 생명체의 본질인 생명 유지와 종족 보존의 기능은 본능적인 것이므로 따로 공부해야 할 필요성이 크지 않지만, 인간의 사회생활을 위해서는 공동체 유지와 발전을 위해 반드시 일정한 교육을 받지 않으면 안 된다. 그 교육의 출발점이자 핵심은 바로 읽기와 세기라고 할 수 있다. 읽기와 세기야말로 인간이 세상을 살면서 꼭 필요한 기초적인 기능이면서 동시에 지식과 지혜를 확장할 수 있는 가장 효율적인 수단이기 때문이다. 그러므로 아기가 자라면서 의식이 형성될 무렵부터 어른들은 사물을 세는 법과 읽는 방법을 가르쳐왔다.

일상생활에 필요한 세기는 간단한 교육을 통해 금세 읽힐 수 있다. 인류 문명 초창기의 세기는 요즘 단위로 치면 열 단위 이내로 이루어졌을 것이다. 그러다가 점차 문명이 발달하면서 세기의 단위가 커지고, 그 숫자의 확장이 곧 인류 문명 발달의 역사가 되었다고 할 수 있다. 언어학자들 가운데는 어떤 언어가 가지고 있는 숫자의 크기에 따라 문명의 발달 정도가 가늠된다고 주장하는 사람도 있다. 현재 우리는 조(兆), 경(京) 단위의 숫자를 일상적으로 사용하고 있지만, 현대 문명과 떨어져 오지에 살고 있는 어떤 부족은 다섯 이상의 숫자가 존재하지 않는 경우도 있다 한다. 그들의 생활에서 다섯 이상의 숫자야 '많다'라는 형용사 하나로 충분하기 때문일 것이다.

우리 일상생활은 아침에 일어나 저녁에 잠자리에 들 때까지 숫자와 세기의 바탕 위에서 이루어진다. 먹는 것과 입는 것, 학업과 직장 업무, 국가 운영과 기업 경영 등 모든 생활에서 숫자와 세는 법을 모르면 사회생활을 할 수가 없다. 다시 말해 우리 일상생활에서 숫자와 세기는 필수불가결의 기능인 것이다. 나아가 학생들의 학교 교육이나 학자들의 학문 연구도 따지고 보면 숫자와 세기의 훈련이자 심화 작업이라 할 수 있다. 이처럼 숫자나 세기가 빠진 공부나 연구는 존재할 수가 없다. 모든 학문의 기초로 철학, 수학, 국어, 셈을 꼽는 이유가 여기에 있다.

읽기라고 하면 대부분의 사람은 문자로 된 글을 읽는 것을 떠올린다. 맞는 말이다. 사전에도 그렇게 정의되어 있다. 그러나 읽기의 범주는 그렇게 좁게만 볼 수 있는 게 아니다. 문자가 생기기 이전의 읽기는 사물을 자세히 보는 것이나 상대방의 마음, 혹은 의중을 헤아리는 것을 뜻하였을 것이다. 중국어에서 '읽다'는 뜻을 나타내는 글자로 '독(讀)' 외에 '간(看)'이나 '염(念)'을 사용하는 것은 이를 잘 말해 준다고 할 수 있다. 즉, 겉으로 드러나지 않는 숨겨진 의미를 찾아내려는 노력이 바로 읽기의 출발이라고 볼 수 있다는 말이다. 이렇게 본다면 읽기의 의미는 매우 넓어진다. 단순히 문자를 소리 내서 읽거나 묵독하는 일뿐 아니라 사물의 내면을 통찰하거나 타인의 생각을 추론해 보는 일 또한 읽기의 범주에 포함되기 때문이다.

하지만 국어교육(독서교육)에서의 읽기는 이보다 매우 좁은 의미로 한정된다. 여기에서는 우리 삶에 필요한 정보나 정서를 환기하는 것, 혹은 교훈적인 내용을 담은 훌륭한 글을 읽어 자신의 삶을 성찰하고 보다 나은 방향으로 개선하기 위한 목적을 위해 수행되는 것을 뜻한다. 이를 위해 국어 교육 핵심 분야의 하나로 '읽기' 영역이 설정되었다. 그 세세한 이유와 방법은 국어 교육 종사자들이 익히 알고 있는 것들이다. 이런 교육과정의 내용들을 굳이 들추지 않고 상식적으로 생각해 보아도 일상생활과 읽기의 관련성은 더 이상의 설명이 필요치 않다 할 것이다. 거듭 말해 읽기가 빠진 일상생활은 상상할 수도 없는 일이다. 즉, 우리의 일상생활이라는 것이 바로 읽기의 연속이자 그 자체라고 볼 수 있다는 말이다.

그런데 문자로 된 글을 읽는 행위에도 여러 층위가 있다. 단순하게 문자 하나하나를 읽는 일에서부터 새롭게 의미를 창출하며 읽는 일에 이르기까지 읽기의 진폭은 매우 넓다. 예컨대 막 문자 해득을 시작한 어린이에게 한글로 된 조선왕조실록이나 도스토예프스키의 번역 소설을 읽으라고 하면 글자 하나하나는 읽을 수 있겠지만 그 진정한 의미는 거의 수용하지 못할 것이다. 반대로 유치원 아이들이 생산한 글을 문학 전문가가 읽으면서 글쓴이가 전혀 생각하지 않은 심오한 의미를 재구성해 낼 수도 있다. 이처럼 읽기란 단순하거나 단일한 행위라고 볼 수가 없는 것이다. 읽는 이의 선험(先驗)과 태도에 따라 같은 자료를 읽더라도 전혀 다른 의미의 결과물(텍스트)이 도출될 수 있다는 말이다.

요컨대 읽기와 세기는 교육의 기본이면서 우리 삶에 필요한 최소한의 필수적 기능이다. 제도권 교육이 되었든 아니면 개별 교육(홈스쿨링)이 되었든 모든 교육의 바탕은 이 두 가지로부터 시작되며, 고등교육이라는 것 또한 이 두 가지를 나름대로 심화하고 확장한 것이라고 볼 수 있다. 따라서 읽기는 모든 교육의 시작이며 한 시도 멈출 수 없는 인간 삶의 바탕이자 본질을 이루는 핵심 행위라고 할 수 있다.

3. 국어교육의 양면

국어 과목은 전 세계 모든 국가에서 가장 중시하는 교과다. 어느 나라든지 자신의 모국어 교과를 소홀히 하는 나라는 없다. 왜 그런가? 첫째로 모국어는 그 나라에서 살기 위해 필요한 의사소통의 도구이기 때문이다. 그 나라 말을 모르면 그 나라에서 일상생활을 할 수가 없는 건 자명한 이치다. 그 나라 국민(시민)으로 살아가는 데 필요한 모국어 학습 필요성 때문에 각 국가는 의무 교육 기간을 정해 놓고 의무적으로 모국어를 교육한다. 개인이 필요하지 않다고 해도 국가는 강제로 교육의 의무를 부과한다. 이는 인간들이 국가라는 제도를 성립시킨 이후 계속되어온 일이다. 일부 개인의 자유를 제한하는 성격이 있다 해도 그보다 더 중요한 필요성이 사회적으로 합의되고 공감되었기 때문에 이런 시스템이 오래 유지되어 왔다고 보아야 한다.

다음으로는 모국어라는 언어 속에 담겨 있는 문화와 민족의 특성 때문일 것이다. 한 민족의 언어는 오랜 기간 동안 전승되어 오면서 그 안에 그 민족의 특질과 문화와 본질 등을 담아 이어지게 마련이다. 그러므로 모국어를 공부하는 것은 바로 민족의 정체성과 본질을 습득하고 체화시키는 과정이라고 할 수 있다. 다른 어떤 자료나 방법을 사용하는 것보다도 모국어로 기록된 글들을 가지고 교육하는 것이 민족 정체성을 학습하는 가장 효과적인 수단이기 때문에 각 나라에서는 모국어 교육에서 이런 점을 강조하는 교육을 하고 있다고 보아야 할 것이다.

전문성을 피하고 되도록 쉽게 서술하려는 이 글의 목적과는 약간 어긋나지만, 이런 것을 국어 교과의 도구 교과 성격과 문화 교과 성격이라고 한다. 국어 교과에는 이런 양면성이 존재한다. 전자에는 읽기와 쓰기, 말하기와 듣기 등 언어 소통 기능이 해당되고, 후자에는 문학 작품을 중심으로 한 읽기 공부를 통해 민족 문화 전승과 창달, 개인의 삶의 질 향상과 민족 공동체의 지속적인 발전을 도모하는 기능이 해당된다. 국어 교육을 통해 이런 양면성을 균형 있고 조화롭게 교육함으로써 민족 구성원으로서 자부심과 긍지를 가지고 살아갈 수 있는 민주 시민을 길러 내자는 게 바로 국어 교육의 핵심 목표이자 이상이라고 할 수 있는 것이다.

2백 개가 넘는 전 세계 국가들 가운데는 다민족, 다종교, 다문화, 다언어 국가들이 많다. 그런 나라들은 모국어 교육을 수행하는 과정에 여러 애로 사항이 노출되지 않을 수 없을 것이다. 실제로 한 국가 안에서 민족과 종교의 갈등으로 국가 존립에 어려움을 겪는 나라들도 적지 않다. 이런 점에서 본다면 우리나라는 참으로 복 받은 나라라고 하지 않을 수 없다. 단일 민족으로 이루어진 국가이면서 당연히 단일한 언어를 모국어로 가지고 있기 때문이다. 과거 타 민족의 무수한 침략을 받았으면서도 이웃 큰 나라의 언어에 동화되지 않고 우리 언어와 문화를 지켜온 조상들의 끈질긴 노력에 새삼 감사하지 않을 수 없는 일이다.

4. 교육과정과 교과서

한 국가의 교육을 수행하기 위해서는 교육과정이라는 제도가 필요하고, 그것을 구체화한 교과서라는 교육용 제재를 제작하여 활용하는 게 보편적 현실이다. 우리나라도 광복과 더불어 이 제도를 도입하였고, 그것이 몇 차례 고쳐지기는 했으나 지금까지도 그대로 이어지고 있다. 따라서 우리나라의 모든 교육은 이 제도에 기속될 수밖에 없으며 각 급별 학교 교육 또한 이에서 벗어날 수 없다. 당연히 교육과정에서 정한 각 교과의 교육 또한 마찬가지다. 국어 교과도 여기에서 예외가 될 수 없음은 두말할 나위가 없다.

현재 우리나라의 모든 교육에 관한 기본 권리와 의무 등은 헌법 제31조에 규정되어 있다. 즉 이 조항은 모든 교육의 모법(母法)에 해당한다고 할 수 있다. 실제로 이 조항을 근거로 하여 제정된 '교육기본법'에 의해 우리나라의 유아 교육에서 평생 교육에 이르기까지 모든 교육의 존립과 수행의 근거가 부여되고 있다. 또한 총론적 성격의 이 법 내용을 구체화한 것이 '초중등교육법'과 '고등교육법'이다.

'초중등교육법'은 초중등 교육에 관한 모든 사항을 규정하고 있는데, 이 법 제23조는 교육과정에 관한 내용으로 구성되어 있다. 교육과정은 주지하듯 제도권 교육을 운영하고 실천하는 지침이자 근거가 된다고 할 수 있다. 그리고 이 교육과정을 구체화한 학습자료 가운데 가장 대표적인 것이 바로 교과서다. 이렇게 본다면 우리나라의 초중등 교육은 '헌법→교육기본법→초중등교육법→교육과정→교과서'의 위계에 의해 이루어진 자료를 중심으로 실천되고 있다고 볼 수 있다.

그런데 국어 교과의 경우 열 차례에 걸친 개정을 거치는 동안 정치권력의 개입으로 인해 국어 교과 본연의 기능을 수행하는 데 부정적 영향을 부단히 받아왔다. 특히 7차 교육과정까지 국어 교과서가 국정(또는 1종)도서로 묶이면서 그런 파행은 더욱 강화될 수밖에 없었다. 다행히 2007개정 교육과정부터 국어 교과서가 검정 도서로 전환되어 2010년 중학교 1학년 교과서부터 순차적으로 검정 교과서가 보급되기 시작했다. 국어 교과서가 검정으로 전환되면서 정치권력으로부터의 일정한 독립성 확보, 획일화 교육의 완화, 독과점의 폐해 감소 등의 효과는 긍정적인 변화로 볼 수 있겠으나, 이 제도 또한 완벽하다고는 볼 수 없을 것이다. 여전히 더 보완하고 개선해야 할 부분이 적지 않게 존재한다고 보는 것이 옳을 것이다. 앞으로 전문가들과 해당 분야 종사자들이 머리를 맞대고 토론하고 고민해서 그 대안과 해결책을 찾아야 할 문제라고 할 수 있다.

국정이든 검정이든 국어 교과서는 국어 교육을 수행하기 위한 중요한 자료의 기능을 수행하고 있다. 교사는 이 교과서를 중심으로 국어 교육을 수행하고, 학생들 역시 교과서를 중심으로 국어 공부를 하고 있다. 상급학교 진학을 위한 입시에서도 국어 교과서가 주요 제재 역할을 하고 있음은 주지의 사실이다. 그러나 7차 교육과정부터 교과서의 개념이 바뀌어 온 사실을 유념할 필요가 있다. 즉 과거에는 교과서에 수록되는 글이 가장 모범적이고 표준이 되는 글을 엄선한, 말 그대로 정전(正典, canon) 개념이었으나 이제는 단순히 교육과정의 성취 기준을 구현하기 위한 적정한 자료집의 성격으로 바뀌었다. 따라서 교사는 국어 교육을 수행하면서 교과서에 얽매일 필요가 없다. 성취 기준을 실현하는 데 더 적절한 자료가 있다면 얼마든지 다른 자료를 가지고 국어 수업을 해도 된다는 뜻이다.

이런 사실은 국어 교과서의 수록 글들이 더 이상 가장 바람직한 최고의 읽기 자료가 될 수 없음을 뜻한다. 학생들은 지역이나 지적 발달 수준, 학습 집단의 차이에 따라 서로 다른 자료를 가지고 공부할 수 있어야 한다. 그게 현행 학습자 중심 교육과정의 정신이고, 급변하는 시대에 적합한 교육적 대응이라고 할 수 있다. 더 이상 획일적이고 전체주의적인 국어 교육이 수행되어서는 안 된다는 것을 교사 자신부터 명심하지 않으면 안 된다.

요즘 학교 교육, 특히 중등학교 입시 교육에서는 국어 교육의 제재를 문학과 비문학으로 나누어 가르치고 공부하는 것이 보통이다. 가르치는 교사나 학습하는 학생들 역시 별 고민 없이 이런 현실에 익숙해져 있다. 그리고 실제의 읽기 교육에서 문학 제재를 읽는 방법과 비문학 제재를 읽는 방법을 구분해서 교육하는 것이 당연시되고 있다. 어느 면에서 보면 이런 사실은 바람직할 수도 있고, 또 교육 수행 과정의 불가피한 사정 때문이라고 볼 수도 있다.

그러나 국어 교육을 수행하는 데 문학과 비문학 자료가 대등한 비율로 선정되어 교육되는 현실은 문제점이 많다. 앞에서 말한 바와 같이 국어 교육의 양면성을 조화롭게 구현하려면 국어 교육의 자료는 마땅히 문학 작품 자료가 중심이 되어야 한다. 문학 작품은 한 민족의 언어로 표현될 수 있는 최고이자 최선의 결과물이며, 그 민족의 정체성을 핵심 내용으로 집적한 지적 산물이다. 따라서 문학 작품이야말로 국어 학습 자료로서 가장 적합한 성격을 갖고 있다는 사실을 잊어서는 안 된다. 여러 면에서 우리가 따라가려고 애쓰는 미국의 경우, 국어 교과서는 문학 작품을 모아 놓은 책(문학)과 언어 기능 훈련 책(연습, practice)으로 되어 있다. 그들이 왜 자신의 국어 교육을 위해서 이런 교과서 제도를 택해 오래 지속하고 있는지 그 이유를 깊이 헤아려 볼 필요가 있다.

5. 읽기 교사의 역할

국어 교사는 싫든 좋든 의사소통 능력 교육과 함께 문법과 문학을 가르쳐야 한다. 문학에 대해 개인적으로 소질이 없다거나 능력이 부족하다 해도 이는 피할 수 있는 일이 아니다. 즉 국어 교사는 필연적으로 문학 교사이면서 동시에 읽기 교사여야 한다. 문학 작품이 국어 교육에서 가장 중요한 제재가 되어야 함은 앞에서 누차 강조하였다. 문학을 가르치고 공부한다는 것은 곧 읽기 교육과 직결된다. 고등학교 과정에 읽기의 심화 선택 과목으로 독서라는 과목이 설정되어 있지만, 문학을 더 깊이 공부하기 위해 문학이라는 과목 역시 개설되어 있다. 그리고 각 학교에서는 입시나 기타 이유로 독서 과목보다 문학 과목을 더 많이 선택하여 가르치고 있다.

그런데 국어나 독서, 문학 과목에서 서로 중복하여 가르치고 있는 문학에 대해 교사들은 어떤 생각을 하고 있을까? 평소 중등학교 국어 교사들을 만났을 때 '왜 문학을 가르치는가?' 라는 질문을 해보곤 한다. 이는 '왜 읽어야 하는가? 라는 질문과 동일한 물음이기도 하다. 이 물음에 대해 다양한 답변이 나오지만 그 중에 가장 편한 것은 '교과서에 있으니까.'라는 대답이다. 틀린 말이 아니다. 교과서는 해당 분야 최고 전문가들이 고심하여 만든 것이기 때문에 교사들이 그런 답변을 하는 것은 지극히 정상적인 것일 수도 있다.

그러나 국어 교사는 단순한 교과서 전달 기능공이 아니다. 그들은 국어 교육의 전문가다. 전문가가 되어 자신이 하는 일에 대해 확신과 철학이 없다면 이는 전문가이기를 스스로 포기하는 일과 다름없다. 이는 비단 국어 교사에게만 해당되는 말이 아니다. 다른 과목 교사 역시 전문가로서의 사명감과 철학을 가지고 있어야 한다. 전문가라는 지식인은 늘 자신이 하는 일에 대해 비판적 성찰을 할 수 있어야 하며, 확고한 철학을 가지고 있지 않으면 안 된다. 그러므로 국어 교사는 왜 읽어야 하는가? 라는 문제에 대해 수동적인 자세에서 벗어나 적극적이고 능동적으로 그 이유를 확신할 수 있도록 준비해야만 한다.

그러면 국어 교육에서 읽기는 대체 왜 필요한 것인가? 공동체 사회생활에서 기본적으로 필요한 읽기 기능은 너무도 당연하기 때문에 일단 제외하고, 문학 작품을 중심으로 하여 교양 있는 민주 시민으로서 살아가기 위해 필요한 읽기의 필요성과 철학에 대해 몇 가지로 간추려 말해 보고자 한다. 미리 말해 둘 것은 이런 내용이 결코 절대적인 것은 아니라는 점이다. 학습자가 처한 환경이나 교사 개인의 소신에 따라 그 내용은 얼마든지 가변적일 수 있음을 유의해 주었으면 한다. 또한 현행 읽기 교육 현장에서 주로 읽기 방법 교육에 치중하고 있는 현실을 감안하여 읽기의 본질과 기본으로 돌아가야 한다는 취지를 고려한 내용임을 함께 생각하며 보아 주었으면 좋겠다.

첫째, 가장 효율적이고 직접적인 모국어 학습 방법이라는 점이다. 아름답고 정확한 모국어로 기술된 글을 읽는 것은 그 내용의 수용과 별도로 모국어 학습의 기능이 매우 크다. 따로 단어를 외고 문법을 공부하는 것보다 잘 쓰인 글을 읽는 것이 개인의 언어를 확장하고 심화하는 가장 빠른 길이다. 이는 몇몇 사람의 편향된 주장이 아니라 오랜 시간 동안 검증을 거치며 확증된 부동의 사실이다.

둘째, 좋은 글을 읽으면 심미적 정서를 환기하여 인성과 품성 도야에 획기적인 변화가 온다. 인류가 예술을 창조하고 향유하여 온 이유는 품위 있는 인간성 형성 욕구 때문일 것이다. 불완전한 인간은 항상 완전을 향해 시지프스적인 시도를 계속해 왔고, 그 노력의 중심에 종교와 예술이 놓인다고 볼 수 있다. 문학 작품은 언어로 이루어진 예술이다. 따라서 아름다운 언어로 된 문학 작품을 읽는 일은 개인의 심성을 미적으로 승화시켜 그 사람을 보다 높은 차원으로 인도하는 동시에 그 개인이 포함된 사회 전체를 인간답게 만드는 일이기도 하다.

셋째, 제도 교육을 통해 기르고자 하는 여러 지적 능력(적용력, 분석력, 종합력, 판단력, 창의력 등)들을 효과적으로 신장시킬 수 있다. 서사적 특성을 가진 글들, 예컨대 신문 기사나 역사, 소설이나 희곡 등의 글을 읽을 때 독자들은 당연히 그 글들을 제대로 수용하기 위해 이런 지적 능력들을 활용하지 않을 수 없고, 그런 과정을 통해 자연스럽게 그런 능력들이 길러지게 된다. 문학 당의정설은 교훈을 전달하기 위한 효과적인 방법으로 말해지지만, 이에 비유해 보면 서사문 읽기는 재미있는 내용을 따라가다 보면 저절로 그런 교육이 자신도 모르는 사이에 작동되고 수행되는 과정이라고 할 수 있다.

넷째, 지혜의 확장과 축적이 이루어진다. 문자로 기록된 글은 어떤 형태로든 글을 쓴 사람의 경험과 사색의 결과가 담겨 있기 마련이다. 현대사회는 한 사람이 다양한 경험을 하기 어려운 시대다. 따라서 일생 동안 경험할 수 있는 일들이 아주 한정되어 있다. 지혜가 경험의 바탕 위에 시행착오를 거쳐 터득되는 사실을 상기하면 다른 사람의 경험과 사색을 간접 체험하는 일은 매우 중요한 의의를 갖는다고 하지 않을 수 없다. 어느 원로 학자는 미래 사회의 주요 특징으로 행복한 삶의 추구를 들면서 그 필수 요소로 지혜를 꼽은 바 있다. 지혜는 단순 암기나 속성 과외로 얻을 수 없다. 오로지 자신의 고독한 사색과 독서를 통해서만 가능하다. 독서는 지혜에 도달하는 가장 빠른 길이다.

다섯째, 자아 성찰을 통한 정체성 확립이다. 어떤 학자는 현대 사회의 주요 특징으로 소통의 부재와 분열을 든다. 그렇다. 현대 사회처럼 개인이 자신만의 장벽 안에 스스로를 가둬 놓고 살았던 적이 없다. 타자에 대한 배려나 공동체에 대한 책임 의식 또한 과거에 비해 현저히 낮아졌다. 이런 사회에서 개인의 가치관이나 삶의 방식이 자기중심적이 되는 것은 당연한 일이다. 그러다 보니 현대인들은 자기 정체성에 관한 혼란을 겪을 수밖에 없게 되었다. 나는 누구인가? 또 나는 무엇인가? 이런 문제에 대해 사람들은 외면하고 회피하며 산다. 종교를 찾아가 보아도 과학을 바탕으로 한 지적 수준이 고도화된 사람들은 만족하지 못한다. 그렇다고 이 문제를 회피하면 삶의 가치 또한 무의미해진다. 좋은 글을 읽게 되면 이런 문제에 대한 성찰의 계기가 마련되며, 그 성찰을 통해 자신만의 가치 있는 삶의 방법이나 길을 찾을 수 있다.

여섯째, 민족성과 세계성을 균형 있게 조화시키는 힘을 기를 수 있다. 국경이 없는 시대라는 현대 사회에서 민족을 들먹이는 것은 자칫 시대착오적인 구태일 수도 있다. 하지만 막무가내로 민족성을 지키려는 수구적인 태도와 무한경쟁 시대의 막강한 경쟁 도구인 민족성을 잘 활용하자는 것은 전혀 다른 이야기다. 이는 글로벌 시대 탈민족의 필요성과 정당성을 부정하자는 말이 아니다. 인류공영이라는 이상을 위해서는 민족이라는 개념을 접어둘 수도 있지만, 민족의 언어와 문화가 존속하는 한 민족을 부정해서는 안 되고 또 할 수도 없다. 그러므로 우리는 독서를 통해 민족성과 세계성을 조화할 수 있는 힘을 길러야 한다. 특정한 학자나 이론을 통해 얻는 힘보다 스스로 독서를 통해 얻는 힘이 더욱 강하고 실질적 힘을 갖게 될 것임은 더 말할 필요가 없다.

이밖에도 읽기의 필요성에 대한 의견들은 관점에 따라 더 다양하게 이야기될 수 있을 것이다. 그러나 읽기 교육에 종사하는 국어 교사들은 이런 점만이라도 확고하게 신념으로 가질 필요가 있다. 그저 교과서에 글들이 수록되어 있으니 그것들을 가르치고 또 읽게 지도하는 것만으로 교사의 역할을 다했다고 할 수 없다. 또 전문가들이 해 놓은 것이니 묻지도 따지지도 말고 따라가기만 하면 된다고 생각해서도 안 된다. 모름지기 읽기를 지도하는 교사들은 왜 읽어야 하는지에 대해 확실하고 명확한 소신과 사명감을 가져야 한다. 그것이 국어 교육 전문가들로서 가져야만 할 마음가짐과 태도다. 그리고 필요하다고 판단되면 이런 내용들을 학생들에게도 강조해 알려 줄 필요가 있다. 학생들 또한 독서는 그냥 좋은 것이고, 그래서 무조건 해야 하는 일이라는 막연한 생각에서 벗어나 왜 읽어야 하는지에 대해 확실히 알고 그것을 수행한다면 훨씬 더 의욕적이고 능률적으로 독서를 할 수 있게 되기 때문이다.

6. 행복한 읽기를 위하여

우리 교육의 문제점은 정부 수립 이후 그 출발 단계에서부터 지금까지 한 시도 쉬지 않고 계속 제기되어 왔다. 그리하여 역대 정권에서 교육 개혁을 중심 정책으로 채택하지 않은 적이 없을 정도로 계속 바꾸고 또 바꾸어 왔다. 그럼에도 눈만 뜨면 교육의 문제점이 머리가 아플 지경으로 사회의 연속적인 이슈로 등장한다. 입시, 교육과정, 교과서, 사교육비, 등록금, 학생 인권, 학교 폭력 등등 교육 문제가 주요 뉴스에서 빠지지 않는 지경이 되었다. 그것도 주로 부정적인 내용이 대부분이니 우리 교육을 정상적이라고 보는 사람은 거의 없는 것도 같다.

왜 이렇게 되었는가? 정권 담당자들의 조급한 성과주의 정책 강행, 교육 관료들의 완강한 기득권 지키기, 몰염치한 일부 사학 집단의 횡포 등을 그 이유로 드는 사람들도 있지만, 더 중요한 것은 학생을 교육의 중심으로 보지 않고 어른들의 이해관계를 중심으로 정책을 만들고 시행하는 데 있지 않나 한다. 겉으로는 학생을 위하고, 학습자 중심으로 한다고 하면서 실질적으로는 자신들이 챙길 몫을 고집하는 게 파행의 핵심 원인이다. 오죽하면 한국 교육을 망치는 주범으로 교육 마피아, 사학집단, 사교육 시장을 꼽는 독설이 나왔을까. 교육을 위해 존재하는 교육부를 없애야 교육이 정상화될 것이라는 이율배반적인 아이러니는 과연 누가 만들어 냈는가.

작년에 발표된 한국 청소년 행복지수는 OECD 가입 국가 조사 대상 중 꼴찌인 23위였다. 반면 청소년의 자살률은 안타깝게도 압도적인 1위를 기록했다. 교육은 궁극적으로 사람을 가치 있고 행복하게 살 수 있도록 하기 위해 형성되고 구축된 제도라고 볼 수 있다. 그런데 교육이 거꾸로 그 대상자들을 불행하게 만들고, 심지어는 자살에 이르게까지 한다면 도대체 교육이라는 게 왜 존재해야 하고 또 필요하다고 할 수 있는가. 행복하기 위해 불행해야 한다는 이 역설적 현실은 과연 누가 만들어냈고 또 이끌어가고 있는가.

교육을 정상화하려는 의견은 백가쟁명 식으로 많이 나와 있지만 그 누가 나선다 해도 현재 우리 교육을 단시간 내에 정상화할 사람은 아무도 없을 것이다. 세종대왕이 환생해 온다 해도 안 될 것이라는 우스갯소리까지도 나와 있다. 하지만 어려울수록 기본으로 돌아가야 한다는 평범한 진리를 되새길 필요가 있다. 무엇이 진정 학생들을 위한 길인가? 학생들을 최소한 불행하지 않게 할 교육은 무엇인가? 이런 생각을 바탕에 깔고 다시 정책을 가다듬어야 한다. 그러다 보면 분명 길은 있을 것이다. 길이 없는 게 아니라 찾지 않는 게 더 문제다.

어떤 학자가 이런 말을 했다. 과거의 전근대 교육이 필요한 인재 상을 설정해 놓고 거기에 맞춰 사람을 만드는 교육이라면 현재의 교육은 학생들의 잠재 능력을 발견해서 그것을 잘 키워 사회생활을 잘 할 수 있도록 도와주고 기르는 교육이라고 할 수 있는데, 미래의 교육은 여기에서 한 걸음 더 나아가 스스로 자신의 능력과 자질을 깨우쳐 가는 교육이 되어야 한다는 것이다. 이 깨우치는 교육이야말로 학생을 행복하게 하고, 또 학생에게 진정 필요한 교육이 아닐까.

깨우치는 교육을 위해서는 현재의 경쟁 일변도 교육이나 교육을 산업으로 바라보는 신자유주의 시각을 과감하게 포기하고 버려야 한다. 어떤 점에서는 제도권 교육이 부정될 수도 있다. 이렇게 되면 그것은 교각살우(矯角殺牛)의 어리석음을 범하는 일이라고 걱정하는 사람도 있을 것이다. 그러나 현재의 파행적인 교육을 그대로 밀고 나가다가 부딪칠 문제점을 생각하면 오히려 그쪽이 더 나을 수도 있다.

현행 교육을 바로잡는 데 여러 방책이 있을 수 있지만, 그 중에서 청소년기의 특징과 교육의 필요성을 생각하면, 학생이 자유롭게 읽고 싶은 좋은 글을 읽을 수 있는 환경과 여건을 만들어 주는 일이 가장 효과적이면서 동시에 급선무가 아닐까 한다. 물론 여기에는 입시나 성적 관리, 수월성 교육의 필요성, 교육과정 운영 등의 여러 난관과 장애가 가로 놓여 있음을 부인하기 어렵다. 하지만 어떤 정책이든 한꺼번에 모든 것을 바꾸는 식으로 진행할 수는 없다. 현실적으로 가능한 부분에서 단계적으로 조금씩 바꾸어 나가다 보면 언젠가는 목표로 정한 지점에 도달할 수가 있는 것이다.

문제는 어떤 지향점과 목표를 설정하는가에 있다. 사회적, 교육적 합의를 통해 방향과 목표만 제대로 설정될 수 있다면 그 실행 방법은 얼마든지 마련될 수 있다. 이를 위해 일차적으로 교육부, 교육감, 교육장, 학교장 등 교육 관료들의 의식 전환이 필요하고, 그 다음으로 국어 교사를 비롯한 일선 교과 담당 교사들의 의지와 소신이 필요하다. 이런 개선을 통해 학생들이 입시나 성적에 대한 부담감 없이 마음껏 읽고 싶은 글들을 읽을 수 있는 환경이 조성된다면, 현재 교육에 드리운 상당수의 부정적 현실과 폐해는 상당 부분 해소될 수 있으리라 믿는다.

나이가 드신 분들은 가끔 자신들이 청소년 시절에 밤을 새워 세계 문학 명작들과 한국 문학 작품을 읽었던 기억을 말하곤 한다. 그리고 그것이 자신의 삶에 끼친 영향이나 태도를 바꾸게 한 경험을 덧붙인다. 그렇다. 한 편의 글이 한 사람의 평생을 바꿀 수도 있고, 죽고 싶을 정도로 심각한 고뇌를 풀어 주기도 한다. 작품 속의 인물에 동화되어 눈물을 흘리기도 하고, 분노하기도 하고, 울분을 느끼기도 하는 독서는 그 자체로 읽는 사람을 행복하게 만드는 길이기도 하다. 어른들이 무슨 권한으로 학생들의 이러한 행복할 권리를 박탈하는가. 행복한 읽기의 시대, 그것은 어른들이 학생들에게 베푸는 시혜가 되어서는 안 된다. 그들이 마땅히 누릴 권리를 그대로 인정해 주는 것이어야 한다. 제발 그런 날이 하루 속히 오기를 바라며 글을 맺는다.

제2장 소설을 어떻게 읽을 것인가?

여러 가지 문학 양식 중에서 소설은 현대를 대표하는 문학이라고 할 수 있다. 근대소설을 자본주의의 대응 서사 양식이라고 보는 견해도 있지만, 현대를 '산문의 시대', '소설의 시대'라고 부를 만큼 소설이 이 시대의 대표적 문학 장르임을 부정할 사람은 없을 것이다. 이는 상품으로서의 소설이 가진 위력을 잠깐 살피는 것만으로도 어느 정도는 이해가 되리라고 생각된다.

소설은 한 마디로 말하여 근대의 산물이다. 다시 말하여 자본주의의 성립과 발전, 근대 시민의식의 형성, 자연과학의 발달, 휴머니즘의 인간관 성립, 인쇄술과 대중 교육의 보급 등등 근대 시민사회의 여러 모습과 소설의 출발은 그 궤를 같이 한다. 사상가들 가운데는 근대와 현대를 엄격히 구분하고 현대의 대응 서사 양식의 발흥과 함께 소설은 그 운명을 다할 것이라고 예언한 사람들도 있었지만, 현실 사회주의 체제가 거의 붕괴돼 버린 오늘날의 지구촌 현상을 감안해 보면 소설 양식의 소멸 예언은 너무 성급한 것이 아니었나 하는 생각도 든다.

근대소설은 그 역사가 일천한 만큼 시에 비하여 그 이론의 축적이 빈약한 편이다. 또, 어떤 사람의 말처럼 소설 양식은 아직 형성되어 가는 도중에 있는 미완결의 형식이므로 그 이론 개발에 지장을 받고 있다고도 할 수 있다. 그런 가운데도 소설의 기원과 형성, 소설의 기능과 역할, 작중인물에 관한 다양한 논의, 구조와 형식에 대한 탐구, 소설의 서술에 관련된 담론과 시점에 대한 이론, 소설의 배경과 환경에 대한 연구 등등 상당한 연구 성과들이 축적되어 있다. 그것들만 해도 만만치 않은 분량과 범위에 걸쳐 있으므로 손쉽게 섭렵할 수 있는 것이 아니다.

요즘의 소설은 거의 예외 없이 가로쓰기에 한글전용으로 독자들에게 제공된다. 따라서 이론적으로는 한글을 읽을 수 있는 사람은 누구나 소설을 읽을 수 있다. 이 시대 아이들은 초등학교 입학 전에 한글을 깨치는 게 보통이므로 그 아이들부터 소설의 독자가 될 수 있다는 뜻이다. 실제로 아이들이 즐겨 읽는 동화나 만화는 넓은 의미에서 소설의 영역(서사)에 포함시킬 수도 있다. 그러나 읽는다는 것은 그 층위가 너무 다양하다는 사실을 상기해야 한다. 단순히 글자만 읽는 것도 읽는 것이고, 문자 뒤에 숨겨진 글쓴이의 의도를 짚어내며 읽는 것도 읽는 것이라고 한다면, 읽기의 개념과 영역이 너무 광활해져 논의를 할 수 없게 된다. 적어도 소설을 제대로 읽는다는 것은 작가의 의도에 어느 정도 접근하는 것이어야 하며 단지 글자 읽기 훈련하듯 문자를 읽는 수준의 읽기라고 할 수는 없다.

그러면 소설은 어떻게 읽어야 하는가? 이 문제에 대해서도 전문가들의 논의가 꽤 많이 이루어져 그 방면의 의견들이 상당수 나와 있다. 하지만 대개 그것들은 일반 독자와 소설 전공자를 구분하지 않고 이야기하고 있기 때문에 오히려 혼란만 가중시키는 감도 없지 않다. 물론 그것들이 소설 읽기의 방법 터득에 전혀 도움이 되지 않는다고 할 수는 없겠으나, 다양한 형태의 여러 소설을 일률적 기준으로 읽을 수는 없는 노릇이고, 또 문학을 전공으로 공부하지 않는 사람들에게까지 전문적 용어를 사용해 가며 깊이 있는 분석이 필요한 것도 아니다. 보통 독자들은 그저 소설 읽기를 즐길 수 있으며, 한 걸음 더 나아간다면 스스로의 삶에 긍정적 영향을 얻을 수 있다면 그것으로 족한 것이 아니겠는가. 다만 소설 읽기를 저급한 흥미 충족이나 시간 죽이기 차원으로 보지 않는 주의가 필요할 뿐이다.

아래에 소설 읽기의 일반적 방법을 몇 가지 안내하려 한다. 두말할 필요 없이 이것도 절대적인 기준이라고는 할 수 없고 보편적인 원칙에 지나지 않는다. 또한 문학 전공자를 위한 것이 아닌 만큼 가급적 평이한 길 안내 정도로 이해해 주었으면 좋겠다.

1. 제목의 의미를 생각해 본다.

시와 마찬가지로 소설의 제목도 그 작품의 얼굴이며 제재를 대표한다고 볼 수 있다. 예전에는 소설이 한 인물의 일대기 형태로 된 게 대부분이었으므로 소설의 제목에 사람 이름이 많이 사용되었다. 그러나 요즘 소설은 그 제목이 매우 다양하게 붙여진다. 소설 속의 사건과 관련된 공간이나 시간을 제목으로 삼은 것도 있고, 작품 내용을 암시하거나 요약한 것도 있으며, 주제를 암시하는 것들도 있고, 외부 작품이나 사건에서 따온 것들도 있다. 하지만 어떤 경우를 막론하고 그것이 작가의 의도를 반영하고 있다는 사실은 부정할 수는 없을 것이다. 특히 소설 내용을 요약한 제목은 작품을 읽기 전에 그 작품의 개요를 상상하게 해 주며, 주제를 암시하는 제목은 작가의 의도를 어느 정도 짐작하게 해 준다. 사람의 이름도 그 부모가 대단한 고심 끝에 그들의 아이에 대한 기대와 희망을 담아 붙이는 것처럼, 작가들도 그들의 작품 제목을 결코 아무렇게나 붙이지 않을 것은 정한 이치다. 더욱이 소설은 시와는 달리 그 길이가 길기 때문에 단순하게 제목이 붙여지지 않는다. 어떻게 하든 작품을 통해 자기의 하고 싶은 이야기와 의도를 제목에 담아 나타내려고 고심하지 않을 수 없을 것이다. 그것을 거꾸로 생각해 보면 우리가 소설을 읽을 때 제목의 의미를 깊이 생각해 보아야 할 근거가 더욱 확실해질 것이다.

2. 작가에 대하여 알아본다.

작가는 그 소설을 쓴 장본인이며, 독자들은 그의 이야기를 듣기로 마음속에 허용한 상태가 바로 소설 독서의 시작이 된다. 문자가 없었던 시절의 서사 양식 전달 방식은 화자와 청자의 관계로 정리될 수 있다. 화자가 이야기하고 청중은 그의 이야기에 귀를 기울여 듣는 서사 양식 전달 방식은 예전의 주요한 교육 현장이었으며, 여기에는 청중들의 화자에 대한 신뢰가 전제되어 있었다. 이 관계는 문자가 발명된 이후에도 지속되었다고 할 수 있다. 화자가 작자로 바뀌고 청중이 독자로 바뀐 상황에서도 독자들의 작가에 대한 기대와 신뢰는 계속되고 있는 것이다.

작가는 자기가 살고 있는 동시대의 현실과 사회에 대해 깊은 통찰을 바탕으로 소설을 쓰게 된다. 무수하게 널려 있는 사건과 인물 가운데 어떤 것을 선정하느냐, 에서부터 선정된 것을 어떻게 전달하느냐에 이르기까지 작가의 관심과 사색과 판단은 계속 작용한다. 그것의 결과물이 우리 앞에 놓여 있는 작품이다. 따라서 작품 속에는 작가의 사상과 철학, 그리고 현실을 보는 관점 및 미래 전망에 이르기까지 작가의 모든 것이 녹아 들어가 있는 셈이다. 그렇기 때문에 소설을 읽는다는 것은 바로 작가와의 전면적 만남이며 정신의 교류라고 할 수도 있는 것이다.

그러므로 이러한 작가에 대한 정보가 그 작품을 이해하는데 대단히 유용하게 작용하리라는 것은 너무도 당연한 일이 될 것이다. 하지만 너무 세밀한 정보가 꼭 필요한 것은 아니다. 그것은 소설을 전문적으로 연구하는 사람에게나 해당될 것이고, 보통의 독자들은 그저 작가가 어느 정도의 나이이며, 어디에서 태어나 어떤 성장 과정을 거쳤고, 어떤 교육을 받았으며, 지금은 어디에서 무슨 일을 하고 있는가, 정도의 간략한 정보만으로도 충분할 것이다. 그런 것들만으로도 작품 이해의 과정에 훌륭한 참고 자료가 될 수 있기 때문이다.

3. 작품의 발표 시기와 발표 지면에 대해 알아본다.

그 작품이 언제 발표되었는가를 아는 것은 작품 이해에 중요한 참고 사항이 될 수 있다.(더 정확히 말하면 창작된 시기가 될 것이다.) 작가도 그 시대를 사는 한 구성원이므로 아무리 동시대를 배경으로 하지 않은 작품이라 하더라도 창작 과정에 발표 시기의 사회적 환경이나 삶의 조건에서 완전히 자유로울 수는 없을 것이다. 그렇다면 그 작품에는 유형무형으로 그 시대의 영향이나 흔적이 묻어 있기 마련이다. 그것이 비록 미미한 것일지라도 작품 해석에는 중요하게 작용할 수도 있다.

발표 지면도 세심하게 살펴보아야 할 사항이다. 우리나라 소설은 대개 전작 형태로 출판되는 경우가 희귀하므로 일반적으로는 신문이나 잡지 등의 매체를 통해 독자들에게 전달되는 것이 보통이었다. 그런데 언론 매체는 근본적으로 상업성을 기저로 하여 존립하며, 또 그 나름의 시국관이나 회사의 설립과 운영에 관한 지표가 있기 마련이다. 자기 매체의 게재글에 그런 것들과 배치되는 것이 발표되는 것은 큰 문제이므로 그들은 사전에 일정한 검열을 하게 되고, 그보다 더 이전에 필자 선정과 원고 청탁 과정에서 이미 글의 성향이 결정되는 게 보통이라 할 것이다. 그와 같은 사정은 요즘의 문예지에서도 상당한 영향력으로 지속되고 있다. 작가들도 청탁을 받으면 일단 그 매체의 성격에 대한 생각을 하지 않을 수 없을 것이다. 작품을 안 주면 모르되 이왕이면 그 매체의 노선에 어긋나지 않는 작품을 주려는 것이 차후를 위한 상식적 판단이 아니겠는가. 그러므로 그 작품이 어떤 지면에 발표되었는가를 아는 것은 작품 이해에 상당한 도움을 줄 수 있는 것이다.

4. 소설 내용을 정독한다.

이 과정이 가장 중요하다고 할 수 있다. 앞에서도 말한 바와 같이 글자만 읽는다고 해서 소설이 읽어지는 것이 아니다. 단어 하나, 문장 하나, 단락 하나를 세심하고 꼼꼼하게 읽어야 한다. 그러면서 왜 이렇게 되었을까를 끊임없이 질문하며 읽어야 한다. 이런 묘사가 왜 필요한가, 이 장면은 왜 설정되었는가, 이 사람은 왜 등장했는가, 이 사건은 왜 일어나게 되었는가, 이 사람들은 왜 서로 미워하는가, 이 사람은 왜 고민하고 있는가, 이 사람은 왜 죽었는가, 그 사람은 하필 그 시간에 왜 거기에 있었는가, 등등 진행되는 사건 하나하나의 의미를 캐물으며 읽어야 한다. 텍스트의 클로즈 리딩(close reading)이란 말이 있는데 그야말로 밀착하여 자세히 뜯어 읽기를 해야 한다는 말이다. 언필칭 정보화시대라 하여 인쇄 매체의 속독이 미덕으로 치부되는 요즘 세태에서 그런 독서가 과연 필요하냐고 반문할지도 모르지만, 소설을 제대로 읽기 위해서 그것은 필수적인 과정인 것이다. 물론 모든 소설을 다 그런 식으로 읽어야 한다는 것은 아니다. 소설 가운데는 아주 저급한 것들도 많이 있는데, 단순히 시간 보내기의 오락용 소설이라면 전혀 그렇게 읽을 필요가 없을 것이다. 그러나 진지하게 시대와 사회를 고민하는 소설을 그런 식으로 읽는다면 남는 게 아무 것도 없을 것이다. 단지 줄거리 정도만이 희미하게 기억되거나 말거나 할 것이다. 그런 식의 독서 결과에서 기대할 것은 아무 것도 없다.

이 과정에서 또 하나 유의할 것은 소설 내용에의 동화(同化) 문제다. 소설을 읽으면서 그 내용에 완전히 몰입하여 작중인물과 자신을 동일시하는 것이 좋은가, 그렇지 않은가에 대해서는 찬반양론이 있는데, 분석적인 연구 목적의 독서가 아니라면 동화 쪽이 훨씬 의미 있고 필요하다고 할 수 있다. 흔히 말하는 감동이라는 것도 사실은 동화 안에서 일어나는 심리 작용이라고 할 수 있다. 작중인물의 변화나 움직임, 감정의 미세한 부분까지 일치감을 느끼면서 독서하다 보면, 어느새 현실을 떠나 작품 세계에 들어와 있는 것 같은 마음이 될 수 있을 것이다. 그러나 그러한 도취 상태는 오래 지속시킬 필요가 없다. 오히려 읽기가 끝난 시점에서 빨리 현실로 돌아오는 것이 좋다. 자칫 소설 읽기가 현실 몰각, 혹은 현실 도피의 수단이 될 수도 있기 때문이다. 물론 이는 감동의 여운을 길게 간직하는 것과는 전적으로 다른 이야기다.

아울러 별 생각 없이 지나치기 쉬운 문제 가운데 하나는, 잘 모르는 어휘가 나올 경우다. 이때 가급적 사전을 찾아 그 의미를 정확히 해명하고 넘어가는 것이 필요하다. 그것은 문맥을 보다 확실히 이해하는 일도 되지만 스스로의 어휘 능력을 향상시키는 일도 된다. 우리는 영어 단어에 대한 경외와는 달리 한국어 어휘에 대하여 너무 무감각한 면이 있는데, 우리 말 어휘를 익히는 과정으로 소설 읽기는 매우 쓸모 있는 방안이 된다. 한 가지 더 덧붙이고 싶은 것은 소설을 읽으며 메모지를 준비해 두고 필요한 사항들이나 떠오르는 생각들을 적어가라는 것이다. 읽고 있는 소설이 장편일 경우에는 내용 정리에도 큰 도움이 될 것이고, 문장 표현 가운데 마음에 드는 것들을 메모해 놓으면 나중에 대단히 유용하게 활용할 기회가 있을 것이다.

5. 소설의 줄거리를 요약해 본다.

소설을 읽고 나서 해야 할 가운데 첫 번째 작업이 바로 줄거리 요약이다. 줄거리라는 것은 소설의 사건을 시간 순서로 재배치해 놓은 것을 가리킨다. 예전 소설들은 그 서술이 단순해서 사건이 일어난 순서대로 되어 있지만 근대소설은 결코 그렇게 되어 있지 않다. 잘 아는 바와 마찬가지로 인과관계에 의해 사건이 서술되어 있다. 따라서 소설은 그 표면에서 볼 때 사건이 뒤죽박죽으로 되어 있는 것처럼 보인다. 그러나 그 혼란은 단순한 혼란이 아니다. 그것은 또 하나의 매끄러운 질서인 것이다. 그렇지만 사람들의 심리구조는 시간 순서에 매우 익숙해 있으므로 그것을 재배치해 볼 필요가 있는 것이다. 그렇게 함으로써 우리는 소설의 내용을 편안한 질서 형태로 재정리할 수 있고, 또 잘 기억할 수도 있게 되는 것이다.

줄거리를 요약할 때 간단한 단편일 경우는 머리 속에서 쉽게 정리될 수 있을 것이나 장편일 경우는 간단하지가 않다. 등장인물도 많고 사건도 복잡하기 때문이다. 이럴 때는 도표를 그려가면서 정리를 해 보면 매우 편리하다. 인물을 중심으로 하여 그 상호관계를 고려하면서 사건의 추이를 정리하면 편리할 것이다. 줄거리가 요약되면 그것을 다시 간단히 압축하여 머리 속에 기억해 두고 다음 작업을 수행한다. 그러는 과정에서 요약된 줄거리는 상당히 중요한 역할을 수행하게 될 것이다.

6. 인물에 대하여 정리한다.

소설은 그 핵심이 인물이라고 할 수 있다. 그러기에 어떤 사람은 소설의 시작도 인물이고 소설의 끝도 인물이라고 말하기도 한다. 소설이라고 하는 것은 작가가 하고 싶은 이야기를 직접 하는 것이 아니라 어떤 인물을 창조하여 그 인물로 하여금 간접적으로 이야기하도록 하는 양식이다. 그러므로 작가는 소설을 쓰기 시작할 때 맨 먼저 인물을 만드는 일부터 시작하는 것이다.

소설 이론 가운데 작중인물에 관한 것이 가장 많이 개발되어 있고 축적되어 있다. 그만큼 인물이 중요하다고 여기기 때문일 것이다. 인물의 개념, 의미, 유형, 기능, 창조 방법, 관계 등에 관한 많은 이론이 있다. 그러나 보통 독자들의 경우 그 이론들을 다 공부하는 일은 그렇게 필요한 일이 아니다. 소설에 대한 학문적 연구가 아니라 단지 소설의 내용을 이해하고 감상하는 데는 그런 이론들이 그다지 큰 도움이 되는 것도 아니다.

소설 속에는 한 사람 이상의 인물이 반드시 나오게 마련이다. 그 인물에 관하여 소설 곳곳에 조금씩 제시된 정보를 바탕으로 정리를 해 본다. 나이는 어느 정도이며, 이름은 무엇이고, 직업은 무엇이며, 고향은 어디인가 하는 기초적인 것에서부터 그 사람의 성격, 심리 상태, 가치관, 사물에 대하여 갖는 태도, 세상을 대하는 자세 등에 관해 정리를 한다. 인물이 두 사람 이상일 경우에는 그들의 관계에 대해서도 정리하고, 더 많을 경우에는 몇 가지 기준을 마련하여 분류해 놓는 것이 좋다. 그 다음에는 왜 그런 설정이 되었는가 하는 이유를 생각해 보아야 한다. 이름이 붙여진 이유, 성격 묘사가 그렇게 된 이유, 나이와 직업이 부여된 이유, 다른 사람들과의 관계 설정 이유 등등 인물에 주어진 정보가 그 사람에게 어떤 의미가 있는 것인지를 검토해 보는 것이다. 이런 작업은 숨겨진 작가의 의도를 캐내는 데 대단히 유용한 일이 된다.

7. 갈등 관계와 구조를 파악한다.

소설 속의 사건은 갈등이 주축을 이룬다. 갈등이라고 하는 것은 서로 다른 성향의 두 힘이 부딪치고 충돌하는 것을 가리킨다. 예를 든다면 선과 악 같은 것이 그 대표적인 것이다. 참고로 같은 성향의 힘이 충돌하는 것은 진정한 갈등이라고 볼 수 없다.

예전의 소설에는 이 갈등 관계가 비교적 선명하게 표면화되어 있었다. 그러나 요즘 소설에서는 갈등이 잘 드러나지 않는 모습을 취하고 있는 것들도 많다. 그것은 그만큼 삶이나 가치가 다양화되고 복잡해졌기 때문이다. 그렇지만 전통적으로 작가들이 즐겨 택하는 갈등 관계는 몇 가지 유형이 있다. 인간과 인간 사이의 갈등, 신(초월적 힘을 가진 존재)과 인간 사이의 갈등, 한 인간의 내부에서 일어나는 갈등 같은 것이 그것이다. 물론 이것들은 상황에 따라 다양하게 변모되고 미세하게 세분될 수도 있다.

두 갈등이 대립하여 반드시 승패가 결정되는 것은 예전 소설에서 흔히 쓰던 수법이다. 그를 통하여 그 시대의 이데올로기 또는 지배적 교훈을 주입하려 했기 때문이다. 하지만 요즘 소설에서는 그렇게 단순한 갈등 관계 설정도 드물 뿐 아니라 선의 승리와 악의 패배 같은 도식적 해결도 취하지 않는 게 보통이다. 어찌 보면 요즘 소설에서 이처럼 모호하게 보이는 갈등 관계를 명확히 짚어 내고 그 의미를 검증해 보는 일은 무척 어려운 일 같기도 하다. 자칫하면 작가의 의도와는 거리가 먼 작업이 되어 버릴 가능성도 충분히 있다. 그렇다고 해서 겁먹을 필요는 없다. 교양을 위한 소설 독서라면 소설을 잘못 읽었다고 혼을 낼 사람도 없고 누구에게 비난을 받을 일도 없으니까. 극단적으로 말하여 자기 식으로 읽으면 그만이다. 다만 그런 해석에 신뢰할 만한 근거가 없다면 그것은 공상에 지나지 않을지 모른다. 자기 자신에게 근거만 정확히 제시할 수 있다면 갈등의 파악과 해석은 전적으로 독자의 재량에 속하는 문제다.

소설의 구조에는 작가의 예술적 역량이 집중되어 있다고 할 수 있다. 주변에 널려 있는 재료들을 취사선택하여 하나의 의미를 부여한 구조물이 소설이라고 볼 때, 소설의 구조는 상당히 중요한 위상과 자격을 갖는다. 위에서 말한 바와 같이 시간 순서에 인과 관계를 부여하여 새로운 질서를 창조해 내는 것은 한 편의 작품 창작 과정이 된다. 이 과정에서 작가의 예술적 기교와 능력이 최대로 발휘되게 된다. 따라서 작품을 읽을 때 우리는 이 구조 관계를 잘 파악해야 한다. 왜 사건이 이렇게 전개되는가? 순서의 짜임이 왜 이렇게 되어 있는가? 이 사건의 원인은 무엇인가? 이 사건의 결과는 어떻게 될 것인가? 등의 문제들에 대하여 의문을 제기하면서 전체적인 구조를 파악하는 것이다. 그리고는 다시 그 순서들을 점검해 보고, 부분과 전체와의 관계를 생각해 본다. 부분이 전체에 대하여 갖는 의미는 무엇이며, 반대로 전체가 부분에 대하여 가지는 의미는 무엇인가에 대해서도 생각해 본다. 이런 작업을 통하여 잘 짜여진 구조의 아름다움을 발견하고 즐길 수 있을 것이며 그것은 독자의 삶에 어떤 형태로든 바람직한 방향의 영향으로 작용할 것이 틀림없다.

8. 문체의 아름다움을 즐긴다.

사실, 문체의 아름다움은 독서 과정에서 이미 체감되는 일이기 때문에 새삼스레 논의할 것이 못 될지도 모른다. 그러나 독서 과정에서는 줄거리 따라잡기에 급급하여 문체의 아름다움을 음미할 여유가 없을 수도 있다. 그래서 소설의 의미 파악이 어느 정도 이루어진 다음에 차분하게 처음부터 작품을 훑어보면서 문장의 조직이나 묘사의 아름다움, 또는 어휘 선택의 묘미 등을 재음미해 볼 필요가 있는 것이다.

작가는 작품을 쓰면서 상황에 맞는 어휘를 고르고, 적확한 표현을 하기 위해 엄청난 고심을 하게 된다. 바꿔 말하면 서술된 소설은 단순하게 사건의 전개 과정을 그리고 있는 것만은 아니라는 것이다. 소설 서술의 1차 재료인 언어가 작가에 의해 활력적으로 사용되어 생명력을 획득했다는 것은 소설 서술에 사용된 언어가 살아 있는 언어라는 뜻이다. 이 살아 있는 언어는 유기체처럼 적재적소에 필수적인 요소들만으로 구성되어 있기 때문에 그 자체로서 완벽한 아름다움을 형성한다. 이러한 아름다움을 익히고 즐기는 것은 심성을 연마하는 일이 되기도 한다. 잘 알다시피 언어라는 것이 바로 사람의 정신이고 의식이기 때문이다.

9. 작품의 배경(환경)에 대하여 알아본다.

사람의 삶은 시간이라는 세로축과 공간이라는 가로축의 접점에서 이루어진다. 다시 말해 시공간이라는 요소가 우리의 삶에서 필수적인 조건이 되는 것이며 이는 인간 존재의 본질을 규정하는 조건이 되기도 한다. '실존'이라는 철학 용어는 그런 사정을 잘 보여 주고 있다.

소설은 바로 사람들이 살아가는 이야기를 그 내용으로 하고 있다. 따라서 작중인물을 존립하게 하는 근본적 조건이 필요한데 이것이 바로 배경 또는 환경이라고 부르는 것이다. 직접적인 것으로는 시간과 공간이 있을 것이며, 간접적인 것으로는 사회나 문화 같은 것이 있을 것이다. 바꿔 말하면 사람은 시간과 공간이라는 제약 위에 사회나 문화라는 옷을 입고 살고 있는 것이라고 할 수 있다. 이러한 적절한 조건들은 그 인물을 더욱 생생하고 신빙성 있게 한다. 더 나아가 만들어진 인물이면서도 독자들에게 실제의 인물보다 더 믿음성을 주게 되는 것이다.

그러므로 우리는 소설을 읽으면서 작중인물을 둘러싼 시간이나 공간 묘사에 치밀한 관심을 기울일 필요가 있다. 계절 설정은 왜 그렇게 되었으며, 하루의 시간대 설정이 갖는 의미는 무엇인지, 새벽이나 밤이 상징하는 바는 무엇이며, 한낮의 태양이나 비 내리는 것, 바람 부는 것, 눈 내리는 것, 날씨가 흐린 것 등이 무엇을 의미하는지 살펴 볼 일이다. 마찬가지로 산이나 강, 도시, 농촌, 사무실, 골방, 술집, 숲, 도로, 밭, 교실, 자동차 안, 대합실 등등이 무엇을 뜻하는지도 생각해 보아야 한다. 그것들은 모두 작가의 세심한 의도를 숨겨 가지고 있는 것이다. 또 앞으로 일어날 일을 그런 식으로 예시하고 있기도 한 것이다.

10. 소설을 자신의 삶과 연관하여 해석해 본다.

우리가 소설을 읽는 근본적인 목적은 어디에 있는가? 어떤 시험을 대비하고 읽은 내용을 평가 받기 위해 소설을 읽는 경우도 있지만, 그것은 소설 독서의 본질과는 거리가 있는 일일 것이다. 그런 것은 어디까지나 부차적이고 공리적인 일에 지나지 않는다. 시간을 보내거나 흥미 충족을 위해 소설을 읽는 것도 정답이라고 할 수 없다. 요새 우리 주변에는 소설 말고도 보다 자극적이고 흥미로운 매체들이 얼마든지 널려 있으니까.

소설의 내용에 따라 다르고, 또 읽는 사람에 따라 다르기는 하겠지만 우리가 소설을 읽는 근원적 이유는 삶의 확장, 또는 삶의 개선 쪽에 있다고 해야 할 것이다. 제한되어 있는 내 삶의 영역이 다른 사람의 삶의 이야기인 소설을 읽음으로써 더 넓게 심화 확장되고, 여러 유형의 다양한 삶을 대리 체험함으로써 현재의 내 삶을 더 나은 방향으로 개선할 수 있게 되는 것은 어렵지 않게 알 수 있는 일이다. 삶의 확장은 지혜의 증진과 연결된다. 지혜라는 것은 지식처럼 전달되고 학습할 수 있는 것이 아니기 때문에 반드시 체험의 양과 질에 비례하게 되어 있다. 소설을 읽으면서 우리는 스스로도 모르는 사이에 세상을 보는 안목과 사람들을 대하는 유연함을 배우게 된다. 따라서 열 권의 윤리 서적이나 도덕 교과서를 읽는 것보다 한 편의 소설을 읽는 것이 더 효율적일 수도 있는 것이다.

한 편의 소설을 읽고 난 후 자신을 그 작품 속의 인물이라고 가정하고 내가 그 상황에 있었다면 어떻게 행동했을 것인가, 생각해 보는 것은 여러 면에서 의의 있는 일이 될 것이다. 그런 과정을 통해 현재의 스스로를 되돌아 볼 수 있고 자신의 사고방식이나 가치관을 점검해 볼 수 있는 좋은 기회가 될 것이기 때문이다. 또한 이런 과정이 결여된 소설 독서는 별 의미가 없다고 해도 과언이 아니다. 남들이 좋다고 하는 그 소설의 덕목은 남들의 것일 뿐이며 나에게는 죽은 관념에 지나지 않을 수도 있는 것이다. 죽은 관념들이야 우리 주변에 얼마나 많이 널려 있는가. 그런 것들을 애써 찾아다니는 일이야말로 어리석기 짝이 없는 일이 될 것이다.

이상에서 소설을 어떻게 읽을 것인가에 대해 몇 가지 이야기해 보았다. 물론 이것만으로 소설 읽기의 모든 방법이 논의되었다고는 할 수 없다. 이밖에도 소설의 서술이나 주제 찾기, 소설 사회학의 문제, 장르의 본질 문제, 반영론과 형식에 연관된 리얼리즘 문제, 스토리와 허구의 문제, 역설성과 저항성의 문제, 페이스·스케일·패턴·톤의 문제, 거리에 관련된 문제 등 소설의 이해에 관한 사항들이 있다. 그러나 대체로 그런 것들은 보다 깊이 있게 소설을 연구하려는 사람들이 텍스트를 정교하게 분석할 때 사용되는 것들이라고 할 수 있다. 보통 독자들은 위에서 얘기한 사항들만 잘 활용해도 소설 읽기에서 소기의 성과를 충분히 거둘 수 있을 것이라 믿는다.

끝으로 현대 사회의 특징과 연관하여 소설의 역할과 미래에 관해 간략히 이야기해 보고자 한다. 잘 알다시피 현대 사회는 전문화, 세분화, 정보화, 기계화, 개인화된 특성을 가지고 있다. 고속의 영상 통신 발달로 인해 지구촌이 예전의 한 마을처럼 바뀌어 가고 있다. 아마도 어느 소설에서처럼 인간도 계획 생산되고, 우리 생활도 모든 게 자동화되어 주택이나 직업의 개념이 엄청나게 바뀔는지도 모른다. 이런 시대에 과연 소설이라는 것이 그 생명력을 유지할 수 있을 것인가. 오래 전에 소설 장르의 사멸을 예언한 사람이 있었지만, 어쩌면 이제 더 이상 소설이 존립할 수 없는 세상이 될지도 모르겠다. 실제로 요즘, 서구의 소설계에서는 사이버 픽션이니, 테크노 픽션이니, 하이퍼 픽션이니 하여 기존의 소설 양식을 파괴하고 뛰어넘는 파격적인 소설이 등장하고 있고, 우리나라에도 그런 경향의 소설이 선보이고 있다. 그런 것들을 보노라면 정말 전통적 양식으로 된 소설의 시대는 지나간 것처럼 느껴지기도 한다. 특히 하루가 다르게 엄청난 속도로 변화해 가는 요즘 세상을 보고 있으면 소설이라는 것이 과연 무슨 의미가 있을까 하는 회의가 들기도 한다.

그러나 소설이라는 것이 우리의 삶을 점검하고 교정하는 속성을 지니고 있다는 사실을 인정한다면, 세상이 아무리 바뀌고 우리의 생활이 변화한다 해도 소설 장르가 지속되리라고 하는 것을 부정할 수는 없을 것이다. 즉 우리가 살고 있는 한, 소설은 바로 우리 삶 그 자체로서 결코 소멸될 수 없다는 것이다.

한 가지 더 덧붙이고 싶은 것은 요즘 우리 주변에 널려 있는 수많은 소설 가운데서 어떤 것을 골라 읽을까 하는 문제이다. 우리 소설도 이제 어떤 것은 밀리언셀러가 되어 대단한 상품성을 인정받고 있는 것도 있지만 많이 팔린다고 해서 다 좋은 소설이라고 할 수는 없을 것이다. 남에게 의미 있고 가치 있는 것이 나에게도 똑같을 수는 없는 법이다. 나에게, 내 삶에 좋은 영향을 줄 수 있는 감동적인 소설만이 가치가 있을 뿐이다. 그런 소설을 골라 읽는 것은 나를 위해, 그리고 우리 모두를 위해 의미 있는 일이 될 것이다. 그런 소설을 정하는 기준은 사람에 따라 조금씩 다르겠지만, 대체로 다음의 세 가지 조건을 고려하면 좋을 것 같다. 첫째 아름다운 한국어로 서술되었을 것, 둘째 이 시대의 핵심 문제를 회피하지 않았을 것, 셋째 미학적 완성도를 갖추었을 것 등이다. 이런 것을 판단하는 일이 쉽지는 않겠지만, 여러 소설을 접하다 보면 그런 것은 저절로 터득이 되게 된다. 사과에 대해 그것을 이론적으로 아무리 배워도 직접 한번 먹어 보는 것만 못하다는 말이 있다. 마찬가지다. 지금 당장 소설을 한 편이라도 직접 읽자. 그것이 소설을 아는 최선의 길이다.

제3장 좋은 소설과 잘 쓴 소설

1. 좋은 소설이란 무엇인가?

'좋은 소설'과 '잘 쓴 소설'은 같은 뜻으로 쓰이기도 하지만 그 의미를 다르게 사용하기도 한다. 앞의 것이 주로 소설의 내용이나 가치, 작가의 의식 등을 대상으로 하는 것이라면, 뒤의 것은 소설의 기법이나 표현 등에 더 중점을 둔 말이라 해석할 수 있기 때문이다. 하지만 이 두 말이 이처럼 언제나 확연하게 구분될 수 있는 것은 아니다. 흔히 우리가 '잘 쓴 소설'이라 할 때 거기에는 위에서 말한 '좋은 소설'의 의미 일부가 포함되어 있는 것으로 인식되기도 한다. 즉 '잘 쓴 소설'은 그 내용이나 가치와 함께 기법이나 표현도 잘 되어 있어야 한다는 의미로 사용된다는 말이다. 이렇게 본다면 '잘 쓴 소설'이라는 말 하나만 있어도 될 것 같다.

그러나 우리 주변에 널려 있는 많은 소설 가운데, '잘 쓴 소설'은 흔히 눈에 띄어도 '좋은 소설'은 만나기가 쉽지 않다. 왜 그런가? 독자들의 욕망이나 기호를 충분히 채워주는 내용에다가 기발하고 자극적인 표현을 구사한 소설은 어렵지 않게 쓸 수 있지만, 독자들의 영혼을 울리고 세계와 현실을 올곧게 바라보며 그 핵심을 용기 있게 포착하면서 그 서술 방식이나 문장 구사에 이르기까지 교육적 기능을 발휘하는 소설은 아무나 쓸 수 있는 것이 아니기 때문이다. 일부 예외적인 작가들을 제외하면 대부분의 소설가들은 당연히 '좋은 소설'을 쓰고 싶은 소망을 갖고 있다. 그럼에도 그런 소설이 드문 것은 그것이 욕심이나 포부만 가지고 되는 것이 아니라는 것을 말해준다.

'좋은 소설'과 동의어로 고전이라는 말을 생각해 볼 수 있다. 동서고금의 수많은 소설 가운데 고전이라는 칭호를 받는 작품은 희귀하다. 고전이란 시간과 공간을 초월하여 독자들에게 감동을 선사한다. 그 감동은 세파에 찌든 마음을 정화해 주기도 하고, 방황하는 영혼에게 밤하늘의 별빛처럼 갈 길을 안내하는 등대 역할을 하기도 한다. 그런가 하면 진실과 진리를 추구하는 강렬한 용기를 북돋기도 하고, 애매모호하고 혼란스러운 자아를 명징하게 확립하여 그 정체성을 확고하게 해 주기도 한다. 고전 한 편이 한 사람의 일생을 바꿔놓는 일은 부정할 수 없는 경험적 사실이다. 이는 수많은 선인들의 생생한 고백으로 충분히 증명되고도 남는다.

그렇다면 소설이 고전이라는 이름을 얻을 수 있는 조건은 무엇인가? 민족이나 개인에 따라 조금씩 다를 수는 있지만 대체로 다음과 같은 세 가지 조건은 필수적으로 가져야 한다는 것이 이 분야를 오래 연구한 전문가들의 공통적인 생각이다.

첫째, 아름답고 정확한 모국어로 서술되어 있어야 한다. 소설을 쓰는 일은 생각만으로 되는 게 아니고 문자 언어를 통해 구체적으로 표현되어야 완성된다. 생각을 구체적인 언어로 바꾸는 일은 쉬울 듯하면서도 매우 어려운 일이다. 머리 속의 생각을 구체적인 언어로 바꾸지 못해 답답한 느낌을 받는 일은 우리가 일상에서도 많이 경험하는 일이다. 그것은 언어 자체가 가진 불완전성에도 원인이 있지만 기본적으로는 말하는 사람이나 글 쓰는 사람의 언어 활용 기능이 덜 훈련되어 있거나 미숙한 것이 더 근본적인 이유라고 할 수 있다. 소설가는 언어를 다루는 전문가다. 전문가란 다른 사람이 갖지 못한 능력이나 재주를 가진 사람을 가리킨다. 보통 사람과 똑 같은 기능을 가진 사람을 전문가라고 하지는 않는다. 따라서 모국어로 소설을 쓰는 소설가는 모국어 전문가라 할 수 있다. 혹 문법 학자나 어휘를 연구하는 학자가 모국어 전문가라고 생각할 수도 있으나 그들보다도 더 생생하게 살아 있는 모국어를 가장 정확하고 아름답게 구사할 수 있는 전문가는 소설가나 시인이다. 운동 경기로 비유하자면 문법 학자가 감독이나 코치라면 시인이나 소설가는 선수에 해당한다. 이런 전문가가 쓴 글은 당연히 그 언어의 표준이나 모범에 해당된다고 볼 수 있다. 그러므로 그 글을 읽는 사람들은 가장 훌륭하고 모범적인 모국어 문장을 공부하는 셈이 되는 것이다. 독서 과정에서 글 내용의 가치나 의미는 2차적인 것이고 언어를 받아들이는 일이 1차적이라는 사실을 상기하면 이 말이 더 쉽게 이해될 수 있을 것이다. 이처럼 고전은 가장 훌륭하고 모범적인 모국어 교과서인 셈이다. 그 어떤 모국어 학습서라 할지라도 그 기능이나 효율성 면에서 고전을 능가할 수는 없다.

둘째, 다루고 있는 내용이 그 작품이 산출된 동시대 현실의 핵심적인 문제를 포착하고 있어야 한다. 우리가 알고 있는 대부분의 고전은 그 작품이 창작될 당시의 시대적인 핵심과제를 외면하지 않고 있다. 많은 사람들은 고전이라면 흔히 영원불변의 진리나 시공을 초월한 인류 보편적인 문제를 다루고 있어야 한다고 생각한다. 이는 물론 틀린 말이 아니다. 당연한 생각이고 타당한 말이다. 그러나 영원불변의 진리나 인류 보편의 문제는 우리 삶을 떠나 특별히 존재하는 게 아니다. 삶에서 우러나오지 않고, 삶에 뿌리를 두지 않은 진리는 진정한 진리일 수 없다. 설령 그것이 진리의 모습을 하고 있더라도 그것은 공허하거나 생명 없는 형해에 불과하다. 진정한 진리라는 것은 우리에게 경험적 공감을 줄 수 있어야 하며, 실제로 우리 삶에 영향을 미칠 수 있어야 한다. 인류 보편적 문제라는 것도 마찬가지다. 인종과 종교와 소득의 차이를 넘어서 누구나 공감할 수 있는 문제라는 것이 선험적이거나 추상적인 것일 수는 없다. 오늘을 사는 우리에게 현실적으로 관련되어 있으면서 절절하게 우리 자신의 문제라는 인식을 줄 수 있는 것만이 의미가 있고 가치가 있다. 이런 살아있는 진리나 보편성 있는 문제는 어디에서 오는가? 위대한 선인들의 가르침도 중요한 원천이 되겠지만 따지고 보면 그 가르침이라는 것도 동시대의 현실을 고민하고 성찰하면서 얻어지는 것임을 명심해야 한다. 예수의 가르침은 거대 권력에 의해 핍박받는 소수 민족의 비극적 현실에서 태동했고, 석가의 가르침 또한 헐벗고 굶주리는 당시 서민 대중들의 고통스러운 현실을 바탕으로 탄생했다. 일반성은 개별성에 나오고 보편성은 특수성에서 나온다. 모든 진리의 본질인 보편성이나 타당성은 갑자기 하늘에서 떨어지는 게 아니다. 그것은 우리 삶을 이루고 있는 현실의 구체성, 개별성, 특수성으로부터 도출되는 것이다. 그러므로 모든 위대한 고전들은 그것이 산출된 시대와 사회의 구체적인 현실을 분석하고 성찰한 결과라고 할 수 있는 것이다. 따라서 동시대 현실의 핵심적인 문제를 비껴간 것은 결코 고전의 반열에 들어갈 수가 없다.

셋째, 미학적으로 완성된 구조적 아름다움을 가지고 있어야 한다. 고전은 1차적으로 예술이다. 소설을 포함한 문학은 언어 예술이라 불린다. 음악이나 미술이 소리나 색채로 이루어지는 예술이라면 문학은 언어로 이루어지는 예술이다. 그러나 문학, 특히 소설은 예술이면서 동시에 예술 아닌 양식을 지향한다. 그 이유는 무엇인가? 가장 중요한 이유는 그 최종 지향점이 다르다는 데 있다. 모든 예술은 궁극적으로 미(아름다움)를 추구하는 것을 그 목적으로 한다. 훌륭한 예술 작품이 성취한 미는 그것을 받아들이는 사람들의 심성을 정화하고 감동을 준다. 사람들은 그것을 위해 많은 시간과 비용을 들여 예술 작품을 수용하고 감상한다. 그러나 문학, 특히 소설은 예술 작품으로서의 성격 외에 또 다른 의도와 기능을 가지고 있다. 같은 문학에서도 시와 소설의 장르가 변별되는 경계에 이 문제가 작용한다. 그 의도와 기능은 무엇인가? 소설 중에서도 우리가 여기서 다루고 있는 근(현)대소설은 중세소설과 현저하게 다른 것을 욕망한다. 중세소설이 그 시대를 안정시키고 지속시키는 교훈적 이데올로기 전수와 확장을 목적으로 하고 있다면, 근대소설은 개인을 존중하고 합리적 이성을 중시하는 근대정신에 따라 주로 근대인의 삶의 방향과 방식에 대한 성찰 및 모색을 지향한다. 이는 신의 역할이 축소되고 개인의 선택이 그 개인을 결정하는 근대 사회의 특징을 반영한 모습이라 할 수 있다. 그런데 이런 근대소설의 모습은 바로 중세시대에 종교가 수행하던 역할이 아니었던가. 그렇다면 근대소설은 중세시대의 종교나 철학이 수행하던 역할을 이어받은 성격이 있다고 할 수 있는 것이다. 사실이 이렇기는 하지만, 이런 점을 두루 인정한다고 해도 소설이 예술의 영역에서 완전히 벗어나는 것일 수는 없다. 그렇게 된다면 소설이 아니라 종교나 철학의 교습 자료에 지나지 않기 때문이다. 따라서 고전이 되기 위해서는 그 작품 자체가 완성된 구조를 가지고 있어야 한다. 완성된 구조는 아름다움을 성립하는 기본 요건이다. 그것은 또 사람들에게 심리적 안정감과 함께 미적 쾌감을 선사한다. 시작에서 종결에 이르기까지 모자람 없는 요소들이 적재적소에 배치되어 완벽하게 이루어진 구조는 유한하고 불완전한 인간이 유토피아를 갈망하는 것처럼 생명이 있는 한 그 추구를 멈출 수 없는 것이기도 하다.

이상에서 '좋은 소설'이 갖추고 있어야 할 조건을 고전의 성격과 관련하여 세 가지로 간추려 설명하였다. 이밖에도 더 필요한 조건을 추가할 수 있지만 대체로 이 세 가지 조건만 잘 갖추고 있으면 우리는 그 작품을 '좋은 소설'이라고 인정할 수 있다. 또 그런 작품은 안심하고 다른 사람에게 읽도록 추천해도 좋을 것이다. 이것을 반대로 보면 소설을 쓰고자 하는 사람은 모름지기 이런 조건을 살려 써야만 '좋은 소설'을 쓸 수 있다는 것으로 바꾸어 말할 수 있다. 그리고 더 나아가 자신의 작품을 고전의 영역에 올려놓을 수 있는 요체도 바로 여기에 있다는 점을 명심할 일이다.

2. 좋은 소설을 쓰려면?

소설을 쓰고자 하는 사람이 맨 먼저 부딪치는 문제는 '무엇을' 쓸 것인가와 '어떻게' 쓸 것인가 하는 두 가지라고 할 수 있다. 이 문제는 소설을 쓰려는 사람들에게 가장 근본적이면서 동시에 현실적인 고민이기도 하다. 소설 습작을 시작하는 초보자에서부터 평생 소설만 써온 노련한 작가도 이 문제에서 비켜설 수가 없다. 또한 이 문제는 시인이나 수필가, 나아가 음악가나 미술가 등 모든 예술가들이 갖는 동일한 고민이기도 하다. 전자가 예술 작품의 내용에 관한 것이라면 후자는 작품의 표현기법이나 미학적인 완성도와 연관되는 것이기에 창조적 작업에 임하는 모든 사람들은 이 두 가지 고민에서 벗어날 수가 없는 것이다. 위에서 말한 세 가지 조건 중에서 두 번째 것은 '무엇을'에 해당하고, 첫 번째와 세 번째의 것은 '어떻게'에 해당한다고 볼 수 있다.

'무엇을' 쓸 것인가에 대한 답을 얻기 위해서는 보통 사람과 다른 몇 가지 노력이 필요하다. 물론 그 답이라는 것이 고정된 정답의 성격을 갖지 않기 때문에 노력의 형태도 일률적으로 말할 수는 없다. 하지만 소설이라는 양식의 글을 쓰려고 할 때에는 그 의도나 지향점이 어느 정도 한정되어 있으므로 대체로 그 노력의 방향이나 성향을 어렵지 않게 말할 수 있다. 가장 무난하면서도 쉬운 길은 선배 작가들의 '좋은 작품'을 상기해 보는 일이다. 그들이 어떤 사회적, 시대적 상황에서 어떤 관심사를 가지고 있었나 하는 결과가 바로 그들의 작품이다. 따라서 이는 가장 효율적이며 시행착오를 줄일 수 있는 지름길이기도 하다. 하지만 이런 정도의 답은 소설을 처음 쓰려는 사람들에게 하나마나한 이야기일 수도 있다. 현실성이나 구체성이 떨어지는 공소한 이야기이기 때문이다.

예전 청소년들에게 글쓰기를 가르칠 때의 경험을 되살려 보면, 제목이나 주제를 주고 글을 쓰라 해도 많은 학생들이 무엇을 쓸지 몰라 난감해하던 모습이 먼저 떠오른다. 그 이유는 어디에 있는가? 글쓰기 훈련이 안되어 있는 이유가 가장 크겠지만 더 근본적인 것은 사물에 대한 관심의 부족이라고 할 수 있다.

프랑스의 발자크 같은 소설가는 채무자를 피해 숨어 살면서 소설을 썼는데, 밖에 나가지도 못하고 컴컴한 다락방에 하루 종일 유폐되어 있다시피 하면서도 쓸 것이 너무 많아 고민이라고 말한 바 있다. 그는 현재 자기 눈에 보이는 것만 쓰고자 해도 죽을 때까지 써도 그것을 다 쓰지 못할 것이라고 말했다. 물론 리얼리즘의 선구적 실천자로서 사물의 미세하고 섬세한 관찰과 객관적 묘사를 생명으로 하는 글쓰기의 특성이 감안된 발언이긴 하지만, 쓸 것이 없다고 불평하는 사람들에겐 자신의 관찰 능력 부족과 관심의 부족을 되돌아보게 하는 무서운 가르침을 담은 말이기도 하다. 글 쓰는 과정은 게으르게 해도 괜찮지만 그 준비와 태도에 나태해서는 결코 좋은 글을 쓸 수 없다.

비슷한 예를 하나만 더 들어 보기로 한다. 대하소설 『토지』를 쓴 박경리 선생은 어느 인터뷰에서 이런 말을 한 바 있다. "나는 길 가에 아무렇게나 굴러다니는 돌멩이 하나만 가지고도 장편소설 한 권을 쓸 수 있다." 쓸 것이 없다고 불평하는 사람들이 들으면 그 얼마나 무서운 말인가. 소설가들에게는 그만한 상상력과 그것을 풀어내는 힘이 필요하다. 이런 자세만 갖추고 있다면 쓸 것이 없다는 고민은 저절로 해소되고도 남을 것이다.

서양 어떤 학자는 문학 작품 창작 원리를 '사물과의 결혼'이라고 말한 바 있다. 결혼하기 전에는 남이었던 배우자가 결혼 후 내 삶을 규정하는 사람으로 바뀌는 것처럼 꽃이나 나무, 새, 돌멩이들이 나와 결혼을 하게 되면 완전히 전과 다른 나와의 새로운 관계가 생긴다. 사물들이 그 의미도 달라지며 새롭게 재탄생한다. 이런 변화는 사물에 대한 관심과 애정에서 비롯되는 것임은 두말 할 필요가 없다.

'좋은 소설'을 쓰려면 그 대상이 되는 인생과 현실에 대해 애정과 관심을 가지고 임해야 한다. 마치 결혼한 것처럼 그 대상에 대해 애정과 관심을 가져야 한다. 주변에 있는 가족, 친구에서부터 저 멀리 아프리카의 굶주리는 어린이, 강대국의 신무기 시험용으로 희생되는 사람들에 이르기까지 관심의 끈을 늦추어서는 안 된다. 또한 반세기에 이르는 민족 분단, 지역과 이념의 갈등, 빈부 격차와 양극화, 세대 간 갈등, 비정규직, 인터넷 희생자 등등 우리 현실이 안고 있는 불화, 모순, 불합리 등에 대해 세심한 관찰과 성찰이 필요하다. 이런 문제를 다루는 작품만이 '좋은 소설'이 될 수 있다. 많이 팔리는 작품들이 가진 장점도 있지만, 몰역사, 몰시간성의 그 작품들은 생명력도 길지 않을 뿐 아니라 오히려 독자들에게 건전한 현실감각을 마비시키는 악영향도 미치고 있음을 명심할 일이다.

다음으로 '어떻게' 쓸 것인가에 대해 생각해 보기로 한다. 이 문제는 앞에서 본 바와 같이 정확하고 아름다운 모국어 구사와 미학적 완성도에 관한 것이다. 앞서 소설 쓰는 사람은 모국어 전문가라고 말했다. 전문가가 되려면 남다른 노력이 필수적이다.

먼저 어휘를 많이 익혀야 한다. 어휘를 익히기 위해 국어사전을 펴놓고 하나씩 외워야 하는 것은 아니다. 그것이 지름길이기는 하지만 좋은 방법은 아니다. 오유권이라는 소설가는 무학의 학력으로 초등학교 청부 일을 하면서 소설 창작 공부를 했다. 초등학생들 뒤에서 귀동냥으로 한글을 깨쳤고, 국어사전을 노트에 베끼면서 어휘 공부를 했다. 그 실력으로 그는 뛰어난 농촌 소설을 여러 편 남겼다. 나는 종종 청소년들이 쓴 작품을 심사할 때가 있다. 그때마다 어휘력이 부족한 상태에서 쓴 글을 대하며 안타까움을 느끼곤 한다. 비슷한 말, 반대말을 알지 못해 어휘가 중복되거나 정확한 표현이 되지 못한 경우도 많다. 요즘 학교 교육과정에서 독해 중심의 국어 교육으로 인해 어휘 공부가 소홀해서 생긴 현상이다.

어휘력을 높이고 활용 능력을 키우는 데는 다양한 종류의 글을 많이 읽는 것이 제일 좋은 방법이다. 독립적으로 존재하는 단어는 언어의 시체와 다름없다. 어휘가 생명을 얻으려면 문장 가운데서 그 역할이 주어져야 한다. 생생하게 살아 있는 어휘를 익히려면 좋은 글을 많이 읽어야 한다. 동시에 국어사전을 많이 활용해야 한다. 요즘 학생들은 다른 언어 공부에는 사전 활용이 필수적이라 생각하면서 정작 우리말 공부에는 사전을 등한시한다. 글을 읽다가 뜻을 모르는 말이 나와도 문맥으로 짐작하고 넘어간다. 이런 자세로는 어휘력이 늘 리 없다. 사전을 찾고, 기록해 두고, 예문을 만들어 보고, 이런 과정에서 어휘력이 늘어나고 활용 능력이 증진된다. 내가 찾은 말, 나만의 국어사전을 만드는 노력을 꼭 권유하고 싶다.

소설 창작에서 미학적 완성도를 높이는 방법은 따로 왕도나 비결이 있을 수 없다. 명작을 남긴 많은 작가들도 이를 생생하게 증언하고 있다. 결국 이것은 수많은 시행착오를 겪으면서 스스로 터득하는 도리밖에 없다. 시행착오를 겪어야 한다는 것은 많은 경험을 해야 한다는 말과 다름없다. 실패도 교훈이고 스승이 될 수 있다는 말이 있다. 실패를 두려워하지 말고 소설 창작 연습을 하는 과정에서 조금씩 터득되는 게 있을 것이다. 처음부터 완전한 구조의 소설을 쓰겠다는 것은 만용이다. 용기는 소중한 것이지만 모든 용기가 다 그런 것은 아니다. 다만 구조적 완성도를 높이는 것은 일종의 기교이기도 하기 때문에 선배 작가들의 경험적 가르침을 참고할 수는 있을 것이다.

소설에서 구조적 완성도, 미학적 아름다움이란 대부분 플롯의 짜임 및 전개와 관련된다. 소설의 플롯 또는 담론은 무질서를 질서로 바꾸는 새로운 질서의 창조를 말한다. 소설의 재료가 되는 인생이나 현실은 혼돈이고 우연의 덩어리다. 이것을 필연과 질서의 체계로 전환시키는 작업이 바로 플롯을 만드는 일이다. 따라서 플롯을 만드는 일은 소설 창작 그 자체이며 창조적인 성격을 갖는다. 같은 재료를 가지고 김치를 담가도 집집마다 맛이 다르듯이 같은 재료를 가지고 소설을 써도 같은 작품이 하나도 없는 이유는 플롯의 차이에 있다. 러시아 형식주의자들은 파블라(이야기)를 말하는 방법은 하나밖에 없지만 슈제(플롯)을 말하는 방법은 수백만 가지나 된다고 했다. 남녀 간의 모든 연애 이야기는 동서고금을 통틀어 하나로 통일할 수 있는데도 서로 다른 무수한 연애 소설이 존재하는 이유가 여기 있다. 『춘향전』은 이 세상에 유일무이한 예술 작품이다. 그것은 이야기가 아니라 플롯이 다르기 때문에 성립할 수 있는 일이다.

동일한 재료를 가지고 독창적인 작품을 만드는 일이 플롯의 차이에 있다면 이 차이를 만들기 위해 어떤 노력이 필요할까? 현실과 인생을 바라보는 자신만의 독특한 시각과 관점을 만들 필요가 있다. 이를 다른 말로 바꾸면 인생관이나 세계관과 관련된다. 제대로 된 인생관과 세계관을 확보하기 위해서는 인생과 사회를 바라보는 다양한 시각과 인식의 토대가 필요하다. 이것은 철학이나 역사 공부의 뒷받침이 없으면 불가능하다. 따라서 소설을 쓰고자 하는 사람은 마땅히 철학과 역사 공부에 매달려야 한다.

이상으로 거칠게나마 좋은 소설을 쓰기 위해 무엇을 어떻게 해야 하는가에 대해 소설 창작 경험을 바탕으로 내 생각을 말했다. 그러나 마무리를 하면서도 여전히 미진한 느낌이 남는다. 과연 이런 이야기가 소설 창작을 하려는 청소년들에게 무슨 도움이 될 수 있을까 하는 회의가 들기도 한다.

역시 이 문제에 대해 정답은 없다는 게 정답이다. 세상에 무수한 감기약이 있지만 진짜 감기약은 하나도 없는 것처럼 소설 창작에 관한 그럴 듯한 이야기들은 있으나 없으나 마찬가지인 셈이다. 이 글도 그런 글의 하나가 될 가능성이 농후하다. 끝으로 대학에서 여러 해 소설에 관한 강의를 하면서, 학생들이 매우 부담스러워 했던 소설 창작 과제를 부과하며 학생들에게 했던 말 한 마디를 덧붙이며 글을 맺고자 한다. "소설 이론이나 창작에 관한 이야기를 백 번 듣는 것보다 서툴지만 소설 한 편 써 보는 것이 소설을 아는 지름길이다. 사과에 대해 이론적으로 복잡하게 배우는 것보다 사과를 구해 직접 한번 먹어보는 것이 사과를 아는 가장 효과적이고 좋은 방법인 것처럼." 소설을 쓰려는 청소년들이여, 지금 당장 원고지를 꺼내 놓고, 또는 컴퓨터를 켜고 소설 쓰기를 시작해 보자.

제4장 여성문학의 정체성

1. 우리 문단의 여성문학

우리나라 문단에서 여성문학이 한 분야로 독립적 영역을 형성하고 논의되기 시작한 것은 그리 오래 되지 않는다. 대체로 1970년대 이후 민주화 투쟁이 이루어지는 과정과, 80년 후반 현실사회주의 몰락 이후 새로운 길을 모색하는 과정에서 사회적 소수자의 하나로 여성 문제가 본격적으로 대두되기 시작했다고 볼 수 있고, 문학도 거기서 예외가 아니라고 볼 수 있기 때문이다. 그 이전에는 오랜 유교 문화 전통에 따라 남성중심 사회 구조와 인식이 대세를 형성하고 있었기에, 우리나라 여성들은 가부장 사회의 하부 구성원으로, 식민지 시대 수탈 구조의 선두 희생자로, 조금씩 진전되던 자본주의 시대의 가장 손쉬운 임금 착취 대상으로 이중삼중의 희생을 당해야 했다.

이런 사정은 문단에서도 예외가 아니었다. 우리 근대문학사 전개 과정에서 일찍이 여성 문인들이 등장해서 활동했지만 그들은 한 번도 문단의 중심에 다가서지 못했고, 문학사에서도 그 존재감이 미미했다. 가령 근대 문학 초창기에 이광수, 김동인, 염상섭, 현진건 등과 동시대에 활동했던 김명순, 나혜석, 김일엽 등은 그 작품의 문학적 가치로서보다도 단지 여성이라는 이유와 그들의 사생활 때문에 화제의 대상이 되었다. 당시는 물론 그 이후에도 여성 문인들은 '여류'라는 이름만으로 일단 독자들에게 한 수 접고 들어가는 메리트가 있었기 때문이다. 그런 사정은 그 후에도 지속되어 1930년대의 강경애나 박화성 같은 예외적인 작가 몇 사람을 제외하고는 여전히 우리 근대문학은 남성 작가들이 압도적으로 장악하였다. 광복 이후 1960년대까지도 이런 사정은 거의 변함이 없었다. 그러다가 박경리, 박완서 같은 거물급 작가들이 나타나면서 1970년대 이후 여성 작가들의 작품이 남성 작가들의 작품과 대등하게, 혹은 그 이상으로 비중이 높아지기 시작했다. 여성 작가가 단지 여성이라는 이유로 호기심의 대상이 되거나 문단의 '장식'이나 '양념'으로서 존재하던 시대를 지나 여성이라는 이름표를 떼고도 당당하게 남성 작가들과 어깨를 나란히 할 수 있게 된 것이다.

1990년대 이후에 여성 작가들은 이제 남성 작가를 넘어서서 가히 문단의 중심을 형성하고 있다고 해도 과언이 아니다. 오히려 여성학에서 말하는 '역차별'을 우려할 정도로 문단의 중심을 훨씬 넘어서서 우리 문학을 압도하고 있다. 그만큼 그 위상이 달라졌다. 요즘 공지영, 은희경, 신경숙 같은 작가는 인기 연예인 못지않은 영향력을 갖고 있다. 그들은 목하 선인세로 억대가 넘는 금액을 받으며 출판계의 판도를 좌우하고 있다 한다.

물론 아직도 우리 사회에 여성의 역할이나 활동에 제약이 많은 것은 사실이다. 정부에서 양성평등에 관한 법을 만들어 제도적으로 여성의 사회적 진출을 보장하고, 지금은 달라졌지만 정부 조직에 여성부라는 장관 지위 조직을 만들어 국가 정책으로 성차별을 금지하는 정책을 강력하게 실천하고, 인사 정책이나 교육 활동에도 여성을 우대하는 법규 제정과 시행을 강제하고 있지만, 여성의 정계 진출이나 사회 활동은 여전히 후진국 수준을 벗어나고 있지 못한 게 우리 현실이다.

그럼에도 불구하고 앞에 언급한 것처럼 우리 문단은 다른 분야와 달리 현재 여성 문인들에 의해 평정되었다고 해도 과언이 아닐 정도로 예외적인 현상을 형성하고 있다. 남성 작가들의 작품이 양적으로 적은 것이 아닌데도, 이처럼 여성 작가들의 작품이 큰 형세를 이루는 원인은 어디에 있을까? 단순히 독자들의 수준이나 독서 행태에서만 그 원인을 찾기는 어려울 것이다. 또 우리 문단의 장래를 위해 현재의 이런 상황이 그대로 지속되어도 괜찮은가? 다시 생각한다면 어디에서 무엇부터 시작해야 할지 고민해 볼 일이다.

2. 페미니즘과 여성문학의 경향

여성학을 공부하는 사람들은 대체로 여성학의 범주를 자유주의 페미니즘, 마르크스주의 페미니즘, 실존주의적 페미니즘의 셋으로 나누어 논의한다. 여성문학을 논할 때도 대개는 이런 분류를 원용하는 게 보통이다.

자유주의 페미니즘이란 가부장적 사회의 남성 우월주의로 인해 차별과 피해를 당하는 여성을 드러내어 고발하고, 관심을 환기시키며, 시정을 촉구하는 형태로 전개되는 것을 말한다. 주로 초창기 여성해방론자들이 주장하였던 내용들이 여기에 해당된다. 마르크스주의 페미니즘은 사회 구조를 근본적으로 계급 사회로 전제하고, 그 과정에서 차별받는 소수자로서의 노동자나 여성의 문제를 제기하며 그 모순을 해결하고자 하는 관점에서 전개되는 것을 지칭한다. 따라서 이는 매우 정치적이며 급진적인 투쟁의 성격을 갖는다. 당연히 사회주의권에서 이 이론이 정교하게 가다듬어져 세밀한 논리로 체계화된 것은 더 말할 필요가 없다. 실존주의적 페미니즘은 남성과 여성을 떠나 인간 자체의 실존으로서의 자아정체성을 문제 삼는 것을 포함해서 여성의 사회적 자아, 혹은 남성과 근원적으로 변별되는 여성성의 본질을 찾아 해명하려는 철학적 관심이 현실화되는 것을 말한다. 그 속성상 여성이 남성의 부속물이나 하위 존재로 여겨지는 사회 구조에서는 이런 작업이 이중의 어려움을 내포할 수밖에 없다.

그러면 우리나라 여성문학의 현황은 어떠한가? 우리 여성문학이 가장 많이 다루고 있는 것은 이 셋 중에 첫 번째 것이 대다수를 차지한다고 볼 수 있다. 즉 가정이나 사회에서 여성이라는 이유로 차별 받고 있는 현상, 달리 말해 남성 우월주의(남근 숭배 사상)에 의해 여성 아닌 인간으로서 누려야 할 기본적 권리 상실, 여성이기에 당해야 하는 부당한 착취나 수탈에 대해 분노하고 고발하는 것이 주종을 이룬다. 그러다 보니 본의 아니게 남성과 여성의 대결 구도가 형성되고, 가해자(남성)와 피해자(여성)로 구조화되면서 본질에서 벗어난 선악의 문제로 비약하기도 한다.

물론 아직도 우리 사회에서 여성에 대한 편견(예컨대 암탉이 울면 집안이 망한다는 식의)이 지배적으로 작동하고 있기에 이는 불가피한 성격이 있는 것도 부정할 수는 없다. 하지만 여성이 오래 일방적으로 피해를 당해왔기에 그 정도만큼 역으로 남성에 대한 가해를 통해 보상받아야 정상이 된다는 생각은 반드시 옳은 생각이라 할 수는 없다. 왜냐하면 이는 또 다른 갈등의 시작이자 잘못된 역사의 반복이기 때문이다. 과거 없는 현재는 의미가 없지만 동시에 미래를 고려치 않은 현재 또한 의미가 없기는 마찬가지다. '피해자로서의 여성'이 과거라 해서 '피해자로서의 남성'이라는 미래를 만들어야 한다는 주장이 성립한다면, 우리는 또 다른 형태로 안티페미니즘이라는 갈등과 대결의 소모전을 겪어야만 할 것이기 때문이다.

오히려 그보다는 두 번째와 세 번째에 대해 관심을 갖는 게 필요할 듯하다. 요즘은 여성의 사회 활동이 보편화되어 각계각층에서 남성과 대등하게, 혹은 남성을 능가하는 활약을 하는 여성들이 많다. 그러나 그들은 여전히 보이게, 보이지 않게 여성이라는 이유로 차별을 받고 있는 일이 허다하다. 그 원인이 남성의 몰이해와 폭력적 사고 구조로 인한 것도 있지만, 더 근본적으로는 우리 사회의 구조적 문제점이나 문화적 관습에 기인하는 게 훨씬 더 많다. 그런 이유를 형성하는 근원적이고 본질적인 인식의 토대가 무엇이고, 또 그런 것을 완화하고 제거하는 가장 효율적인 방안은 무엇인지, 또 양성 평등의 인식과 활동이 자연스럽게 통용되고 있는 선진국의 선험적 지혜는 무엇인지, 그런 것을 모색하고 환기하는 작품이 절실하게 요구된다 하겠다.

마찬가지로 여성들의 자아정체성을 문제 삼는 문학도 꼭 필요하다. 일찍이 김현 같은 문학평론가는 우리 문학의 철학적 사유 부족을 안타깝게 지적한 바 있지만, 양적 풍요에 비해 질적 빈곤을 지적하는 말에 이의를 달기 어려운 게 우리 문학의 현실이다. 요새 일부 여성 작가들이 단골 메뉴로 다루는 중년 여인들의 아내와 엄마의 역할에서 벗어나 자기 일 찾기에 나서는 것을 다룬 작품을 자아정체성 찾기와 관련하여 언급하는 일이 있으나, 이는 실존주의 페미니즘의 본질과는 상당한 거리가 있다. 더욱이 중년 여성들의 성적 일탈이나 불륜을 다루면서 그것을 성적자기결정권이나 자아정체성 회복과 연관시키는 것은 수용하기 어려운 주장이다. 영원의 시간과 무한의 공간에 우연적으로 거칠게 '내동댕이쳐진' 존재로서의 실존의 본질을 문제 삼으면서 진지하고 엄숙하게 그 의미를 묻는 일은 종교적 구도의 자세를 필요로 한다. 그런 작품은 여성 작가만이 아니라 작품을 쓰는 모든 문인들이 줄기차게 탐구하고 성찰해야 할 대상이다.

3. 문학의 본질 찾는 여성문학 되어야

다른 분야와 마찬가지로 여성문학도 '특별대우'를 받는 것 같다. 우리가 사는 공주에도 여성문학 단체가 두 개나 있다. 도청이나 시청에서는 이 단체의 활동에 경비를 보조해 주기도 한다. 좀 다른 이야기이지만 대학에 총학생회가 있는데도 불구하고 여학생회가 따로 있어서 예산과 운영이 독립적으로 이루어진다. 왜 '남성문학'과 남학생회는 없는 것일까. 아마도 그런 단체가 따로 없는 것은 대부분의 단체가 남성의 전유물이라고 간주되어서인지도 모른다. 하지만 이런 현상의 이면에는 여성이 보호받아야 할 존재이고, 아직 우리 사회에서 여성이 남성과 대등하게 경쟁할 조건이 갖추어지지 못했다는 반증이 된다고도 볼 수 있다. 어찌 보면 여성 모독적인 발상이기도 하다. 그런데도 이런 문제에 대해 이의를 제기하는 여성을 보기 어려우니 그게 바로 우리 여성계의 현실이자 수준일 수도 있다.

여성문학회에서는 해마다 작품집을 낸다. 대강 책의 내용을 훑어보면 여성문학으로서의 독자성이나 정체성이 확연히 드러난다고 보기 어렵다는 느낌을 받는다. 책 속의 글을 여성이 썼다는 사실 말고 여성문학이라 이름 붙일 수 있는 내용적 변별성이 미약하다는 말이다. 그런 변별성이 미약하다면 굳이 여성 문인들만 모여서 따로 책을 만들 이유가 있는가. 단지 자기가 쓴 작품을 발표하는 것이 목적이라면 남성 문인들과 섞여서 책을 만드는 일과 무슨 차이가 있는가.

왜 이런 듣기 거북할 수도 있는 고언을 드리는가 하면 이왕 여성문학회를 따로 만들고, 적지 않은 비용과 노력을 들여 작품집을 만든다면 여성문학 특유의, 남성 문인들이 할 수 없는 그런 책이 만들어지면 좋겠다는 생각 때문이다. 그럴 때만이 여성문학회의 존재 의미가 확실해지고 또 그 정체성이 분명하게 드러날 수 있는 게 아닐까.

그런 점에서 두어 가지 생각을 덧붙여 말하고 싶다. 여성문학을 공부하는 사람들이 흔히 그 개념을 정리할 때 창작 주체, 작품 그 자체, 소비 주체를 고려해야 한다고 한다. 여성 작가에 의해, 여성 문제를 다룬 작품으로, 여성 독자에게 주로 읽혀지는 작품을 여성문학의 개념으로 잡는 것은 아주 좁은 의미의 소극적 여성문학을 뜻한다. 창작 주체가 남성인 여성문학도 얼마든지 존재할 수 있다. 남성독자들이 향유하는 여성문학도 존재할 수 있다. 문제는 작품의 내용이다. 작품 창작 주체가 여성이든 남성이든, 수용 주체가 여성이든 남성이든 상관없이 여성성, 여성 문제를 취급한 작품을 여성문학으로 정의하는 입장은 아주 적극적이고 넓은 의미의 여성문학을 의미한다.

그런데 여성성이나 여성 문제를 다룰 때 남성 작가들이 따라오기 어려운, 혹은 본질적으로 남성 작가들이 건드릴 수 없는 영역이 있다. 바로 생리적, 생물학적 여성의 문제다. 월경, 연애할 때의 여성 심리, 성행위 시의 여성의 생리적 또는 심리적 반응, 임신, 출산, 육아 과정의 수유 행위, 자녀에 대한 엄마로서의 심리 등은 남성들이 경험할 수도 없고 알 수도 없는 여성만의 특유한 영역이다. 더 나아가 사회적 여성으로서의 심리나 반응 등도 마찬가지다. 이런 점을 예리하고 명징하게 짚어내어 문학 작품으로 형상화하는 일은 오로지 여성 작가들만이 할 수 있는 일이다.

두 말할 필요 없이 미래 사회는 여성과 남성의 차별이 없이 똑같이 인간으로서 존중받고 대우받는 사회가 되어야 한다. 그런 점에서 여성문학, 남성문학의 구분도 필요 없는 시대가 와야 한다. 하지만 아직은 우리 현실에서 여성이 남성과 대등한 대우를 받지 못하고 있고, 따라서 여성문학이 따로 존재하지 않으면 여성 문인들이 남성 우위의 문단에서 그 역할 발휘가 어려운 것도 부정할 수 없다. 당분간은 여성문학이 따로 존재해야 하는 당위성이 있는 것이다.

이런 사실을 두루 감안한 나의 바람은 공주의 여성문학회가 앞으로 그 정체성을 확고히 하고, 여성문학 특유의 영역을 잘 묘파한 작품을 많이 창작하여 좋은 작품집이 계속 만들어지는 것이다. 나아가 그 성과가 공주의 문학은 물론 우리나라의 문학을 발전시키는 데 크게 기여하기를 바라는 마음 또한 간절하다. 그것이 '여성 문인'을 넘어 '문인'으로서 해야 할 역할이며, 이는 글 쓰는 사람 모두가 항상 명심해야 할 일이기도 하다. 문학 작품을 창작하는 사람은 여성과 남성의 구별이 있지만, 문학 그 자체에는 여성도 남성도 없는 오직 문학만이 존재하기 때문이다.

제2부

소설 읽기의 실천

제1장 소설은 왜 진화하는가?

1. 동학농민전쟁소설과 공주전투

윤백남/『회천기』, 유현종/『들불』, 박태원/『갑오농민전쟁』, 송기숙/『녹두장군』

1) 연구의 방향

동학농민전쟁[1] 100주년을 맞는 1994년에 여러 기념행사가 곳곳에서 치러진 바 있다. 학술적 측면의 연구 성과도 많이 나와서 농민전쟁의 배경, 전개 과정, 주체, 조직, 이념과 지향 등의 연구물이 축적되었고, 최근에는 농민전쟁과 동학의 관련성, 집강소 개혁을 포함한 농민전쟁의 개혁 방향과 갑오개혁의 관련성, 그리고 농민전쟁의 세계사적 의의에 관한 문제 등이 발히 연구되고 있다.[2]

한국 근현대사를 연구하는 분들의 그러한 연구 결과는 주변의 여러 학문에 영향을 주어 대다수 민족 구성원들의 그 사실(史實)에 대한 인식을

---

1 이 용어에 대해서는 아직 학계의 공통된 의견은 없으나 최근의 큰 흐름은 이 용어 사용으로 정착되어 가고 있는 듯하다. 공주대학교 개교 45주년 기념 학술회의(1993. 11. 4)의 주제가 <충청지역의 동학농민전쟁>이었으며, 최근 다수의 논문에서도 이 용어가 사용되고 있다. 창작과비평 1994년 봄호 「1984년을 다시 본다」 pp. 40~43 참조

2 이영호 : 1894년 농민전쟁 연구의 방향 모색, 창작과비평(통권 83호) pp. 58~59

바꾸어 놓고 있다. 사실, 아직까지도 동학란이니, 동비(東匪)니 하는 용어들이 사용되고 있는 곳도 있으니, 이 역사적 사건의 용어 규정은 정확한 의미 부여와 교육적 차원의 확산을 위해 매우 시급한 문제라고 할 수 있다. 물론 시대적 여건과 정치 현실에 따라 과거의 역사적 사실에 대한 평가 및 의미 규정이 영향을 받는다는 사실을 부정할 수는 없지만, 일과성 행사로서만 지나친다면 아무리 많은 인력과 돈을 들여 행사를 갖는다 해도 별 뜻이 없을 것이다. 요컨대, 100주년이 되었기 때문에 중요한 게 아니라, 그 내용과 실체가 우리 민족사 전개 과정에 어떤 영향을 주었고, 오늘 우리에게 어떻게 유기적으로 연관이 되며, 앞으로 우리가 미래 개척에 유용하게 계승할 것이 무엇인지를 찾아내어 정립하는 일이 더 중요하다는 말이다. 떠들썩하고 호들갑스런 요란한 행사 뒤에 씁쓸한 적막만이 남는다면 그런 행사는 별 의미가 없을 게 뻔하다. 우리 공주는 농민전쟁 2차 기포의 최후 격전지로서 매우 중요한 곳이다. <동학란>으로 불리면서 불온시 되던 시절에는 그런 사실조차 공개적으로 이야기하기 어려웠으나, 그들의 표현대로 '혁명'을 한 정치군인이 집권하고 있는 동안 그 내용이나 실체와는 큰 상관없이 오직 그 단어와의 공통성 때문에 우금티 고개에 위령탑이 세워졌다. 소위 10월 유신이라는 것이 단행된 직후의 일이다. 통치자에 대한 미사여구와 어용적 시각의 역사 왜곡 표현이 눈에 띄기는 하나, 그 탑이 세워짐으로 하여 시민의 관심을 높이고 관련 인사들이 자주 찾는 곳이 되었다. 최근에는 우여곡절 끝에 그곳이 정부에서 정한 사적지로 지정까지 되었다.

이 분야에 대해 관심을 가지고 있는 사람들에게 공주전투의 상황에 대한 정보는 매우 혼란스러울 정도로 상이한 통계 수치를 나타내고 있다. 전투가 일어난 일시와 장소, 적군과 아군의 피해 상황, 피아의 무장 상태, 전투에 참여한 인원수, 구체적인 전투 상황 등이 자료마다 차이를 보이고 있다. 이러한 차이는 학자들의 면밀한 검토와 실증적 연구 활동으로 사료(史料)의 가치 판단이 이루어진 후에 바로잡혀질 수 있겠으나, 아직 그러한 수준까지는 이르지 못한 것 같다.

작가가 역사적 소재를 가지고 작품을 쓸 때에는 1차 자료인 역사 기록과 관련 학자들의 연구 성과, 그리고 자신의 상상력을 발휘하여 쓰는 게 보통이다. 그런데 사료(史料)를 구득한다 해도 그 신빙성에 의문이 간다면 그걸 토대로 창작된 소설은 문제가 생길 수밖에 없다. 또한 과도한 상상력을 바탕으로 작품을 쓴다면 역사적 사실과는 동떨어진 모습이 되고 말 것이다.

동학농민전쟁을 소재로 한 역사소설은 꽤 많은 편이다. 한 연구자에 의하면 광복 전에 동학을 소재로 하여 창작된 소설이 35편이나 된다고 한다.[3] 그러나 이들 작품은 모두 단편이며 포교를 위한 것이거나 동학사상을 다룬 것이라고 한다. 이 방면에 관한 연구로는 최원식의 논문도 참조할 수 있다.[4]

광복 이후 나온 동학농민전쟁소설을 시대 순으로 나열해 보면 다음과 같다.[5]

回天記 :윤백남, 1949

---

[3] 강인수 : 한국문학과 동학사상(지평, 1989) pp. 116~117

[4] 최원식 : 동학소설연구, 한국근대소설사론(창작과비평사, 1986)

[5] 임무출의 回天記 해설(문창사, 1992) p. 260과 이상경의 동학농민전쟁과 역사소설, 변혁주체와 한국문학(역사비평사, 1990) p. 55를 참조했으며, 최근 자료는 필자가 추가한 것임. 1994년 5월 현재.

동학란 : 김덕연, 1962
혁명 : 서기원, 1965
전봉준 : 최인욱, 1967
동학 : 이용선, 1970
들불 : 유현종, 1976
여명기 : 박연희, 1978
갑오농민전쟁 : 박태원, 1986
타오르는 강 : 문순태, 1987
소설동학 : 채길순, 1991
녹두장군 : 송기숙, 1994
황토마루 : 정하연, 1994
동학제 : 한승원, 1994

이들은 모두 장편이며 10권이 넘는 대하소설도 있다. 발간 연도는 완간된 해를 기준으로 하였다. 그러나 이들 작품 가운데는 교단 지도자의 영웅담 형태, 또는 상층부 사회를 중심으로 한 역사적 사실의 나열 형태를 취하고 있는 것이 많아서 문학적 가치를 따지기 어려운 것들이 다수를 차지하고 있다. 루카치의 말대로 역사소설이 각 사회의 발전 단계에 대응하는 민중들의 의식을 규명하여, 부정의 부정 형식을 취하는 혁신 행위에 해당된다면[6] 여기에 합당한 작품은 더욱 찾기가 어려울 것이다. 또한 역사소설의 가치 평가에 있어, 역사상 중요하고도 현재적인 의미를 지니는 과거사가 소재로 선택되어야 하며 역사적으로 진실하면서도 구체적으로 묘사되어 현재에의 올바른 인식에 기여하는 것으로 그 기준을 잡을 때[7] 위의 작품들 가운데 과연 몇 편이 긍정적 평가를 받을 수 있을지 의문이다.

[6] G.루카치(이영욱 역) : 역사소설론(거름, 1987) p. 475
[7] 강영주 : 한국역사소설의 재인식(창작과 비평사, 1991) p. 20

본 연구에서는 일단 문학사적 위치나 소설로서의 형상성 및 문학성을 바탕으로 하여 위의 목록 가운데 『回天記』, 『들불』, 『갑오농민전쟁』, 『녹두장군』 네 편만을 취급하기로 하겠다. 이러한 판단의 근거는 선행 연구자들의 연구 성과[8]와 필자 나름의 가치 평가에 바탕을 둔 것이다. 또한 본 연구는 그들 작품 전반을 다루는 것이 아니고 공주전투 장면만 뽑아서 보려는 것이므로 경우에 따라서는 작품의 가치 평가에 한계가 있을 수도 있을 것이다.

서술 순서는 우선 그 사실성을 가리기 위해 역사 기록에 나타난 공주전투의 상황을 몇 가지 자료로 살펴보고, 다음으로 각 작품에 묘사된 공주전투 장면을 고찰하되 사실성과의 부합 여부와 그 정도를 살펴보는 방식으로 하겠다. 이런 작업을 통해 이곳 공주에서 100년 전에 있었던 사실이(그 사실은 단연코 한 가지밖에 없다.) 얼마나 차이 나게 알려졌고, 또 사실과 다른 이야기가 떠돌아다니는지 알게 될 것이며, 혹 외지인들에게 공주 거주 당사자로서 당당하게 역사적 사실을 설명할 수 있는 바탕이 마련될 수도 있지 않을까 하는 기대도 가져 본다.

---

8 이상경 : 앞의 논문.
이영호 : 1894년 농민전쟁의 역사적 성격과 역사소설, 창작과비평 69호

2) 역사기록으로 본 공주 전투

(1) 동학혁명위령탑

현재 공주에서 부여로 가는 국도 중에 우금티의 오른편쪽으로 동학혁명군 위령탑이 서 있다. 이 탑은 1973년 11월에 천도교단을 중심으로 한 건립위원회가 세운 것인데 탑의 전면에 이선근이 쓴 비문이 새겨져 있고, 후면에는 최덕신이 쓴 감사문이 새겨져 있다. 그 내용은, 1894년 1월에 시작된 항쟁이 같은 해 11월 공주전투로 막을 내리기까지의 경과를 간략히 요약하고, 그분들의 정신을 계승하자는 요지로 되어 있다. 그런데 공주전투에 참가한 인원이 20만 명이라고만 했고, 후면의 감사문에는 10만 희생 영령이라고 하여 공주전투에서 10만 명이 죽은 것으로 되어 있다. 또한 탑의 앞에 세워진 안내판의 글에는 20만이 공주전투에 참가했는데 논산으로 후퇴하여 인원을 점검해 보니 천여 명밖에 안 되었다고 하여 문맥상 공주전투에서 20여만 명이 죽은 것으로 되어 있다.

대개 역사적 유적지에 기념비나 탑을 세우는 목적은 두말할 필요 없이 그곳을 교육의 장으로 삼아 국민 교육적 효과를 거두기 위함일 것이다. 그렇다면 그곳의 역사적 사실에 대한 명확한 조사와 고증을 거쳐 가장 객관적이고 공정한 내용을 기록해야 함은 재언의 여지가 없는 일이다. 그럼에도 이곳의 기록이 이처럼 엉성하게 되어 있는 것은 시급히 시정되어야 할 것이다. 그곳의 비문에 나오는 '박정희'나 '유신' 등의 단어 글자가 훼손된 것은 역사적 업보이니 그렇다 치더라도, 학계의 주도적인 학설을 중심으로 바로잡아야만 진정한 국민교육의 의의가 달성될 수 있지 않겠는가.

(2) 한국사(진단학회)

1963년에 초판이 나온 진단학회의 한국사(현대편)에는 공주 접전 전후의 쌍방 진세가 10만의 농민군 부대와 일본군을 기간 부대로 한 5~6천 명의 파견군에 지방관군을 합쳐 만여 명에 해당하는 관군의 대결로 보고 있다.[9] 이들 병력이 실제 공주전투에서는 어떻게 접전하였는가.

① 이인전투[10]

10월 23일 서산 군수 성하영을 중심으로 한 관군이(日軍 100명 포함) 이인의 동학군을 공격하여 벌어진 전투. 관군의 피해는 전사 102, 전상 300명. 동학군의 승리.

② 효포전투[11]

10월 24일에 동학군이 성하영군을 공격하여 공주감영 뒷산(봉황산)을 포위했고, 또 다른 부대는 효포의 관군을 공격하여 공주 성내로 도망가게 함. 24일 밤 공주성을 완전 포위. 같은 날 밤 일병(日兵) 일개 대대가 내합(來合)하여 관군의 사기가 오름. 25일 동학군 측 웅치(熊峙) 방면으로 총공격했으나 이곳을 지키던 일군(日軍)에게 막대한 희생을 입고 후퇴. 신식 대포의 공격에 용감히 맞섰으나 승부가 안 나 해질 무렵 경천으로 철수. 관측 기록에 의하면 이날 전투에서 포살(砲殺) 70여 명, 생금(生擒) 2명이라 함. 초반 동학군 유리, 후반 불리하여 후퇴한 것임.

---

9 진단학회 : 한국사 <현대편>(을유문화사) 1977, p. 368
10 위의 책, pp. 369 ~ 370
11 위의 책, pp. 371 ~ 372

③ 우금티전투[12]

11월 3일 경 관군 배치는 제1진 판치, 제2진 이인역, 제3진 공주성이었는데, 8일에 전열을 재정비한 동학군이(김개남 군 5000명 합류) 공격을 시작하여 판치와 이인의 관군이 모두 읍내로 철수함. 9일 관군 재배치(금학동:오창성, 웅치:구상조, 효포봉수대:장용진, 우금치:日兵과 성하영). 동학군은 효포, 웅치, 우금치의 3면에서 공격을 개시하여 패주함. 11일의 웅치전투에서는 동학군으로 위장한 관군의 기습으로 패퇴함. 결국 근대적 과학 무기 앞에 단순한 인해전술이 패한 것임.

이상의 기술 이외에 이 책에서는 종합적으로 공주전투에 참가한 동학군은 2~3만으로 보아야 하며, 관군의 병력은 일군(日軍) 일개 대대 포함 1만여 명으로서 실제 병력의 대결은 3:1 정도로 보는 것이 옳다는 견해를 밝히고 있다.[13] 따라서 동학군은 비록 패퇴했으나 그 전투력이나 정신만은 높이 평가해야 한다고 결론짓고 있다.

(3) 한국사강좌Ⅴ(근대편)

논산에 집결한 동학농민군은 20만에 달했으나 막상 공주로 북상할 때 전봉준을 따른 수는 만여 명에 불과했다.[14] 당시 정부군은 이인과 효포, 일본군은 우금치에 진을 치고 대비했다. 11월 3일 이인 역을 공격하여 정부군을 패퇴시켰으나, 다음날 이두황의 반격으로 후퇴했다.[15] 11월 15일

12 위의 책, pp. 371 ~ 373
13 위의 책, p. 375
14 이광린 : 한국사강좌Ⅴ<근대편>(일조각, 1981) p. 310
15 위의 책, 같은 곳

웅치에 대한 총공격을 했으나 일본군의 반격에 의해 경천으로 후퇴했고, 6~7일간 머무는 동안 김개남 군 5천 명이 합세하여 판치와 이인 역의 정부군을 공격하니 우금치의 일본군 진지로 퇴각하였다. 이에 우금치에서 6~7일간 40~50차의 공방전을 전개했으나 우세한 화력의 일본군에게 당할 수 없어 다수의 사상자만 내고 논산으로 후퇴하였다. 만여 명 가운데 생존자는 500여 명에 불과했다.[16]

(4) 한국 민중사II(근현대편)

이 해 11월 충청, 전라도에서 봉기한 농민군은 10만 명에 달하였다고 하나 실제 주력부대는 전봉준 인솔의 4천 명을 포함하여 1만 명 정도였다.[17] 정부군은 신정희가 이끄는 3천 명의 중앙군과 우수한 장비를 갖춘 1천 명의 일본군이었는데 공주, 우금치, 이인, 효포에서 치열한 전투가 벌어졌다. 우금치에서는 4,50회의 쟁탈전이 벌어져 시체가 산을 이루었다. 그러나 농민군은 패배하여 논산 방면으로 후퇴하였다. 전주의 김개남 군 5천 명은 지원부대로서 합류에 실패했다.[18]

(5) 조선통사(하)

9월 말 논산 일대에 총대장 전봉준과 손화중·김개남·김덕명 지휘 하에 10만 명이 집결하였다.[19] 이 주력부대는 10월 중순부터 공주를 공격하여

---

16 위의 책, p. 311
17 한국민중사연구회 : 한국민중사II(풀빛, 1985) p. 86
18 위의 책, p. 86

이인 등지에서 관군을 격파하고 공주 뒷산인 봉황산을 점령하였으나 수많은 사상자만 내고 전투는 교착 상태에 빠졌다. 효포에서 수일 동안 가열하고 처참한 육박전을 계속했지만, 훈련이 없고 열악한 무기로 싸운 농민군은 크게 패배하였다.[20]

이 책은 북한의 원본을 복제 출판한 것인데, 최해월의 소극적 태도와 미영제국주의 협조를 받은 일본군의 신식 무기를 실패의 원인으로 언급하고 있어서 흥미롭다.

(6) 주한일본공사관기록 I

이 기록엔 두 건의 공주 부근 전투 상보가 있는데 일본군 대위 삼미웅일(森尾維一)이가 보고한 것이다. 11월 22일 오전 6시, 3백 명이 공주 동면으로, 3천 명이 냉천으로 공격. 당시 일본군 2중대, 한국군 810명이 방어. 8시 30분에 능치와 월성산에서 교전. 일본군 월성산과 능암산 중앙에 배치하여 오후 1시까지 사격하며 대치. 냉천 뒷산의 농민군 후퇴. 오후 2시 철수.

△ 피해상황
아군 : 전사자 없음, 부상 1명
적군(농민군) : 전사 6명, 부상자 미상
소비탄약 : 약 500발[21]

---

19 과학원 역사연구소 : 조선통사 <하>(오월, 1989) p. 74
20 위의 책, 같은 곳
21 이상은 주한일본공사관기록 I p. 309에 의함.

12월 4일 오후 4시에 판치의 경비병이 적의 공격으로 퇴각했다는 보고. 한국군 250명(통아영병)은 월성산에, 또 다른 한국군 280명(경리영병)은 향봉에서 지키도록 배치하고 이인의 280명은 우금치로 후퇴시킴. 향봉에서 정찰하니 적은 약 2만 명인데 포와 총을 쏨. 다음날 아침까지 대치.

5일 오전 10시 우금치와 이인가도로 1만 명의 적이 나타나 공격. 다른 1만 명은 오실 뒷산으로 공격. 10시 40분 1개 분대 견준산 산허리, 1개 분대 우금치 산허리, 150m까지 진격. 일군이 가장 용감하게 싸움. 오후 1시 40분 봉황산의 병력 50명 이동하여 우금치 꼭대기에서 150m 전방의 적 왼쪽에 사격. 적이 동요하자 1개 소대와 1개 분대 적진에 돌입시킴. 적군 퇴각하기 시작. 추격하여 이인가도 나감. 한국군에게 경계 맡기고 공주로 오후 8시경 철수.

△ 피해상황
아군 : 없음
적군(농민군) : 전사 37명, 부상자 미상
노획품 : 창, 총 등 다수
소비탄약 : 약 2천 발[22]

(7) 동학농민전쟁과 공주전투

공주대학교 개교 45주년 기념 학술회의(1993. 11. 4.)에서 발표된 이 논문에서는 공주전투의 전초전으로 세성산, 홍주성, 대교전투를 들고 나서 1차 공주전투 상황에 대해 10월 23일부터 25일까지 4만 명의 농민군이 효

---

[22] 이상은 위의 '기록 I' pp. 247 ~ 248의 내용 요약임.

포, 판치, 능치를 중심으로 하여 감영군, 경리청 군대, 일본군(약 100명), 우선봉진, 좌선봉진의 관군과 싸웠다고 되어 있다. 이 전투에서 무기가 열세인 농민군은 상당한 피해를 입고 논산으로 후퇴하여 전열을 가다듬고 2차 접전을 준비했다.[23]

2차 전투는 11월 8일 이인과 판치의 관군에 대한 공격으로 개시되어 초반전에 관군을 격퇴했고, 9일에는 효포, 능치, 우금치 일대에서 총공격을 감행하였다. 당시 관군의 배치는 견준봉에 백락완의 경리청부대, 맞은편 봉우리에 일본군, 고개 바로 밑에 성하영군, 주봉일대에 이기동의 감영군, 금학동에는 오창성의 통위영대관, 봉황산에는 민병, 능치에는 홍운섭의 경리청군대(구상조 포함), 봉수대는 통위영의 장용진, 금강나루와 산성은 비장 최규덕군으로 되어 있어 주력부대가 우금치에 있었음을 알 수 있다. 9일에 농민군 역시 주력부대를 우금치로 배치하여 4,50차의 공방전이 전개되었다. 그러나 1:250의 전투력(예천 유생 박주대의 말)이라고 하는 무기의 열세로 농민군은 공격에 실패하고 후퇴하였다. 2차 접전 후 남은 군병은 불과 500여 명에 지나지 않았다 한다.[24]

(8) 전봉준과 갑오농민전쟁

현장 답사 형식으로 작성된 이 책에서 공주전투는 공주대회전이란 용어로 표현되고 있다.

10월 23일 오후 농민군이 이인의 관군을 공격하여(성하영군) 저녁때까

---

23 박맹수 : 동학농민전쟁과 공주전투(학술회의 자료집) p. 68

24 위의 논문, pp. 69 ~ 70

지 밀고 밀리는 싸움이 계속되었으나 농민군이 감영 뒷산인 봉황산을 공격하자 관군이 퇴각하였다. 관군 피해는 전사120, 부상 300여 명으로 농민군의 승리였다.

24일 곰티에서 해가 넘어가도록 일진일퇴의 싸움을 벌였다.

25일 전봉준이 직접 지휘하는 농민군이 곰티에서 많은 희생을 내며 처절하게 싸웠으나, 일본군 100여 명까지 가세하여 공격하자 농민군은 할 수 없이 새벽에 경천으로 후퇴하였다. 이날 농민군은 많은 사상자를 냈고 무기도 상당수를 뺏겼다.

11월 8일 농민군은 2차 공격을 시작한다. 주 공격로는 우금치로 잡고, 보조 공격로 네 곳을 선정했는데, 곰티 · 새재 · 하고개 · 금학동이 그것이다. 관군은 방어선으로 우금치 · 금학동 · 곰티 · 봉수대를 설정하고 군대를 배치했다.

9일 공격이 시작되었다. 전봉준이 주력 부대를 이끌고 우금치 밑에 대기하는 동안 다른 보조 공격로에서 전투가 시작되었다. 드디어 전봉준은 정예 부대를 이끌고 우금치를 향해 진격했다. 관군의 주력 부대도 이곳에 배치되어 있었는데 중앙에 일본군을 포함한 부대, 좌측에 이기동 부대, 우측에 조병완 부대가 있었다. 4~50차의 치열한 전투가 있었으나 막강한 화력 앞에 농민군의 희생만 늘어날 뿐이었다. 전봉준은 끝내 막대한 희생만 치른 채 500여 명의 생존자와 후퇴하였다. 우금치 전투가 진행되는 동안 일대의 농민군은 하고개를 넘어 기습 공격을 감행했으나 여기서도 많은 희생만 낸 채 실패하였고, 금학동의 농민군도 공격에 실패하여 많은 사상자를 냈다.[25]

---

25 이상은 우윤의 『전봉준과 갑오농민전쟁』(창작과비평사, 1993)의 제 10부 공주대

지금까지 몇몇 기록에 나타난 공주전투의 내용에 관해 살펴보았다. 가급적 1차 사료의 인용은 피하고 연구자 나름으로 분석하고 검토하여 판단한 2차 자료를 중심으로 그 내용을 살피려 하였는데 자료마다 각기 상이한 기록이 많아 매우 혼란스러움을 볼 수 있다. 이제 위의 내용들을 하나의 도표로 만들어 그 공통점과 차이점을 살펴보기로 하겠다.

자료	전투일자	참전 농민군 수	희생자 수	전투장소	관군의 수	김개남군 합류여부	일본군의 수
1	언급없음	20만	10만명	언급없음	언급없음	언급없음	언급없음
2	10월 23일 10월 24일 11월 8일 (6~7일)	2~3만명	언급없음	이인 효포 우금치	1만명	합류	2천
3	11월 3일 11월 14일 (6~7일)	1만명	생존자 500여명	이인 웅치 우금치	언급없음	합류	숫자미상
4	언급없음	1만명	언급없음	공주, 우금치, 이인, 효포	언급없음	합류실패	1천
5	10월 중순	10만명	언급없음	이인, 효포, 봉황산	언급없음	언급없음	숫자미상
6	11월 22일 12월 4,5일	2만명	43명	웅치, 월성산, 우금치, 이인	810명	언급없음	2개 중대
7	10월 23~25일 11월 8일 (6~7일)	4만명	생존자 500여명	효포, 판치, 능치, 우금치	언급없음	합류못함	숫자미상
8	10월 23~25일 11월 8일 (6~7일)	언급없음	생존자 500여명	이인, 봉황산, 곰티, 새재, 우금치, 하고개, 금학동	언급없음	합류못함	200명
비고	양력, 음력 미구분						

회전과 최후의 항전(pp. 244 ~ 260)의 내용을 요약한 것임.

① 전투일자

전투일자에 관해서는 어느 자료에도 양력과 음력의 표기가 없다. 6의 자료는 당시 양력을 쓰던 일본 관공서의 관행으로 볼 때 가장 정확한 일자라 할 수 있을 것이다. 그렇게 보면 나머지 자료들의 일자 표기는 모두 음력으로 보이는데 1894년의 일자대조표(진단학회 한국사 별책부록)를 보면 음력 10월 23일은 양력 11월 8일에 해당하며, 음력11월 8일은 양력 12월 4일이다. 이렇게 볼 때 3과 5의 자료는 신빙성이 없으며, 2차 전투 3일 중에 일본군이 참여한 것은 마지막 날 하루였음을 알 수 있다.

② 참전 농민군 수

참전 농민군의 숫자에 대해서는 자료마다 1만에서 20만까지 차이가 난다. 논산에 집결한 남북접 합동군의 숫자도 10만에서 20만까지 차이가 난다. 1,2차 합쳐 도합 10여 일을 오직 숫자의 우세로 싸웠다고 볼 때 1만이란 숫자는 믿기가 어렵다. 한곳에서만 싸운 게 아니고 적어도 6~7곳에서 동시 다발적으로 공격하자면 상식적으로 1만의 숫자로는 부족하다고 보는 것이 옳을 것 같다. 그렇다고 논산에 모였던 10만 또는 20만 전부가 전투에 참여했다고 보는 것도 무리한 일이다. 그러고 보면 2와 7의 자료에서 제시하고 있는 2만에서 4만 명 정도가 실제 전투에 참가했다고 보는 것이 합당할 것 같다.

③ 희생된 농민군의 수

전투에 참가했다가 희생된 농민군의 숫자에 대해서도 자료마다 차이가 난다. 최소 43명에서 문맥상 10만의 숫자가 희생된 것으로 볼 수 있는 자료도 있다. 그런데 희생자 수는 실상 참전자 수와 밀접한 관련이 있다. 2만에서 4만, 그 중간을 잡는다 해도 3만 정도의 인원이 참전자 수라고 볼 때, 대량 학살 무기인 대포나 신식 무기에 희생된 숫자는 몇 십 명 단위는 넘을 게 분명하다. 또한 여러 자료에서 전봉준 공초기의 자료를 근거로 생존자가 500여 명 뿐이라고 하여 마치 그 나머지가 모두 죽은 것으로 해석하는 것은 좀 문제가 있어 보인다. 그 숫자는 끝까지 전봉준을 따라간 측근 정예부대거나 골수 신자들일 것이요, 실제 상당수의 사람들은 후퇴하는 도중 딴 길을 잡아 도피했을 가능성도 많다. 계룡산 주변에 구전되는 이야기 중엔 패잔 농민군의 도피담이 적지 않게 존재하고 있다. 한편 당시 군보(軍報)에 기재된 전투 상황의 표현 중에 「적시만산(積屍滿山)」이란 구절을 근거로 무수히 많은 사람이 죽었다는 해석을 하는 경우도 있는데, 이는 한문 표기의 상투적 구절이며 추상적(과장적) 표현이라고 보는 것이 좋을 것이다. 다만 아군이나 적군 어느 쪽에서도 사상자의 숫자를 정확히 헤아리지 않았으며 이로 인해 명확한 희생자 수를 가려낸다는 것은 현재로서는 불가능한 일이며, 잠정적으로 참전자 수를 참고로 하여 추정해 볼 수밖에 없을 것 같다. 일본군의 기록에 1,2차 전투에서 43명을 사살한 것으로 기록한 것은, 일부러 사실을 축소한 것으로 보기보다는 군의 특성상 그들이 참여했던 전투 지역의 가시적 범위의 전과 기록으로 보는 것이 옳을 것이다.

④ 관군의 수

당시 방어에 임했던 관군의 수는 두 자료에만 숫자가 언급되어 있는데 6의 자료 810명은 읍내에 있던 정규군의 숫자만 말한 것이고, 나중에 합류한 증원 부대나 민병들의 숫자는 고려치 않은 것으로 정확하다고는 보기가 어려울 것 같다. 2의 1만 명이란 숫자는 나름대로 당시의 여러 자료를 나열하고 그 합계를 추정한 것인데 여기에는 공주 외곽이나 타 지역에서 싸우던 관군의 수까지 포함된 것 같다. 일군이나 관군 지휘자의 직함과 숫자를 미루어 볼 때(기록에 나오는 관군 지휘자의 이름은 열 명이 넘는다.) 1만 명까지는 안 간다 하더라도 5~6천 명은 넘지 않았을까 추정된다. 더욱이 농민군과 교전한 장소가 동시적으로 7,8군데나 된다는 사실을 고려하면 그런 추정은 전연 무리한 것만은 아니라고 생각된다.

⑤ 전투장소

전투가 벌어진 장소에 대해서도 기록마다 조금씩 차이가 있다. 이인역과 효포, 우금치에서 전투가 있었던 것은 모든 기록에 공통되나, 판치 · 새재 · 하고개 · 금학동 등의 전투는 기록된 것도 있고 안 된 것도 있다. 그런 면에서는 현지를 면밀히 답사하고 고증한 8의 자료가 가장 정확한 것이 아닌가 한다. 실제 공주전투는 1,2차 전투로 시기상 구분할 수도 있지만, 공주 외곽에서의 전투와 공주성 직접 공격의 전투로 공간상 구분해 볼 수도 있다. 외곽 전투로는 멀리 천안 세성산과 홍주성의 전투를 비롯하여[26] 장기면 대교리의 전투와 판치(무너미)의 전투, 그리고 이인과 효포전투[27]까지 포함시킬 수도 있다. 주지하다시피, 공주전투의 최대 격전이며 농민군의 패퇴로 귀결된 전투는 우금티전투다. 그러나 우금티전투는 우금티에서만 이루어진 게 아니다. 6,7일 계속된 전투에서 농민군은 공격의 효율

[26] 주23)의 논문 참조

[27] 효포는 공주 공격로의 초입이긴 하나 월성산 아래의 공주 반대 지역 마을로서 공주성 공격의 직접 싸움은 아니라고 볼 수 있다.

성을 높이고 관군의 방어선을 혼란시키기 위해 주 공격로와 보조 공격로를 나누어 동시다발적 전투를 벌이는 전략을 구사한다. 물론, 주력 부대는 우금티에 배치했지만 곰티와 새재, 봉황산과 하고개, 그리고 금학동 지역이 보조 공격로였다. 이 전술은 매우 타당성이 있으며 충분히 실천될 수 있었으므로 이런 여러 지역에서 전투가 있었던 것으로 보는 것은 당연한 일이라고 할 수 있다.[28] 그러고 보면 우금티전투는 공주 시내의 일부 지역만 빼놓고 공주의 전 지역에서 벌어진 전투라고 그 성격을 규정지을 수 있을 것 같다.

⑥ 김개남 군 합류 여부

김개남 군의 공주전투 합류 여부는 매우 중요한 사실이다. 당시 농민군 부대 중 최강의 전력을 보유하고 있다고 알려진 김개남 군이 합류하고도 실패했다면 문자 그대로 '천운(天運)'이라고도 할 수 있겠지만, 합류하지 못해 실패했다면 그건 전략의 부재나 지휘부의 갈등 등 얼마든지 다르게 해석될 수 있는 가능성이 있기 때문이다. 2와 3의 자료에는 합류한 것으로 되어 있고, 4와 7,8의 자료에는 합류하지 못한 것으로 되어 있는데, 전자에는 합류하게 된 구체적 증거 자료가 제시되어 있지 않은 반면, 후자에는 합류하지 못한 이유와 그 경과가 구체적으로 서술되어 있어 합류하지 못한 것으로 보는 것이 사실에 가까울 것 같다. 4와 7의 자료에서는 공주 전투 패배 원인 분석을 하면서 첫 번째로 김개남군의 미합류를 들고 있다.[29]

---

28 하고개 초입에 '송장배미'란 논이 있는데 그곳에서 사람의 뼈가 많이 나왔다는 증언이 그곳 주민들 사이에 사실로서 전승되고 있다.

29 주23)의 논문, p.71

⑦ 참전한 일본군의 수

공주전투에 참가한 일본군의 수에 대해서도 최소 2백에서 최대 2천까지 차이가 나고 있다. 그러나 이는 일본군 당사자의 기록인 6의 자료를 근거로 할 때 2개 중대와 2명의 지휘관(계급 대위)으로 보는 것이 실상에 가까운 것이 아닌가 한다.

이상, 여러 기록에 나타난 자료를 중심으로 공주전투의 실상에 관해 필자 나름으로 정리하여 보았는데, 아직도 자료 발굴이 완벽하게 안 돼 있고, 관변 측의 기록과 재야의 기록, 국내 기록과 국외의 기록, 그리고 개인 기록들 사이에 차이가 많이 나서 어느 한쪽의 자료만으로는 실상에 접근하기가 어렵다는 사실의 확인에 도달한 셈이다. 이런 점을 감안하면서, 본고의 주제인 동학농민소설의 서술 양상에 관해 얼마나 실상과 멀고 가까운가를 고찰해 보고자 한다.

3) 소설에 나타난 공주전투

동학농민전쟁을 소재로 한 소설은 상당히 많은 편이다. 멀리는 우리 근현대소설의 출발기라고 할 수 있는 개화기시대의 소설에서부터 최근의 진행 중인 소설에 이르기까지 그 양은 매우 많다. 그러나 그것을 다루는 작가의 시각은 시대에 따라 상당한 변모를 겪어 왔다. 흔히 개화기시대의 신소설에 동학농민군을 폭도나 난당, 비적의 무리라고 표현한 것이 많은데 이는 친일적 사고와 긴밀한 사고와 긴밀한 맥락을 갖는 것이라고 볼 수 있다.[30] 그 후 식민지 시대에는 민중들의 구국 항쟁이었던 농민전쟁 자체가 불온시되고, 더구나 식민사관에 의해 역사의 주체적 해석이 불가능한 상황이었기 때문에 작가들이 정면에서 그 주제를 다루기가 어려웠을 것이다. 따라서 이 시기의 많은 동학 관련 소설들은 동학교단의 종교적 외피를 입고 포교 활동이나 동학사상의 전파에 중점을 둔 것이 대부분이었다.[31] 해방 후에도 상당기간 식민사관은 철폐되지 못했다. 그 단적인 예는 50~60년대까지도 제도권 교육의 장에서 '동학란'이란 용어가 그대로 사용된 것을 들 수 있다.[32] 이러한 사회적 분위기와 정치 현실의 영향으로 인해 50~60년대에 창작된 동학 관련 소설들은 교단 지도자들의 개인적 영웅담 비슷한 형태를 취하거나, 역사적 사실들을(그것도 주로 관변 측 기록들을 중심으로 한) 흥미 위주로 나열하는 형태의 것들이 대부분이었다.

정치 현실이 1인 독재체제로 강화되어 국민의 주권이 극도로 제한되었을 때, 역설적으로 자유와 민권에 대한 자각과 투쟁은 강화될 수밖에 없다. 그런 상황을 여실히 보여주는 시대가 70년대였다. 당시 각계각층의 용기 있는 지식인과 시민들은 개인의 희생을 감수하면서 정권과 체제에 저항했다. 문학계도 예외는 아니었다. 60년대부터 이어지던 순수와 참여 논쟁에서 참여 쪽의 문인들이 대거 행동으로 나섰다. 그들은 다른 부문의 사람들과 연대하여 투쟁하는 한편 작품 창작에서도 '힘의 문학'을 실천하였다. 문인 자신의 투옥은 물론 창작된 작품의 삭제, 판매금지가 잇따랐다. 이러한 시대적 여건을 반영하는 결과로서 동학농민전쟁을 다룬 소설들이

---

30 홍일식 : 한국개화기의 문학사상연구(열화당, 1980) pp.215 ~217 참조

31 주 3)과 4)의 논문 참조

32 3공화국 이후 동학혁명이란 용어가 쓰였고, 80년대에 와서 동학농민혁명이란 용어가 중고교 교과서에 쓰이고 있다.

새로운 모습을 띠게 되었다. 그야말로 힘없고 약한 존재였던 농민, 이름 없는 하층민을 주역으로 하여 농민전쟁의 진행 과정을 다룬 소설들이 출간되기 시작했다. 그런 상황은 80년대 들어 광주민주항쟁과 군사정권의 연장으로 인해 더욱 강화되었다고 볼 수 있다. 금기시되었던 북한 쪽의 역사 해석 시각이 공공연히 도입, 유포되고 그것이 정치 민주화를 이루는 한 투쟁 방법으로서 지식인 사이에 성행하기도 했다. 그 쪽의 문학 작품들도 여과 없이 상당 부분이 유입되었다. 90년대 들어 그런 사정은 많은 자성과 시민적 가치 판단으로 꽤 정리되어 가고 있으나, 우리 사회에 '갑오농민전쟁'[33]이란 용어를 별 거부감 없이 수용하게 하는 결과를 가져오기도 했다.

이상의 서술에서 보다시피 동학농민전쟁을 소재로 한 소설은 시대에 따라 그 방향과 방법이 달라져 왔다. 그러나 역사소설이 단순하게 역사적 소재를 흥미 위주로 나열하는 것에서 벗어나 늘 현재와 유의미하게 연관되는 것으로 쓰여져야 한다는 당위성을 인정한다면 문학 작품으로서의 가치 판단은 그리 어려운 문제가 아니다. 그런 관점에서 볼 때 지금까지 쓰여진 동학농민전쟁을 제재로 한 소설 가운데서 서론에서 밝힌 네 편의 작품만을 대상으로 하는 필자의 의도는 충분히 이해될 수 있으리라 생각한다. 그러면 이제 그 네 편의 작품에 나타난 공주전투 장면의 서술을 검토해 보면서, 그것이 앞 장에서 설명한 역사 기록의 실상과 얼마나 근접하고 차이가 나는지 고찰해 보도록 하겠다.

---

33 이 용어는 북한쪽의 역사 용어인데, 단순한 '갑오'와 '동학'의 단어적 차이를 넘어서 역사 해석상의 거대한 차이를 내재한 성격을 갖는다고 할 수 있다.

(1)『回天記』

이 소설은 1949년 4월 10일부터 9월 23일까지 139회에 걸쳐 자유신문(自由新聞)에 연재된 윤백남(尹白南)의 장편이다. 지금까지 동학농민전쟁을 제대로 한 최초의 장편소설로서 서기원의『혁명』을 들거나(홍사중), 최인욱의『전봉준』을 드는 학자(이이화)가 있지만 이는 전적으로 이 작품의 존재를 모르는 데서 나오는 오해라고 할 수 있다.[34]

이 작품은 1894년 당시 농민들이 회천대업(回天大業)을 위해 동학군을 조직 봉기하여 1차에는 성공하였으나 2차에는 외세와 관군에 의해 좌절되고 마는 역사적 사건의 기록이다. 그러나 단순한 기록에 머물지 않고 상상력에 의해 인물을 새로이 창조하고, 소설적 구성을 긴밀히 하는 등 문학 작품으로서의 조건을 훌륭히 갖추었으며, 특히 동학농민전쟁이 순수한 민중의 자주운동임을 강조한 점이 높이 평가되어야 하리라고 본다.[35] 또한 이 작품은 소설사적으로 볼 때도 사건 50여 년 후, 일제의 강압적인 제재가 풀린 직후 처음으로 이 제재를 다룬 문학사적 의의를 가지며, 그 취급 태도에 있어서도 역사적 재료를 적당히 재조립하는 소재주의적 입장을 벗어나 있다는 점에서 중요한 가치가 있다고 볼 수 있다. 다만 한 가지 아쉬운 것은 동학농민전쟁의 발발 당위성에만 초점을 모은 나머지 1차 봉기의 성공에 이르기까지의 과정은 매우 상세히 서술되고 있는 반면, 2차 봉기 이후의 과정은 아주 소략한 분량의 서술이 이루어지고 있는 점이다.

이 작품의 공주전투 장면은 2~3페이지의 서술에 불과하다. 논산에 집

---

34 임무출 : 앞의 해설, p. 261
35 위의 글, p. 262

결한 농민군은 대본영을 설치하고 남북접의 전봉준과 손병희가 의형제를 맺는다. 일본군에 패한(성환 싸움) 청나라 군사 수백 명이 합류하고 여산부사 김윤식도 합류한다.[36] 시월, 농민군의 공격을 대비하는 관군은(일군 수백 명 포함) 효포와 봉황산에 대포를 설치하고 농민군의 도주로를 차단하는 계획을 세운다. 이인으로 향한 농민군(김방서)의 일대는 성하영이 거느린 관군을 격파한다. 농민군은 공주 감영으로 쳐들어와 봉황산을 에워싼다. 봉황산에는 관군이 웅거하고 있어 부중으로 들어갈 수 없었기 때문이다. 효포 쪽으로 향한 농민군도 전초전에 관군을 격파하고 공주성으로 들이닥쳤다. 그러나 이는 모두 관군의 전략이었다. 동학군을 공주성내로 모아놓고 섬멸전을 개시하자는 게 그들의 책략이었다. 드디어 공주성으로 유인되어 간 농민군에게 공격이 퍼부어진다. 봉황산 고지의 일본군 포격, 노성 뒷산 일대에 매복해 있던 관군, 그리고 봉황산 일대에 웅거한 관군이 삼면에서 공격해 오자 농민군은 수많은 사상자를 낸 채 퇴군하지 않을 수 없었다. 일단 퇴군령이 내리자 농민군은 사면팔방으로 흩어져 도망하는 혼란을 이루었다. 논산 본영도 관군에게 여지없이 파괴되고 결국 농민군은 치명적 대패를 하고 말았다.

이상이 공주전투의 내용을 요약한 것인데, 전투일자도 불분명하고 참전한 농민군과 관군의 수도 불명하며, 전투 경과의 서술도 1회로 한정하여 간략히 처리하고 있다. 또한 전투 과정에 있어서도 이인과 효포에서 일방적으로 농민군이 승전하여 공주 읍내로 진입하는 것으로 되어 있고, 동시에 그것이 관군의 전략이라고 함으로써 역사적 사실과는 많은 차이를

[36] 청나라 군사가 농민군에 합류했다는 것은 믿기 어려우며, 여산부사 김윤식은 김원식을 혼동한 것 같다. 김윤식은 당시 중앙정부의 고위 관료였다.

보이고 있다. 실제로, 관군 측에서는 공주의 모든 사람을 공산성 내로 피신시키고 농민군이 읍내로 진입하면 섬멸하려는 계획을 검토했다가 위험 부담 때문에 포기했는데, 이 작품에서는 그것이 그대로 실행된 것으로 되어 있다. 한편, 지리적 조건의 서술에 있어서도 농민군이 공주 감영으로 쳐들어와 봉황산을 에워쌌다는 것이나, 노성 뒷산에 관군이 매복하고 있었다는 것은 상식적으로 납득키 어려운 것으로 보인다. 농민군의 공주 공격 최종 목표는 감영의 점령에 있으며(감영은 봉황산 바로 아래에 있었다), 노성은 공주에서 40여 리나 떨어진 곳으로 봉황산의 관군과 동시에 공격한다는 것은 무리한 일이기 때문이다.

물론, 이 작품이 농민군 봉기의 당위성 제시와 1차 봉기 때까지의 성공적인 농민군 활약상의 서술에 그 핵심이 있다는 점을 인정한다 해도, 전체의 균형이나 2차 봉기의 대의명분 및 그 규모로 볼 때 공주 전투의 장면이 너무 소략하게 다루어진 점은 큰 아쉬움이라 하겠다. 더욱이 간략하게 서술된 공주전투의 내용에 있어서도 역사적 사실이나 지리적 조건에 있어 실제와 거리가 있게 된 것은 작품의 가치를 떨어뜨리는 요인으로 작용한다고 볼 수 있다. 이는 무슨 사정이 있었는지는 모르나 서둘러 작품을 마무리한 결과로 보이며, 또한 당시 그 방면에 관한 자료가 제한적으로만 발굴되어 있었던 점도 그러한 한계를 형성한 주요 원인으로 볼 수 있을 것 같다. 하지만, 그러한 사정을 모두 이해한다고 해도 작품을 쓴 작가의 책임이 온전히 면탈될 수는 없는 노릇이다. 작가는 작품을 통해서만 말할 수 있고, 동시에 후학들은 작품 그 자체만 대상으로 하여 평가를 해야 하기 때문이다.

(2)『들 불』

유현종이 쓴 이 소설은 1972년 11월부터 1974년 5월까지 현대문학(現代文學)이란 잡지에 연재되었던 작품이다.(통권 215호~233호) 1976년에 연재분을 그대로 모아 세종출판공사에서 단행본으로 출간하였고, 당시 밝힌 '작가의 말'대로 3부작으로의 완결을 위해[37] 최근에 기존의 작품을 보완하고 제2부 상권까지 출간한 바 있다. 그 내용은 주인공 임여삼 일가의 3대에 걸친 인생 역정으로서 일제 암흑기와 광복의 시대까지가 그 배경이라고 한다.[38] 보완된 내용은 종전 작품의 부분적인 손질과 함께 소제목의 이름을 바꾼 경우가 있고(세 마당 '野火'→'들불'), 가장 두드러진 것은 원작에 없는 두 개의 장을 추가하여 넣은 것이다. 즉 원작에는 스물세 마당 '타오르는 십만의 들불'에서 끝나고 있으나, 새로 나온 책에는 스물네 마당 '끝나지 않은 장정'과 스물다섯 마당 '장군 김개남'이 더 추가되었다. 그리고 제2부 상권은『忍冬草』라는 제명으로 출간되었다.(제1부 하권은『녹두꽃』이란 이름이 붙여져 있다.) 따라서 본고에서는 지양사에서 간행된 것을 텍스트로 하여 내용을 전개하도록 하겠다.

이 작품의 공주전투 장면은 스물세 마당 '타오르는 십만의 들불'에 집중되어 있다. 다시 말해서 전체 작품 25장(원작은 23장) 가운데 1장만이 공주전투를 직접적으로 다루고 있다는 것이다. 분량으로 따지면 총 595페이지(상하권이 각각 311, 306페이지이나 실제 내용은 11페이지부터 시작됨) 가운데 29페이지 정도에 불과하다. 그나마 주인공 임여삼이 색주가에

---

37 『들불』은 원래 3부작으로 구상했고, 이것은 제1부에 속한다.
유현종 : 들불(세종출판공사, 1976) p. 376, 작자의 말

38 유현종 : 새야새야(들불 1부 上)(지양사, 1991) '책머리에'에서

팔려간 누이동생 상녀를 만나는 장면이나, 곽무출이를 만나 그 과거와 현재를 서술하는 대목이 상당량의 부분을 차지하고 있어서 실제 전투 장면의 묘사는 매우 소략한 편이다. 물론 그 앞 장인 스물두 마당 '결판을 냅시다'와, 뒤 장인 스물네 마당 '끝나지 않은 장정'에도 부분적으로 공주전투와 관련된 곳이 더러 끼어 있으나, 그것은 실제 전투와는 거리가 먼 준비단계이거나 후일담에 지나지 않기 때문에 공주전투에 포함시키기는 어려울 것 같다. 그러면 작품에 나타난 공주전투의 모습을 순차적으로 살펴보기로 하자.

당시 병력은 전라도 십오만, 북접에서 봉기한 군사의 수가 십만 명에 이르렀다. 그들의 공격 목표지는 공주성이었다. 관군은 경군 사천 명에 왜군 이천 명이 공주성을 방어하고 있었다.[39]

9월 10일, 십만 대군이 공주성을 향해 진군을 시작했다. 선봉은 김개남이었고, 전봉준이 중군, 김덕명이 후군이었다. 논산과 강경 사이 채운벌에 대군이 당도했다. 강경에선 촌민이 왜인을 습격하여 다섯 명을 죽이고, 나머지는 모두 도주하게 했다. 채운벌에 모인 농민군이 장막을 치자 그 둘레가 백 리를 넘었다.(p.221) 북접 5만 명이 이쪽 군사의 공주 공격 시에 배후를 협격하겠다는 연락을 받았지만 동시에 남쪽의 배후가 염려스럽다는 내용도 들어 있어 전봉준이 고민하고 있을 때, 농민군 최고의 용장인 김개남이 자원하여 전주성과 청주성을 지키겠다고 나섰다. 그는 이만 명의 병력을 이끌고 후방을 지킬 테니, 안심하고 공주를 공격하라고 하면서 칠천 명을 전주로 보내고, 만 이천의 병력을 이끌고 청주로 떠났다.(p.224) 농민군의 공주성 공격 전략은 금강 줄기를 따라 이인으로 들어가는 좌익과, 노

---

39 유현종 : 들불 제1부 하, 녹두꽃(지양사, 1991) p. 218

성 · 널치 · 지사막 · 신기로 들어가는 우익의 협공이었다.(p.225) 우익은 이유상, 좌익은 최현석이 지휘하게 되었고, 임여삼은 부하 다섯을 데리고 염탐 임무를 맡게 되었다. 여삼은 공주성 북쪽에 다다라 농민으로 변장하고 성내로 진입해서 술집 노파에게 정보를 얻는다. 관군이 사 천, 감영에서 모은 군사가 사 천, 왜군 이 천 명의 군세였다. 감영에서는 젊은이를 무조건 군사로 뽑는 바람에 외아들을 뺏긴 노파가 여삼에게 이런저런 정보를 알려주고 변장용 양반 복색을 마련해 주기까지 했다. 성내에는 때 아닌 색주가가 생겨 흥청거렸는데 그건 왜군이 부녀자를 강간하는 사건이 빈발해 만든 것이었다. 그 색주가에서 여삼은 삼년 전에 헤어진 누이동생 상녀를 만난다. 기구한 운명의 상녀는 그 다음날 자결한다. 만나기로 약속했던 부하는 못 만나고 여삼은 왜군 통역이 된 곽무출을 만난다. 그와 다투다가 발각이 돼 여삼은 봉황산으로 쫓겼다가 간신히 농민군 진지로 돌아온다. 여삼의 정보를 바탕으로 공격령이 내려졌다. 공주성엔 왜군 이 천(우금치), 경군 이 천(금학동), 지방군 삼 천(금강변), 관군 삼 천(봉황산) 명이 방어하고 있었다.(p.241)

10월 20일 농민군과 관군은 이인, 노성에서 대접전을 벌였다.(p.241) 이 싸움에서 농민군이 큰 승리를 거두었다. 왜군과 관군은 계속 공주성으로 밀려 우금치 밑에까지 이르렀다. 3일간의 이 전투에서 크게 패한 관군은 구원을 요청하여 왜군 5천 명이 공주로 들어왔다. (p.241) 다음 날 전봉준은 급히 김개남을 불러오라 이르고 농민군 육만 명을 우금치 옆 곰티재에 투입했다.(p.242) 밤낮 엿새를 싸웠으나, 농민군은 만여 명의 희생자를 낸 채 오십 리를 후퇴해야 했다. 다음날 우금치로 유인 당한 농민군 삼만여 명은 비장한 각오로 전투에 임했으나, 왜군의 대포 공격에 속수무책으로 죽음을 당했다. 해거름에 왜군 오천 명이 돌격전을 감행하여, 막 도착한 김개남 군까지 처참한 살육을 당했다. 기병의 왜군은 보병인 농민군을 추격하며 무참히 살육하여 논산까지 온 군사의 수는 천여 명에 불과했고, 삼천여 명의 김개남 군은 계룡산을 빠져 나와 청주로 퇴각했다.(p.243) 왜군은 계속 추격하면서 농민군을 기습 공격하여 학살했다. 특히 농민군을 따라나온 가족 삼만여 명을 남녀노소 가리지 않고 몰살시키기도 하였다.(p.247)

이상의 내용 요약에서 보다시피 이 작품도 역사적 사실과는 거리가 있는 서술이 많다. 우선 1차, 2차 전투를 구분하지 않고 한 번의 전투로서 끝낸 것이 그러하고(10월 20일부터의 전투는 우금치를 중심으로 한 전투가 아니라 이인과 효포의 전투라는 건 주지의 사실이다.), 왜군이 기존의 이천에 증원 군 오 천이 가세하여 칠 천 명이나 되는 것도 과장된 것으로 볼 수 있다. 김개남의 참전 사실도 실제와는 다르며, 왜군이 기병으로 농민군을 추격하여 학살했다는 것이나, 논산 본영에 가 삼만여 명을 몰살했다는 것도 역사적 사실로 입증하기는 어려운 서술로 보인다. 특히, 우금치를 지나 공주성의 남문이 있다는 설명이나(p.233) 봉황산에 있는 성벽을 넘어 도망했다는(p.240) 서술은 공주 전체가 성으로 둘러 싸여 있다는 인식 같은데, 지역적으로 국한된 공산성을 공주 전체의 성으로 오해한 데서 비롯된 것으로 보인다.

이 작품은 역사의 주체로서 민중을 인식한 점이나,[40] 유랑농민의 무장조직인 명화적이 동학농민전쟁과 부분적으로 연결되는 점을 보여주는[41]

[40] 이상경 : 앞의 논문, p. 62
[41] 위의 논문, p. 63

면에서 그 가치를 찾을 수 있으나, 역사적 사실과의 괴리[42] 또는 작가의 주관적 민중상에 의해 왜곡되고 고립된 개인으로서 주인공 설정[43] 등의 면에서는 한계를 지닌다고 평가되고 있다.

역사소설이 작가의 상상력을 바탕으로 이루어진다는 사실을 인정한다 하더라도, 역사적 사실을 오인하거나 왜곡했을 때 문학적 진실성을 확보하기 어렵다는 상식을 상기해 보면, 이 작품이 갖고 있는 한계는 저절로 드러나리라고 본다. 이런 판단을 가능케 하는 중요한 증거의 하나로서 역사적 사실과 거리가 먼 서술이나 공주 지역의 지리적 조건을 오해한 공주 전투 장면이 비중 있게 작용하고 있다고 본다.

(3) 『갑오농민전쟁』

월북 작가 박태원이 쓴 이 작품은 3부작으로 된 대하소설이다. 그가 죽음 직전에 이르기까지 혼신의 힘을 다해 완성시켰다고 알려진 이 소설은 북한 역사학계의 농민전쟁론을 충실히 따르고 있다.[44] 즉, 19세기 이래 전개되어 온 농민항쟁(민란)의 연장선상에서 이 사건을 다루고 있는 것이다. 이 작품의 전편인 『계명산천은 밝아 오느냐』는 3권으로 이루어져 있는데 1862년의 익산민란이 중심 제재다. 그 익산 민란에서 희생된 오덕순의 아들 오수동은 아버지의 유언을 이어받아 반봉건 의식을 토대로 갑신정변에 참가했다가 농민전쟁에 가담했고, 그의 아들이자 오덕순의 손자인 오

---

[42] 이이화 : 역사소설의 반역사성, 역사비평 1집 참조

[43] 이상경 : 앞의 논문, p. 66

[44] 1894년의 농민전쟁을 취급하는 데 있어 대략 세 가지 관점이 있는데 동학운동론, 농민전쟁론, 절충론이 그것이다. 동학사상의 농민전쟁에서의 역할 수행을 부정하는 농민전쟁론은 1950년대 이후 북한쪽의 역사학계에서 정리된 이론이다.

상민은 전봉준의 제자로서 농민전쟁에 참가하여 영웅적 투쟁을 벌이는 소설의 중심인물이 된다. 이들 일가뿐 아니라 전봉준이나 덕보의 가문도 농민항쟁의 뿌리를 같이 하고 있다. 이 소설은 농민전쟁 당시의 역사적 구도와 그 전개과정을 분명하게 그리는 것, 당시의 풍속과 기막힌 생활 정경, 사회상을 섬세하게 묘사하는 것, 지배층의 탐학상, 그들의 불건강성과 무능함을 신랄하게 폭로하는 것, 그에 대비하여 농민군들의 인간적 풍모를 생생하게 형상한 것, 그리하여 동학농민전쟁의 역사적 의미와 그 시대의 인간과 인간적 갈등을 예술적 진실로 증명해 낸 것 등[45]에서 그 가치를 높이 평가할 수 있으며, 반대로 전봉준이 처음부터 완결된 인물로 출현하여 영웅적 면모를 보이는 점이라든지, 전봉준의 처형으로 소설이 종결됨으로써 민중들의 낙관적 전망 제시에 한계를 보이는 점은[46] 이 작품이 갖는 아쉬운 점이라 할 것이다. 지주 - 전호 관계의 모순을 바탕으로 한 농민전쟁의 사회경제적 배경 인식은 매우 주목되는 시각이나, 동학의 조직과 역할을 배제하고 활빈당 등의 조직으로 대체한 것은 이 작품이 갖는 한계라고 지적하는 학자도 있다.[47] 한편, 이 작품의 언어 구사에 대해 알기 쉽고 선명하며 뜻이 깊고 풍부한 고유의 우리말을 적극 찾아내어 적중하게 씀으로써 형상의 품위를 높였다는[48] 찬사도 있으나, 3부는 그의 아내가 완성시켰기 때문에 전반부에 빛나고 있는 풍속 묘사가 줄어들고 역사적 사건의 개요를 요약 제시하는 부분이 많아지면서 형상성의 수준이 낮아

---

[45] 이상경 : 앞의 논문, p. 89
[46] 위의 논문, p. 92
[47] 이영호 : 주8)의 논문, p. 294
[48] 송양춘 : 장편력사소설 『갑오농민전쟁』의 언어 형상, 문화어학습 제3호, 1988. 제3부 下권 부록, p. 219

진다는 엇갈린 평가도 있다.[49]

그러면 이 작품에 서술된 공주전투의 내용을 살펴보기로 하자. 공주전투는 3부 상권의 후반부와 하권 전반부에 걸쳐 다뤄지고 있다. 13장 '농민군 월성산으로 간다'에서부터 16장 '전봉준이 심산 속에서 현숙한 녀인의 구완을 받고 떠나다'까지가 거기에 해당된다. 그런데 실제 공주전투는 13장에서 일부 다루어지고, 14장에서 3페이지에 걸쳐 장황하게 서술되고 있다. 즉 14장은 주인공 상민의 약혼자인 영아가 말을 타고 나타나 전봉준과 상민을 위기에서 구해 준 후 죽는 얘기가 중심이고, 15장은 상민의 어머니가 관군의 밥 짓는 일을 자임하여 맡았다가 왜놈의 대포에 밤중에 물을 퍼부어 농민군의 공격을 돕는 얘기가 중심이다. 15장의 제목은 '왜놈의 대포에서 물이 나왔다'이며, 이 일로 상민의 어머니는 관군에 잡혀 처형된다. 따라서 실제 공주전투 장면은 그리 많은 분량이 못 된다.

봉기한 농민군의 총수는 십일만 오천이었는데[50] 이들은 론산 소토산에 본진을 두고 있었다. 10월 20일 전군을 경천점으로 투입한다.(p.205) 10월 22일 좌편으로 효포를 공격한다. 관군은 쫓겨 성내로 들어가고 10월 23일 새벽 효포 뒷산을 공격한다. 승부가 나지 않고 날이 어두워 잠시 싸움을 멈춘다. 세성산 농민군이 패했다는 연락이 오고, 다음날 아침 농민군은 월성산을 향해 출진한다.(p.215) 리인 싸움에서 이긴 농민군은 봉황산으로 나가고, 효포를 공격한 농민군은 공주를 동쪽에서 에워싸고 공격한다. 전봉준은 웅치에서 치열한 전투를 벌인다. 구상조가 거느린 관군이 대교 계선의 농민군을 공격했으나 완강히 반공격하여 물리친다.(3부 하권, p.20)

---

49 이상경 : 앞의 논문, pp. 82 ~ 83 각주 참고

50 박태원 : 갑오농민전쟁 3부, 새야새야파랑새야 上(공동체, 1989) p. 182 이하 인용문은 본문에 페이지만 표시하기로 함.

일군을 포함한 관군은 계속 증강된다. 기존의 일본군만도 수천 명 수준이었다.(상권, p.204) 그러나 관일군의 막강한 화력으로 농민군은 공격에 실패하고 경천으로 후퇴한다.

2차 공격은 11월 8일 리인과 널치에서 시작된다.(p.21) 그곳의 관일군은 쫓겨 가고 11월 9일 총공격이 개시된다. 6~7일간의 치열한 전투를 했지만 우금치의 공방전은 막강한 일군의 화력으로 실패하고 농민군은 피눈물을 뿌리며 논산 방면으로 물러서지 않을 수 없었다.(p.22) 수천의 사상자를 낸(p.61) 처절한 후퇴였다. 봉황산 쪽에서 싸우던 농민군은 용감히 싸웠으나 일군의 화력으로 패하여 쫓기는 도중 웅포 강물에 빠져죽은 자가 수없이 많고 항복하기보다 스스로 물에 빠져죽는 것이 낫다고 하여 수천 명이 물에 뛰어 드니 강이 흐름을 멈출 정도였다 한다.(p.93) 후퇴하여 론산에 집결했다가 추격하는 관군과 한 차례 싸운 후 부상병을 포함한 남은 군사는 천오백 명에 불과했다.(p.66)

공주전투 장면만 놓고 봤을 때 이 작품 역시 역사적 사실을 과장하거나 부실한 자료로 인해 오인한 부분이 많다. 농민군의 참전 숫자나 공주에 있었던 일군의 숫자가 그러하며, 대교전투에서 농민군이 승리하는 것 등이 그 대표적인 사례라 할 수 있다. 특히 농민군이 나무 밑에서 휴식 도중 그 은행나무가 통정대부 벼슬을 받았다는 것을 인조 때의 이괄의 난 때와 결부시키고 있는 것은 공산성의 쌍수정 사적에 대한 몰이해에서 비롯된 것으로 보이며, 농민군이 봉황산 싸움에서 패하여 웅포강(이 이름도 불확실하다.)에 수천 명이 투신자살하였다는 것도 믿기가 어렵다. 또한 처녀의 몸으로 말을 타고 나타나 전장을 누비며 초인적으로 싸우다가 위기일발의 전봉준을 구하고, 첩자들의 교활한 간계를 알아내 상민이 탄 말을 활로

쏘아 몸을 굽히게 함으로써 상민을 겨냥한 총알이 빗나가게 했다는 영아의 활약상은 얼핏 고소설의 장면을 연상시킬 만큼 현실성이 약한, 과도한 상상력의 소산이라 할 수 있을 것 같다. 마찬가지로 상민의 어머니가 영아 뒤를 따라와 관군의 밥해 주는 역할을 자원하여 맡은 다음 밤중에 산 위에 있는 일군의 대포 아가리에 물을 길어다 부었다는 것도 민중들의 투쟁을 총체적으로 보여 주려는 설정이라 볼 수는 있으나 현실적으로 가능한 일이었을지 의심이 간다. 이러한 장면의 설정들이 반봉건 반외세를 향한 농민군의 뚜렷한 목표 의식을 성취하기 위한 총력적 투쟁의 비장한 모습임에는 틀림없으나, 그것은 그들 방식의 역사 인식과 사회의식을 투철히 보여주는 것일 뿐, 문학 작품으로서의 가치와 감동을 따져야 하는 우리로서는 액면 그대로 수용하기가 어려운 일이라 할 수 있다. 오히려 그런 방향의 계급 투쟁적 사고가 작품에 강하게 작용함으로써 결과적으로 문학성을 떨어뜨리게 된 게 아닌가 생각된다. 아마도 북한 문단에서 작품 창작 시에 반드시 지켜져야 할 사회적 사실주의 기법을 적용하는 데서 오는 무리함과, 박태원 자신이 직접 작품을 집필하지 못한 데서 오는 한계가 아닌가 한다.[51]

결국 이 작품은 전체적으로 유지되고 있는 역사 인식이나 농민전쟁을 취급하는 태도 및 언어 구사, 인물 설정 등에서 큰 성공을 거두고 있다는 점이 충분히 인정되면서도, 공주전투의 장면만 독립시켜 고찰할 때는 적잖은 무리와 한계가 있다는 말로 요약해 볼 수 있겠다.

---

[51] 3부가 완성될 당시 박태원은 전신불수 상태였으며, 그의 아내가 원고를 써 가지고 읽어주면 겨우 가부의 의사 표시를 하는 방식으로 이 작품이 완결되었다는 것은 여러 자료에서 쉽게 확인이 되는, 잘 알려진 사실이다.

(4)『녹두장군』

이 작품은 동학농민전쟁 100주년을 맞는 1994년 초에 완간된 기념비적 소설이다.[52] 무려 14년 동안 각종 자료를 섭렵하고 현지를 답사함은 물론, 거의 외부와의 접촉을 끊다시피 하고 절간 방에서 200자 원고지 1만 8천 매 분량의 대작을 완성시킨 것이다. 이 작품은 기존 동학농민전쟁소설들의 성과와 한계를 일거에 뛰어넘는 수작으로 평가된다[53]는 글도 있을 만큼, 그 시기에 있어서 뿐만 아니라 지금까지 나온 동학관련 소설의 선두에 놓이는 작품으로 볼 수 있다. 완간 전에 나온 어느 학자의 논문에서 비교적 비판적이었던 논조는 완간 후 쓰여진 같은 사람의 논문에서 상당 부분 수정되고 있는 것으로 보인다.[54] 이 논문에서는 농민의 시각으로 농민 주체의 전쟁을 그린 점, 동학사상과 조직의 민중에서의 수용, 대중 집회 장면의 생생한 묘사, 두레를 통한 민중의 생활상 재현, 허구적 인물의 개성 부여 등의 면에서 이 작품의 성과를 찾으면서,[55] 동시에 봉건사회로부터 근대사회로 변화하는 시대의 총체상을 드러내는 데는 미흡하다는[56] 아쉬운 점도 덧붙이고 있다. 어쨌든 12권에 이르는 방대한 분량도 분량이지만, 당시 농민전쟁의 실상을 사실에 가깝게 재현해 보려한 작가의 의도는, 최근까지 연구 발굴된 많은 자료 덕분에 기존 어느 소설보다도 훌륭히 수행되고 있다고 보이며, 작가의 고백[57]이나 전문 연구가의 비판[58]이 있음에

52 세계일보 1994년 1월 22일자(조용호 기자)
53 한겨레신문 1994년 1월 19일자(최재봉 기자)
54 이상경 : 농민의 시각으로 그려낸 농민전쟁 - 송기숙 장편소설『녹두장군』론 - 창작과 비평 83호
55 위의 논문, pp. 79 ~ 95 참조
56 같은 논문, p. 99

도 불구하고 소설적 재미와 감동을 함께 안겨 주는 작품이라는 점에서 큰 의미가 있다고 생각된다.

이 작품의 공주전투 장면은 기존의 어느 소설보다도 세밀하게 서술되어 있다. 그 분량만 하더라도 11권 279페이지부터 시작하여 12권 253페이지까지 300여 페이지에 이를 만큼 많다. 참고로 그에 해당하는 소제목을 적어보면 다음과 같다.

11. 논산대도소
12. 삼남대로(이상 11권)
13. 능티고개 전투
14. 화약선
15. 크루프포
16. 피가 내가 되어
17. 소작인들
18. 마지막 술잔
19. 우금고개 전투
20. 양총과 화승총
21. 공주대회전(이상 12권)

위의 소제목에 해당되는 공주전투 내용을 간략히 요약해 보도록 하겠다.

논산대도소에 모인 농민군은 송희옥이 거느린 선봉 2천 5백, 유한필의 좌선봉 2천 7백, 이유상의 우선봉 2천, 고영숙의 후군 3천, 전봉준의 특수부대 천 2백 등 북접 손병희가 거느린 3천을 제외해도 1만 명이 넘는 규모

---

[57] 송기숙 : 녹두장군 12권(창작과비평사, 1994) 작가의 후기에서 독자들이 중간 부분의 지루함을 지적한 것에 동의한다고 했다.

[58] 이상경 : 위의 논문, p. 98

였다.[59] 또한 계속하여 농민군에 가담하는 사람이 늘어나 경천으로 이동할 때는 1만 5천이 넘었다.(p.305) 당시 관군은 일군 100명을 포함하여 경리청부대 8백, 영병 2천 등 3천 2백 명 정도였다.(p.300) 10월 20일 경천으로 전부대가 이동하였고, 10월 22일 6천 명을 동원하여 이인을 공격했다. 그때 이인에는 일군 50명을 포함한 관군 5백 명이 지키고 있었다. 농민군 별동대를 지휘하는 전봉준 직속의 달주 부대는 밤에 기습을 하여 120명을 사살하고 많은 양총을 빼앗는데 성공한다.

10월 23일 농민군은 능티고개를 향해 출전한다. 봉수대를 뺏기 위해 치열한 공방전을 벌인다. 비장의 무기인 대포를 동원하고, 돌격대를 투입하여 적지 않은 희생을 치른 후 봉수대를 점령한다. 그러나 믿었던 세성산의 김복룡 부대가 참패하고 후방 교란 작전으로 계획했던 대교 전투에서도 패배했다는 소식이 전해진다. 관군 3백 명이 증원됐다는 불길한 첩보도 온다. 그날 밤 전봉준은 봉수대를 비롯한 여러 산봉우리에서 횃불을 밝히게 하여 농민군의 위세를 과시한다. 그때 농민군의 수는 2만, 관군은 3천에 불과했으므로(p.48) 겁을 먹고 있는 공주 부중으로 쳐들어가자는 의견이 있었으나 전봉준은 시민이 다칠 염려가 있다며 물리친다. 관군의 증원과 보급을 막기 위해 결사대(이싯뚜리 지휘)를 조직하여 밤중에 금강 나루에 가 배 한 척을 탈취하여 도주하다가 관군의 포격으로 폭사한다.

전봉준은 25일 새벽 능암사에서 작전회의를 연다. 관군 5백 명이 증원됐다는 소식이 온다. 그날 농민군은 새재, 주미산, 두리봉에도 배치했지만 그곳에선 접전을 않고, 봉수대와 능티에서 치열한 전투를 전개한다. 관군

---

[59] 송기숙 : 녹두장군 11권(창작과비평사, 1994) p. 298 이하 인용은 본문에 페이지만 표시하기로 함.

과 농민군의 일진일퇴가 거듭되지만 결국 관군의 회선포 공격에 견디지 못하고 밤늦게 경천으로 후퇴한다. 우금 고개 등에 배치했던 농민군도 철수 시킨다. 사상자가 300여 명이나 났고(p.101) 다수의 농민군이 도망한 상태였다. 전봉준은 부상자를 치료하게 하는 한편, 농민군에게 휴식을 취하게 한다. 김개남 군은 공주전투에 합류할 생각은 않고 지방 관리를 닦달하고 금산으로 가 17일이나 머물며 늑장을 부려 많은 농민군 지도자들로부터 불평의 대상이 되나, 전봉준은 깊은 뜻이 있는 행동이라며 그 불평을 물리친다.

11월 8일 관군들은 농민군을 막기 위한 전열을 정비한다. 봉수대, 금학동, 개좆배기, 두리봉, 봉황산, 우금고개 등 공주 경내는 물론 이인과 늘티까지 군사를 전진 배치한다. 이러한 작전 계획은 일본군 대위 미나미가 주재한 회의에서 결정된 것이며, 조선 군사는 물론 감사까지 일본군의 수중에 들어가 있는 형편이다. 일본군은 치밀한 정보의 수집으로 양총을 다수 가진 달주 부대를 방어의 초점으로 삼는다. 그들은 농민군이 가진 양총 실탄이 얼마 안 된다는 것까지 간파하고 있다. 그날 밤 달주는 이싯뚜리와 합동작전을 펴 관군에게 피해를 입힌다.

11월 9일, 전봉준은 주미산 줄기 위에서 전투를 지휘한다. 관군은 성황당이를 중심으로 나왔다 들어갔다 하며 농민군의 공격을 유도한다. 몇 차례의 공격으로 실탄이 많이 소비된다. 이를 알아챈 농민군은 더 이상 전투를 않고 태봉으로 후퇴한다.

11월 10일, 농민군은 태봉에 진을 치고 전투를 하지 않는다. 그날 밤 거의 바닥난 실탄을 확보하기 위해 김확실이와 이싯뚜리는 결사대 20명을 이끌고 공주로 잠입하여 탄약고를 폭파하고, 약간의 실탄을 가지고 오다가 발각되어 김확실은 붙잡히고 이싯뚜리만 겨우 살아 돌아온다.

11월 11일 농민군은 총공격을 개시한다. 관군을 분산시키기 위해 주력부대는 우금치에 배치하고, 다른 부대는 능티와 곰나루 등지를 공격하게 한다. 점심때쯤 여러 곳에서 전투가 시작되는데, 관군은 약한 곳부터 집중 공격을 하여 농민군이 밀리기 시작한다. 원래 밤에 공격하기로 한 주력부대는 부득이 공격을 시작한다. 부족한 실탄과, 열세의 무기를 가지고 결사적으로 공격하여 일락산과 봉황산 초입까지 진출하나 관군의 엄청난 화력으로 결국 최선봉에 섰던 이싯뚜리가 전사하고 농민군은 쫓겨 후퇴하기 시작한다. 노성을 거쳐 논산까지 후퇴했을 때 남은 농민군은 3천 명에 불과했다. 얼마 후 전봉준은 공주 전투에서 희생된 사람이 천 명이며, 청주에서도 김개남 군이 천여 명의 희생자를 냈다고 말한다.(p.242)

이상의 요약에서 보다시피 이 작품의 공주전투 장면 서술은 매우 구체적이며 사실적으로 되어 있다. 1차, 2차 전투의 날짜와 전투 장소, 그리고 참전한 농민군의 수와, 방어에 나선 관군의 수도 역사적 기록에 거의 접근하고 있다. 특히, 당시 전투에 나섰던 농민군의 모습이나, 관군과 직접 전투를 벌이는 장면의 묘사는 아주 생생하게 되어 있어 현실감이 뛰어나다. 앞의 세 작품에서 추상적으로 소략하게 언급되었던 전투 장면이 이처럼 사실감 있게 묘사됨으로써 소설 작품으로서의 기본 조건을 충족함은 물론, 커다란 문학적 감동을 주는 것으로 볼 수 있다. 물론 이러한 성과는 우연히 이룩되는 것은 아니다. 관련 학자들이 연구해 놓은 결과를 최근의 것까지 활용할 수 있었던 이점은 물론, 작가 자신의 꾸준한 현지답사와 확인의 노력으로 그러한 성과가 이룩되었을 것이다. 실제로 작가는 공주에만 봄, 여름, 가을, 겨울 5~6차례에 걸쳐 돌아보면서 전투 중 앞산이 보이는

가, 안 보이는가에 이르기까지 확인했다고 한다.[60] 다만, 이 작품에서도 소설로서의 재미를 고려한 나머지 몇 군데 어색하게 처리된 곳이 없는 것도 아니다. 상당히 길게 서술된 화약선의 탈취와 폭파는 매우 치밀하게 묘사되었음에도 불구하고, 관군의 군수물자 수송 과정의 상식상 가능한 일이었겠는가는 의심이 든다. 또한 시내의 화약고에 접근하여 실탄을 탈취하고 폭파하는 장면도, 공주시내의 지형 상 금방 산으로 달아나 농민군 진지로 가야 한다면 현재의 금학동 방면에 있어야 하는데, 과연 중요한 군수물자인 실탄과 화약을 방어 본부인 감영(봉황동) 근방에 두지 않고 그곳에 두었을까 하는 의심을 해 볼 수 있다. 그리고 길례가 농민군의 후원자인 군자란의 술집에 와 기생으로 변장하고 일본군 장교 술자리에 합석한 다음, 술 주전자에 비상을 넣어 독살하려는 장면도 자연스러운 처리로는 보기가 어려울 것 같다. 술집의 분위기와 인적 구성상 (길례를 포함한 주인과 종업원 대부분이 농민군 편이다.) 꼭 술자리 현장에서 비상을 넣어야 하며, 술 따르는 손이 떨려 의심을 받고 발각되게 해야 했을지 납득이 잘 안 되는 대목이다. 그러나 이러한 부분적인 어색함이 있음에도 불구하고 전체적으로 볼 때, 공주전투 장면이 이처럼 역사 기록에 거의 근접하면서 생생하고 구체적으로 현실감 있게 서술된 작품은 이제까지 없었고, 앞으로도 이 소설의 성과를 뛰어넘는 작품이 쉽사리 출현하기는 어려울 것 같다. 이 점만으로도 이 작품이 이룩한 문학적 성취와 감동은 찬연하다고 할 수 있을 것이다.

지금까지 필자는 동학농민전쟁소설 가운데 문학사적 의의나, 문학 작

---

[60] 국민일보, 1994년 1월 31일자(민경택 기자)

품으로서의 가치 평가를 기준으로 하여 네 편의 작품을 골라 그들 작품에 서술된 공주전투 장면을 살펴보았다. 물론 문학 작품을 연구하면서 작품 전체를 대상으로 하지 않고 특정 부분만 떼어 내서 고찰하는 것이 옳지 않으나, 특수한 연구 목적을 위해서는 그런 방법도 사용될 수 있을 것이므로 그대로 수행해 본 것이다. 관련 기록들이 자료마다 차이가 나기 때문에 그를 토대로 한 소설들이 공주전투 장면 서술에서 차이가 날 것임은 미리 예상한 일이었지만, 구체적으로 살펴본 결과는 역시 역사적 사실과 너무 거리가 먼 것이 많았다.

간단히 말하여 역사소설은 역사를 소재로 한 소설이다. 그때 소재가 되는 역사가 소설에서 실제와 다르게 서술되고 있다면 그건 이미 진정한 역사소설의 범주에서 벗어난다. 물론 역사소설도 분명히 소설인 이상 작가의 창의성이나 상상력이 개재되는 것은 당연한 일이며 또 그래야만 문학 작품으로서 제대로 형상화될 수 있다. 하지만 그 기본 토대가 되는 역사적 사실 자체를 무단히 왜곡하거나 자의적으로 변형시킬 수는 없는 일이다. 역사적 사전에 대한 문학적 형상화는 역사적 사실에 대한 정확하고 올바른 평가와 해석, 즉 역사적 진실에 근거할 때 비로소 사실성과 감동을 전달해 줄 수 있다는 지적이나,[61] 역사소설이 역사적 사실을 오인 또는 왜곡하는 경우 그 상황 속에서 활동하는 인간의 삶은 문학적 진실성을 확보할 수 없다는 점[62]을 상기해 보면 그런 점은 더욱 분명해진다고 할 수 있다.

이러한 관점에서 볼 때, 본 연구에서 살핀 네 편의 작품은 공주전투 장면의 서술에서 전반적이든, 부분적이든 모두 얼마간의 문제점은 가지고

---

[61] 이영호 : 주8)의 논문, p. 295
[62] 이상경 : 주5)의 논문, p. 64

있다고 볼 수 있다. 특히 『回天記』와 『들불』은 관련 자료 활용의 부실함은 물론 공주의 지리적 조건조차 제대로 이해하지 못한 듯한 서술이 여러 곳에서 나타나고 있다. 또 공주전투를 1회로 처리한 점이나 참전한 농민군과 관군의 숫자 등도 역사적 사실과는 거리가 멀다. 『갑오농민전쟁』도 과도한 작가의 창의성 개입으로 인해 공주전투의 실상이 왜곡되고 있는 사정은 위의 두 작품과 유사하다. 극히 제한적인 역사 기록 자료만을 대상으로 하여 서술하다 보니 그런 결과에 도달한 것이 아닌가 한다. 『녹두장군』은 이 면에서 다른 세 작품과 상당히 다른 면모를 보인다. 전투의 준비단계와 전략 수립, 실제 전투 상황의 묘사, 공주의 지형적 조건, 전투에 참가한 농민군의 인간적인 정서 묘사에 이르기까지 아주 구체적이며 생생한 서술이 이루어져 현실감의 획득이 탁월하다. 그것은 관련 자료의 광범한 활용과 함께 현지답사의 세심한 수행 등에 이르는 작가의 노력으로 인해 얻어진 당위성 있는 귀결이라 할 수 있을 것이다. 한 마디로 말해 이 작품의 공주전투 장면 서술은 그 분량에 있어서도 다른 작품을 압도하지만, 실제 내용의 사실성에 있어서도 이 작품이 성취한 수준은 상당기간 극복되기 어려울 것 같다는 생각이 들 만큼 뛰어나다고 할 수 있다

4) 맺음말

동학농민전쟁의 공주전투에 관해서는 문헌마다 그 내용이 다르게 기재되어 있다. 따라서 정작 공주에 살고 있는 사람들조차 서로 다른 이야기를 해야 하는 게 현실이다. 그러나 역사적 진실은 하나일 수밖에 없고, 서로

다른 기록과 내용은 종합적인 검토와 연구로 그 하나에 접근하도록 해야만 한다. 그것이 어렵다면 최소한 어느 범위만이라도 정해 교육의 장에서, 또는 역사적 현장에서 설명되고 활용할 수 있도록 해야 할 것이다.

관련 기록이 그처럼 상이해서 그를 토대로 하여 창작되는 동학농민전쟁소설들이 작품마다 차이가 나는 것은 당연하다고 할 수 있다. 다만 작가가 얼마나 성실히 자료를 섭렵하고 객관성의 바탕 위에서 자료를 선별하느냐에 따라 그 내용이 달라진다고 볼 수 있을 것이다. 소설은 허구가 그 본질이지만 동시에 소설적 진실을 추구하기 때문에 독자의 입장에서 보면 진실인 것처럼 속기 쉽다. 특히 역사소설의 경우, 때때로 소설과 역사를 혼동하게 되는 수가 많다. 이런 점을 감안한다면 역사소설을 쓰는 작가들은 '역사적 사실'과 '허구적 소설'의 균형을 고심해야 마땅하다.

동학 100주년을 맞아 곳곳에서 기념행사가 행해졌다. 이곳 공주는 농민군 최후의 격전지이며, 동학농민전쟁이 좌절의 길로 들어서게 되는 분수령의 역사적 현장이다. 그러나 이곳에 살고 있는 주민들은 100년 전에 이곳에서 있었던 역사적 사건에 대해 그 실상을 자신 있게 말할 수 없다. 관련 기록들이 저마다 다르고, 그것을 책임 있게 종합 정리하여 놓은 자료도 없기 때문이다. 주변에서 쉽게 접할 수 있는 소설들 가운데 이 지역에서 있었던 일을 다룬 장면들도 작품마다 천차만별이어서 그런 사정을 더욱 부채질한다.

본 연구에서는 이러한 사정을 고려하여 우선 각종 기록 가운데 사적 가치나, 주변에서 일상 대할 수 있는 것을 기준으로 자료 8가지를 택하여 공주전투의 상황을 요약정리하고, 그 결과를 도표로 만들어 제시하였다. 그 다음으로 객관성의 바탕 위에서 공주전투의 실상을 추출하기 위해 필자

나름의 견해를 덧붙여 항목별로 역사적 사실에 가까운 수치와 사항을 제시하려 노력하였다.

그 다음으로는 동학농민전쟁소설 가운데 네 편을 골라(선정 기준은 발표시기와 문학사적 의의 및 문학적 가치) 그 작품에 나타난 공주전투 장면을 집중적으로 검토하여 그것들이 역사적 사실과 어느 정도 편차를 가지고 있는지 고찰하였다. 그 작업 결과 가장 최근에 발표된 한 편을 제외하고 나머지 세 편 모두는 역사적 사실과 괴리가 있거나 공주의 지형적 조건 이해에서 오해가 개재돼 있음이 확인되었다. 이는 자료가 불충분했던 시기적 불리함이나, 작가의 과도한 목적의식, 또는 자료 섭렵의 불성실에서 기인하는 결과라고 판단된다. 그런 가운데도 『녹두장군』의 공주전투 서술은 그 사실성이나 현장감의 면에서 여타 작품을 압도하는 탁월함을 보여 주고 있어 다른 작품에서 보이던 미진함을 깨끗이 씻어 주고 있다.

문학 작품 평가에 있어 어느 한 부분만을 대상으로 하는 것이 올바르지 않음을 충분히 인정하면서도, 동학농민전쟁 중의 공주전투가 갖는 비중이나 의의 및 지역적 특성을 고려하여 수행된 본 연구가 이 분야에 관심 있는 분들이나 지역 주민들에게 약간이라도 도움이 되기를 기대하며 글을 맺는다.

2. 험난한 시대를 사는 지혜

한승원/『스님의 맨발』

모두들 어렵다고 한다. 직장을 다니다 쫓겨나다시피 그만둔 사람들, 장사가 안 돼 고민하는 사람들, 언제 다가올지 모르는 실직의 위험에 늘 불안한 사람들, 학비 때문에 다니던 학교를 포기해야 하는 학생들, 꽃 같은 나이에 몸 하나를 무기로 살아가야 하는 여성들, 그보다도 하루 잠잘 곳과 한 끼 식사마저 해결할 길 없어 거리를 방황하고 있는 사람들, 그런 사람들로 우리 주위는 온통 아슬아슬한 위기의 함정들뿐이다. 너나없이 자신감을 상실한 채, 눈치를 살피고 서로를 의심하며 살아야만 하는 시대다. 말해 무엇하랴. 한국 전쟁 이후 최대 위기니, 더 나아가 개국이래 최대 위기니, 하는 단적인 말 한 마디에 우리의 그 모든 험난한 삶이 응축되어 있지 않은가.

게다가, 희망과 기대로 맞아야 할 새로운 밀레니엄이, 세기말의 위기의식과 맞물려 인류의 종말을 위협하는 예언들로 가득 차 우리를 협박하고 있으니 이래저래 살기 어려운 시대를 더욱 곤혹스럽게 하고 있다. 오늘 하루도 편안하게 살기 어려운데 미지의 미래를 들먹이는 게 어쩌면 어리석은 일인지 모른다. 그래서 사람들은 이성을 불신하고 극도의 이기주의에 빠져 각박하고 메마른 세태를 확대재생산할 수밖에 없는지도 모르겠다.

이러한 시대에, 어떻게 살아야 하는가를 따지는 것은 조금은 사치스런 일 같기도 하다. 그러나 어려운 시대에 자기 중심체마저 놓쳐 버린다면 그 인생은 이미 끝장난 것과 다름없다. 사람이 사람답기 위해서는 어떤 환경에서도 확고한 자아 정체성의 바탕 위에 냉철한 자기 인식이 선행되어야 한다. 그런 것을 상실해 버린 사람은 희망도 없을 테니 말이다.

물질의 가난보다 더 무서운 것은 마음의 가난이다. 여가 시간의 확대와 소득의 증대가 행복을 가져다 주리라고 믿었던 자본주의적 가치는 이미 믿을 수 없게 되어 버렸다. 서구 선진국에서 그 검증이 끝났기 때문이다. 따라서 많은 서구 사상가들이 동양적 지혜와 가치를 붕괴된 서양적 질서의 구원 가능성 돌파구로 인식하고 많은 관심을 기울여 천착하고 있다고 한다.

불교적 세계관은 무소유와 순환성에 기초하고 있다. 물질적 욕망이 참된 자아를 가리고 그로 인해 가짜 자아가 생성되어 끝없는 윤회의 고통 속에 신음하게 된다는 것이다. 이 윤회의 고리를 끊고 참된 자아를 회복하는 방법에는 여러 가지 길이 있다. 그 가운데 역사적으로 가장 신뢰를 받는 것은 참선이다. 하지만, 선이란 것은 일반인이 쉽게 접근하여 그 목적을 달성하기가 대단히 어렵다. 물론 많은 선각자, 선지식인들은 한 순간, 찰나에 모든 깨달음을 얻을 수 있다고 말하지만(頓悟), 그것이 말처럼 쉬운 일이 아님은 그쪽 공부를 조금이라도 해본 사람은 다 안다.

이처럼 난해하고 조금은 신비스럽기도 한 선의 세계를 논리와 체계를 갖춰 설명한다는 것은 불가능한 일이다. 또한 불가의 말에도 있듯이 그것은 불립문자요 이심전심의 세계일 수밖에 없는 것으로 수많은 전생의 선업(善業)이 있어야만 이룰 수 있는 것이기도 하다. 그렇다면, 우리 보통 사람들이 현실 생활 속에서 선과 연관된 삶을 살 수 있는 길은 영영 없는 것인가.

바다를 소재로 한 소설을 끊임없이 발표하고 있는 한승원은 그 아들과 딸도 현역 소설가로 활동하고 있어 소설가 가족의 가장이기도 하다. 그가 우리 나라 선승 가운데 스물 두 명을 고르고, 중국과 인도의 세 분을 선정하여 『스님의 맨발』이란 책을 냈다. 이 세상에 태어나 목숨을 걸고 구도의 길을 걸었던 그 분들의 절절한 이야기를 읽다가 보면 우리가 그토록 집착을 하며 지키려 애썼던 것들이 무슨 가치가 있겠는가 하는 작으면서도 소중한 '깨달음'이 온다. 이 깨달음은 험난한 시대를 사는 지혜로 연결될 수 있다. 그것이 자칫 현실도피나 책임회피로 오인될 수도 있지만, 그것은 이 책을 오독(誤讀)한 것이다. 이 책을 읽을 때 불교를 특정 종교로 보아 배타적으로 보는 것도 잘못 읽는 것이다. 그 속에 수록되어 있는 분들의 삶의 자세와 구도를 향한 순수한 열정을 읽어야 한다. 어려운 이야기를 평이하고 감칠맛 있게 풀어쓴 작가의 글 솜씨는 덤으로 얻을 수 있는 즐거움이다.

무능한 지도자를 뽑은 것 외에는 아무 잘못도 없이 고통받고 있는 수많은 선량한 우리 이웃들이 이 험난한 시대를 이겨나가는데 이 책이 적으나마 위안을 주고, 더 나아가 삶의 근원적인 문제를 해결하는 데까지 이른다면, 우리는 위기를 슬기롭게 극복했다는 점에서 이 책의 저자는 물론 무능한 지도자에게도 크게 감사해야 할는지도 모르겠다.

3. 화해와 용서의 진정성

지요하/『죄와 사랑』

지요하의 신작 장편 **『죄와 사랑』**(제3의 문학, 2002.3.)은 우선 그 표제에서 도스토예프스키의 『죄와 벌』을 연상케 한다. 한 대학생이 이성을 과신하여 노파를 살해했으나 결국 죄의식에 괴로워하다가 거리의 여인 소니아를 만나 자수를 하고 유형지로 떠나는 그 작품의 줄거리는, 지요하의 소설에서도 큰 틀에서 어느 정도 일치한다. 주인물 우섭은 돈 때문에 월남전에 자원으로 참전하여 부상을 당한다. 귀국을 얼마 앞두고 본부의 경비를 서던 중 현지 사람들이 헬기에서 떨어진 레이션 박스에 접근하는 것을 보고는 동료와 장난처럼 내기로 총을 쏜다. 그 총에 한 여인이 맞아 사망하게 되고, 현장에 간 그는 그 여인의 발 모양을 보고 오열하는 여인의 딸(후안 루이) 옆에서 웃음을 터뜨린다. 그러나 그 행위에 대해 그는 점점 괴로워하게 된다. 귀국 후에도 그에 대한 죄책감은 계속된다. 한국인에게 속아 그의 아이까지 낳은 후안 루이는, 그를 찾아 한국에까지 왔으나 그 남자로부터 매몰차게 외면을 당한다. 그 후 힘겹게 직장을 전전하다 성당에서 신부의 살림을 도우며 어렵게 살고 있는데, 우섭이 우여곡절 끝에 그 여인을 찾아내 결혼을 하고, 그 아이는 자신의 장자로 입적시킨다. 그리고 그들은 남매를 낳아 키우면서 서로 존경하고 사랑하며 살아가고 있다는 내용이다. 이 소설은 작가의 말처럼 '월남전에 대한 기억의 멍에이자, 일정 부분 스스로의 삶의 고백'이기도 한데, 30여 년 저쪽의 일이 요즘에 와서 왜 새삼 다시 문제가 되어야 하는가.

저 남쪽의 베트남(월남)은 우리에게 과연 무엇인가. 지금이야 한낱 관광의 대상 또는 경제 협력의 파트너 정도에 불과하지만, 과거 그곳은 우리 젊은이들 수십 만 명이 파병되었던 곳이고, 국내 정치의 큰 장벽의 하나였던 이데올로기의 대리 각축장이었으며, 수많은 젊은이의 희생의 대가로 들어온 달러화가 경제 개발에 유용(?)하게 활용되었고, 젊은 군인들이 그곳에 뿌린 씨앗이 현재진행형으로 문제가 되고 있는 그런 나라가 바로 베트남이다. 공식적으로는 부인되고 있지만, 최근에도 참전 중의 양민 학살 의심이 제기되기도 하고, 그런 의심의 제기에 반발한 참전 용사들이 백주에 언론사를 습격하는 일이 벌어지기도 했다. 그 나라는 미군 철수 후 공산화 통일이 이루어졌으나, 요즘엔 자본주의 물결이 몰아쳐 우리 기업의 생산기지로서 큰 역할을 하고 있다. 이런 이유들 때문에 우리에게 베트남은 단순한 과거형이 아니라 엄연한 현재형이고 미래형인 것이다.

월남전을 다룬 소설로는 이미 박영한의 『머나먼 쏭바강』, 황석영의 『무기의 그늘』, 안정효의 『하얀 전쟁』 등의 작품이 나와 있고, 지요하도 『회색정글』이란 장편을 통해 한 차례 다룬 적이 있다. 이런 작품들에서는 현장의 전쟁 상황이나, 생명을 담보로 하는 전쟁의 와중에서 인간의 존엄성이 훼손되는 양상, 무기를 맞대고 싸우는 극한 상황에서의 군인들의 심리적 고뇌와 갈등 등이 리얼하게 취급되었으나, 이번 지요하의 소설은 전쟁 후의 상황을 다루고 있다는 점에서 약간의 차별성이 있다. 말하자면 엄청난 비극적 체험 후의 '트라우마'가 어떻게 형성되었으며, 그것이 치유될 수 있는 방향을 모색하고 있다는 점에서 그 의미가 차별화 된다고 하겠다.

전쟁이라는 야만적인 행위에 대해 분노하고, 그것의 비인간성을 고발, 규탄하여 인간성의 회복을 추구하는 것은 소위 '전후 문학'에서 자주 다루어졌던 주제다. 막연하게 전쟁의 참상을 증언한다거나, 반전 사상을 선전하는 것은 또 다른 목적 문학에 지나지 않는다. 이런 제재를 다룰 때는 독자들에게 감동을 통한 생각의 전환을 가져오게 하는 힘이 있을 경우에만 그것은 진정한 문학으로서 긴 생명력을 얻게 된다. 이 작품에서 우섭이 '가벼운' 마음으로 동료와 총쏘기 시합을 하고, 자기가 쏜 총에 맞아 죽은 여인의 시체 옆에서 웃음을 터뜨리는 것은, 현지인에 대한 무의식 중의 우월의식의 발현이며, 동시에 생명에 대한 경시의 한 증좌다.(그 사고 처리 시에 보여준 한국군의 태도 또한 이와 다르지 않다) 이는 일상적으로 동료들이 죽고 다치는 전쟁 중이라는 특수 상황 속의 군인들에겐 평범한 사건 중의 하나라 볼 수도 있다. 아무렇지 않게 그냥 넘어갈 수도 있는 일이라는 말이다. 그런데도 우섭은 그 사건 이후 괴로워한다. 후안 루이의 강한 눈빛 때문이라 했지만, 이국 소녀의 눈빛 하나에 강성한 젊은 군인이 마음의 평정을 잃는다면, 이는 근본적으로 그의 심성에 문제가 있다는 증거다. 즉, 그에게는 종교인은 아니었으나 누구보다도 강한 종교적 포용성과 삶의 진정성에 대한 뚜렷한 신념이 있었다는 말이다. 이렇게 감춰져 있는 그 잠재적 종교심이 지배하는 캐릭터는 이 작품을 이끌어 가는 플롯으로서의 힘을 유지하는 기능을 수행한다.

이 작품의 가장 감동적인 장면은 인천의 성당에서 후안 루이를 만났을 때, 그녀의 아들이 '이 아저씨가 누구냐'는 질문에, 망설임 없이 '내가 네 아빠다'라고 대답하는 광경이다. 복잡한 모든 과정을 생략하고 짤막한 한 마디 말로써 우섭과 후안 루이를 묶는 끈이 되어 준 이 말은, 그 동안 끈질기게 집착해 왔던 괴로움과 고통의 종결이면서, 동시에 아름다운 용서와 화해의 완성이다. 요즘 우리 사회에는 지역간, 세대간, 계층간 갈등이 만연해 있다. 선과 악이 분간되지 못할 혼란 속에 가치관의 혼돈도 미만해 있다. 가해를 한 자들이 더 큰 소리로 떠들고, 위악의 당사자들이 떵떵거리며 호의호식하고 있다. 피해자들은 늘 약자가 되어 아직도 음지에서 고통의 세월을 보내고 있다. 그런데 그 위선자들은 입으로 용서와 화해를 외치고 있다. 언제까지 과거에만 매달려 있을 거냐고 큰 소리를 친다. 단적인 예를 들면, 친일파 명단 공개를 놓고 소위 메이저 신문들이 보여주는 행태가 바로 그것이다. 필자는 최근 33년 째 구독해 오던 한 일간신문을 끊으며 쓴 글에서 '잘못을 한 죄보다 그것을 반성하지 않는 죄가 더 크다.'고 말한 바 있다. 잘못한 사람이 진정한 반성을 하지 않는 가운데, 어찌 용서와 화해라는 말이 나올 수 있단 말인가. 비록 넓은 아량으로 용서하고 화해한다고 말했다 쳐도, 그건 진정한 용서가 아니고 화해가 아니다. 인위적 조작이고 위선일 뿐이다.

이런 점에서 이 작품이 오늘의 우리 현실에서 갖는 의미는 자명해진다 하겠다. 비록 그 소재는 30년 전의 이야기이지만, 이 소설에서 말하는 작가의 메시지는 현재태로서 살아 있으며, 나아가 우리가 영원히 문제삼아야 할 인간 삶의 보편성 원리에 맞닿아 있는 게 된다. 소설 장르가 수행해야 할 일이 바로 이런 것 아니고 무엇이겠는가. 아무리 시대가 바뀌고 삶의 환경이 급속하게 변한다 해도, 인간으로서 살아가야 할 최소한의 법도마저 바뀔 수는 없는 일이다.

이 작품을 읽으면서 아쉬웠던 점도 몇 가지 말해야 하겠다. 기본적으로 가톨릭이라는 종교가 그 밑바닥에 이념으로 깔려 있어서인지는 모르겠으나, 플롯의 결구에서 유난히 우연적인 요소(신의 뜻일까?)가 많이 발견된다. 박인표가 영화를 보고 나오다가 옛 애인 홍인숙을 거리에서 만나는 장면, 대대장실 샤워 물 채우는 시간에 그의 실종되었던 애인이 그 자리에 와 있는 장면, 논산훈련소에 서진이를 면회 갔을 때 거기서 인표를 만나는 장면, 우섭이 처음 간 성당에서 기도하고 있을 때 후안 루이가 그 옆에 서 있었다는 설정 등은 지극히 우연적이거나 신비스러운 구성이다. 비록 현실에서 그런 일이 일어났다 하더라도 소설에서 그렇게 되면 곤란하다. 소설은 현실에서 소재를 가져오되 반드시 옮겨심기(transplantation)와 길들이기(acclimatization)의 원리를 지켜야만 한다. 그래야 보편성과 영원성의 의미를 생성할 수 있기 때문이다. 다음으로는 작품의 주제 형성에 밀접히 연관 안 되는 이야기들의 과다한 삽입이다. 박인표와 홍인숙 관계의 지나치게 상세한 설명, 마무리 부분의 노동조합 활동 이야기 등은 흥미와 핍진성은 있으나, 전체 주제와의 연관성에서 이질성이 느껴진다. 특히 우섭의 후안 루이에 대한 집요한 추적과 결합에 맞물려, 인표와 인숙의 사랑 얘기까지 마치 '순애보'처럼 펼쳐져 현실감을 상당 부분 저하시키기도 한다. 하나만 더 이야기한다면, 첫째 장의 지루한 전개가 여타 장의 페이스와 현저히 위화감을 주는 것, 후안 루이의 한국에서의 역정이 지나치게 압축되어 나머지 부분과 부조화를 보이는 점 등이 아쉬움으로 남는다. 하기야 이런 아쉬움은 이 작품이 이룬 성과에 비하면 전문가의 눈에만 보이는 옥의 티에 불과할지니, 많은 사람들이 이 소설 속에 담긴 이 시대의 중요한 화두를 감지하여 현재와 미래를 닦아 가는 중요한 가르침을 얻기를 바랄 뿐이다.

4. 돌에 새긴 시간

구효서/ 「전별(餞別)(-자전거로 남은 사내)」,
심규식/ 「우리 시대의 비명(碑銘)」

유한한 인간이 무한을 꿈꾸는 것은 역설이 분명하지만, 이는 인간 존재의 정체성을 가장 잘 나타내 주는 요소이기도 하다. 사실, 이 세상에 살아있는 것 가운데 삶의 본질이나 이유에 대해 답이 없는 줄 알면서도 답 찾기를 포기하지 않는 존재는 인간밖에 없다. 그게 바로 인간의 본질이자 한계다. 또한 가장 인간다운 모습이기도 하다. 미리 포기하고 주저앉는다거나 없는 답을 있는 것처럼 포즈를 취하는 인간들은 사람답지 못한 존재이거나 아니면 사이비 교주일 가능성이 크다. 아니 예외는 있다. 수많은 사람들이 믿는 종교의 창시자들이 바로 그들이다. 예수나 석가모니 같은 이들은 이에 대해 명확하고도 확고한 답을 제시해 주었다. 그들은 의심의 여지가 없는 해답을 밝혀 주었고 많은 사람들이 목숨을 바치면서까지 그 진리를 수호해 왔다. 하지만 그 가르침을 믿지 않는 사람들에겐 그 해답 역시 또 하나의 '다른 세계'에 불과할 뿐이다. 외람(猥濫)한 말이지만 비신자 입장에서 보자면 '성인'이나 '사이비 교주'나 그 발상과 접근 방식에서 그 차이점은 그리 커 보이지 않는다는 것이다.

시간이라는 것 또한 이와 유사한 속성을 가지고 있다. 시간에 대해 많은 사람들이 이런저런 이야기를 했지만 그 정체에 대해 확실하게 설명할 수 있는 사람은 지금까지 아무도 없었고 앞으로도 없을 것이다. 그러나 지금도 시간의 정체성에 대해 고민하는 사람은 수없이 많다. 나름대로 찾은 결과를 가지고 큰소리치는 사람도 있다. 개인의 입장에서 보자면 많이 그리고 길게 시간을 소유하고 싶은 게 정상일 것이다. 하지만 햇볕이 이 세상 존재에 대해 차등을 두지 않듯 시간 또한 차별이 없이 모든 존재에게 적용된다. 다만 처지에 따라 느낌은 조금씩 다를 수 있다. 주관적인 시간이라는 개념이 바로 그것이다.

소설에서 시간은 본질적인 요소다. 소설의 서술에서 행위가 일어난 시간과 이야기가 전달되는 시간의 차이는 필수적이다. 이 이중성은 소설 장르를 서정 장르 및 극 장르와 분별하는 핵심 요건이기도 하다. 또한 소설의 핵심이라 할 '이야기'는 근본적으로 시간의 경과라는 토대 없이 성립할 수가 없다. '변화'라는 시간의 또 다른 얼굴이 이야기를 통해 구현되고 있는 것이다. 작중인물의 설정과 심지어는 심리 묘사에도 시간은 예외 없이 작용한다. 그뿐 아니다. 소설 서술에 사용되는 문장에도 요약과 장면, 묘사에 따라 시간의 다양한 모습들이 투영되어 있다. N. 베르자예프는 소설에 나타나는 시간의 모습을 역사적 시간, 우주적 시간, 실존적 시간의 셋으로 나누어 설명하고 있으나, 실제 소설은 시간에서 시작하여 시간에서 끝난다고 할 정도로, 소설의 서술, 인물, 사건, 문장 등에 간단없이 출몰하고 있는 게 바로 시간인 것이다.

구효서의 **「전별(餞別)(-자전거로 남은 사내)」**(내일을 여는 작가 2007년 겨울호)은 시간의 두 모습이 절묘하고도 아름답게 구현된 작품이다.

우리는 이 세상에 태어나 살아오면서 흔히 역사적 시간만을 살아왔다고 착각하고 있다. 태어나고, 나이를 먹고, 학교를 다니고, 결혼을 하고, 직장을 다니고, 아이를 낳아 기르고, 그러면서 늙어가고…, 이런 것을 우리 삶의 전부인 것처럼 생각한다는 것이다. 이렇게 직선적으로 흘러가면서 우리를 늙게 하고, 병들게 하고, 끝내 죽게 하는 시간을 크로노스라고 한다. 이것은 끊임없이 현재의 우리를 파괴하고 불안한 미지의 세계로 갈 것을 강제한다. 즉 파괴의 시간이고 죽음의 시간인 것이다. 이는 우리를 두렵게 하고 공포에 떨게 한다. 그러나 아무리 거부하고자 해도 이를 막아낼 수는 없다. 하지만 우리에게는 이런 무법자 같은 난폭한 시간만 존재하는 것은 아니다. 우리가 힘들고 어려울 때마다 우리에게 안정을 주고 위안과 희망을 주는 시간도 있다. 아무 의미 없을 것 같은 크로노스의 시간 가운데 부분적으로 개인에게 만족하고 행복한 시간이 분명 존재할 것이다. 그것은 달콤한 사랑의 시간일 수도 있고, 다른 사람의 말을 듣거나 책을 읽고 감동의 눈물을 흘렸던 시간일 수도 있으며, 종교적으로 초월자와 소통했던 그 무엇과도 바꿀 수 없는 소중한 시간일 수도 있다. 맛있는 음식을 먹었던 기억, 힘들게 어떤 목표를 달성했을 때의 성취감, 아름다운 풍경을 대했던 황홀감일 수도 있을 것이다. 이를 카이로스라 부른다. 이는 고통스러운 세상에서, 포기하지 않고 세상을 살아가게 하는 힘이자 새로운 희망인 것이다. 이것 때문에 개인의 생존이 가능했고, 인류 역사가 존속할 수 있었다고 해도 과언이 아닐 것이다.

구효서의 이 작품에는 카이로스의 시간과 크로노스의 시간이 조화를 이루며 완벽하게 대비되고 있다. 소설에서 전자가 지나치면 몽상이나 비현실의 넋두리에 불과할 것이요 후자가 과도하게 강조되면 의미 없는 시간의 나열에 지나지 않을 것이다. 이의 조화와 균형을 찾아 유지하는 것이 작가의 역량이고, 작품의 성패를 가름하는 요건이기도 할 것이다.

이 작품의 중심인물은 강희애다. 그리고 강희애에게 두 가지의 시간 양상을 구현시키는 기능을 하는 인물은 초등학교 동창 재호다. 강희애는 서울에 살고 있는 시나리오 작가다. 그녀의 남편은 소위 '잘 나가는' 영화감독이다. 남편에게는 전처가 낳은 두 명의 자식이 있다. 강희애의 작품에 나오는 '자전거 멀미' 같은 순진함에 끌려 재혼을 한 그녀의 남편은 일 년의 절반을 밖에서 보낼 만큼 일에 파묻혀 산다. 그리고 작품이 끝나면 집에 와서 긴 잠을 잔다. 영화에 출연했던 배우와 스태프를 집으로 초대하여 파티를 하지만 시나리오 작가인 그녀는 거기에 어울리지 못하고 음식이나 장만하여 그들을 대접하는 일을 해야 한다. 화려한 주역들인 감독이나 배우에 비하면 시나리오 작가는 그 존재감이 거의 없는 셈이다. 그렇다고 부부 관계가 원만하냐 하면 그것도 아니다. 그녀는 한번도 그의 등 뒤에서 남편이 하는 것처럼 그의 어깨를 감싸는 행동 같은 것을 하지 못한다. 남편은 가끔 뒤에서 그녀를 감싸 안기는 하지만 현장에서 집에 전화를 할 때마다 그녀보다는 아이들 밥 먹었냐는 질문 같은 것만 한다. 아이들에게도 그녀는 '엄마 아닌 엄마'밖에 되지 못한다.

> 우리 엄마는 안 그랬는데, 라고 애들은 말했다. 상관없어. 커트로 받아치듯 여자는 속으로 뇌까렸다. 나는 네 엄마가 아닌 엄마야, 라고 말하지 않았다. 너희는 이 엄마의 진심을 외면했어, 라고 말하지 않았다. 상관없어! 혼자 짧게 중얼거렸다. (p.115)

그녀는 겉으로 유명한 영화감독의 아내요 시나리오 작가이지만, 내면적으로는 가정적으로나 개인적으로 늘 겉도는 소외자에 불과했다. 결정적 계기는 집에서 있었던 파티였다. 남편과 같이 새 영화를 했던 촬영 감독, 조감독, 여배우가 왔다. 그들은 한결같이 부인의 음식 솜씨를 칭찬했다. 그러나 그녀는 그들과 '멀찌감치 떨어진 채' 파티플래너 역할을 해야 했다. 하지만 그런 자임(自任)에도 불구하고 그녀는 '여배우의 동선에 민감하게 반응하는 센서'로 전락하는 자신을 발견한다. 결국 늦은 시각, 그녀는 술에 취해 의자에 앉은 채 잠든 남편에게 자신의 숄을 덮어 주는 여배우를 보게 된다. 남편이 잠에서 깨어났을 때 그녀는 단호하게 말한다.

> 그가 깨어났을 때, 고향엘 다녀와야겠다고 불쑥 말했다. 여자의 목소리는 단호하면서도, 간절했다. (p.122)

그녀의 고향은 남해의 땅 끝에서 한 시간 정도 배를 타고 들어가는 섬이다. 거기에는 아직도 그녀의 엄마가 혼자 살고 있다. 그녀는 그 섬에서 태어나 자랐다. 유채꽃과 바다가 어우러진 섬은 그녀에게 언제나 편안하다, 풍경만 그런 게 아니다. 만나는 사람들도, 바람도, 묘지도, 좁은 길도 모두 그렇다. 그녀의 아버지는 세상을 떠났지만 '마당 초입의 곡선을 살려, 시멘트 블록을 쌓아 만든 헛간. 마을에서 유일한 각지지 않은 건조물'을 지을 줄 아는 미적 감각과 여유를 가진 분이었다. 그런 아버지 밑에서 자란 그녀는 재호에게 '무엇이든 잘 하는 예쁜 아이여서, 섬의 척박한 현실과는 어딘지 안 맞는 아이'(p.112)인 게 당연했을 것이다. 운동 신경이 둔한 것을 제외하면 그녀는 모든 면에서 섬 아이답지 않은 출중한 아이였다. 그래서 재호는 그녀를 '넌 너무 멀리, 닿을 수 없는 곳에 있는 아이'라고 생각했다. 그러나 마음 한쪽에서는 '그래도 닿고 싶은' 욕구를 접을 수 없었다. 그래서 그는 수십 년이 지난 지금에도 그녀를 향해 변치 않는 마음을 유지하고 있는 것이다.

재호는 말이 더디고, 두 번이나 고향을 떠나 다른 곳에서 살다가 견디지 못하고 다시 섬으로 들어온 사내다. 동창생 모임에 나갔다가 아무도 자신을 몰라보는 데 충격을 받아 고향으로 돌아온 것이다. 그는 섬에 돌아와 관광객 대상의 택시를 운전하다가 '자신이 느끼는 섬과 말하는 섬이 다르다'는 것을 실감하고 그 일을 그만둔다. 그리고 낚시를 해서 연명한다. 물론 결혼은 하지 않고 혼자 살면서 가끔은 오해를 받을 만큼 유채꽃 밭이나 묘지에 누워 하늘을 본다. 강희애도 처음에는 그런 재호를 초분(草墳)을 한 시체로 착각을 하고 어머니에게 물어봤을 정도다. 그런 재호에게 시나리오 작가가 된 희애는 여전히 예전의 그 '닿을 수 없는' 여자였을 것이다. 그런데 이번에 내려온 희애는 다르다. 전에는 '명절이나 어머니 생신 때 내려와도, 아버지 산소에나 잠깐 들렀을 뿐 바삐 상경'했었는데, 이번에는 명절도 생신도 아닌데 왔고, 열흘 넘게 오래 머물고 있는 것이다.

공통점이 별로 없는 희애와 재호를 직접적으로 연결해 준 것은 자전거다. 그녀가 엄마를 위해 뙤약볕 아래(섬에는 가뭄이 한 달 넘게 지속되고 있다) 사십 분을 걸어 담배와 소주 안주를 사 오는 것을 보고 재호는 자전거 타는 것을 가르쳐 주겠다고 한다. 그 자전거는 재호가 중학교 다닐 때 아버지가 사 준 짐바리다. 둘은 학교 운동장에서 자전거 타는 것을 가르치고 배운다. 무겁고 육중한 짐바리 자전거는 희애에게 과중할 수밖에 없다. 당연히 여러 번 넘어지고 약간 다치기도 한다. 재호는 뒤에서 잡아 주겠다는 약속을 하고도 희애 혼자 자전거 타는 것을 익히도록 한다. 재호가 희애에게 해준 말이 의미심장하다. 자동차 운전을 할 때 자신의 감각이 점점 확장되어 백미러나 본네트까지 내 몸처럼 느껴져 나와 자동차가 하나가 되었다고 느껴져야 능숙하게 운전을 할 수 있듯이, 자전거 타는 것도 마찬가지라는 것이다. 그렇게 되면 크고 무거운 자전거가 하나도 부담되지 않고 쉽게 탈 수 있다는 것이다. 어디 비단 자전거 타는 것뿐이랴. 사람과 사람 사이의 관계도 동일하지 않겠는가. 부제와 관련하여 이는 이 작품의 주제를 암시하는 부분이기도 하다.

혼자서도 능숙하게 자전거를 탈 수 있게 된 것은 희애가 섬에 내려 온 지 보름여가 지나고 나서였다. 그 즈음에 희애는 섬을 떠나 집으로 돌아가기로 마음을 먹는다. 혼자서 자전거를 타고 집으로 와 아버지가 지은 헛간의 시멘트 블록 사이에 반짝이는 금조개 가루가 섞인 것을 발견한 것이 결정적 계기다. 늘 혼자라고 느끼던 그녀는 평소 하지 않던 행동을 한다. 김을 다듬고 있는 어머니를 뒤에서 처음으로 감싸 안는 것이다. 그것도 모자라 뺨까지 감싼다. 어머니는 그 손이 뜨겁다고 한다.

떠나는 희애를 위해 재호가 초대를 해서 같이 밥을 먹게 된다. 섬에 새로 생긴 고급 한정식 집이다. 그런데 그 한정식 집터가 묘하다. 거기는 예전 효자비가 서 있던 비각 터다. 후손이 조상의 효자비가 서 있던 비각 터를 팔아 그 돈으로 그 모서리에 커다란 식당을 지은 것이다. 말하자면 먹고 살기 위해 조상에게는 '불효'를 한 셈이다. 섬은 옛날 유학자들의 유배지였다. 그들은 유배를 와서도 섬사람들에게 충과 효를 가르쳤다. 그것이 정치하는 사람들의 통치 내지 지배 이데올로기로 작용한다는 것과 상관없이 섬사람들은 효(孝)와 열(烈)을 최고의 가치로 알면서 살아왔다. 지배자들이 그런 섬사람들에게 던져 준 것은 효와 열을 기리는 비석들이었다. 그것이 자신을 옥죄는 족쇄인지도 모른 채 사람들은 자랑스럽게 그것을 지켜왔다. '효도한 자의 존재마저, 사람들에게 완전히 잊혀질 때, 그의 효도는 완성되는 것'(p.130)임에도 썰렁한 돌덩이에 새겨진 비석들은 왜 그리 많다는 말인가. 그것은 일종의 위선일 수도 있고 억지로 강요하는 압력일 수도 있다. 그나저나 후손이 조상의 효자 비각 터에 술 마시고 밥 먹는 식당을 지었다는 것은 지독한 아이러니일 수밖에 없다.

둘은 그 식당에서 배가 떠나기 직전까지 같이 밥을 먹는다. 재호가 초대를 한 것이지만 그는 초대 받은 사람처럼 서툴기만 하다. 그러나 그의 진심이야 '너 하고 조금이라도 더 있고 싶다'는 희애의 말에서 확인이 되고도 남는다. 이 작품의 표제인 「전별(餞別)」의 '전(餞)'은 떠나는 사람이 좋은 자리나 더 높은 자리로 갈 때 잔치를 베풀어 환송한다는 뜻을 가진 글자다. 그런 면에서 보면 희애는 자전거를 배우면서 그 동안 남편이나 아이들, 다른 사람들과 살면서 소통하지 못했던 시간에 대해 새로운 깨달음과 각오를 얻어 돌아가는 길이다. 그러니 어머니나 재호, 또 섬과의 헤어짐이 '석별'이나 '고별'이 아니라 '전별'이 되는 게 당연하다 할 것이다. 그 전송자 역할을 재호가 완벽하게 해내고 있는 것이다.

이 작품은 도시, 남편, 전처 자식, 시나리오 작가, 남편의 동료들로 대표되는 현실이라는 공간과 시간인 크로노스와, 섬, 어미니, 재호, 효자비, 유채꽃, 바다, 바람, 돌아가신 아버지 등으로 표상화된 카이로스의 공간과 시간이 절묘하게 조화를 이루고 있다. 그 두 가지를 자연스럽게 연결시키는 장치는 자전거가 수행하고 있다. 또한 자전거는 사람과 사물의 관계를 넘어 사람과 사람 사이의 관계로 대치되면서 삶의 보편성에 접근하는 작가의식을 구현하는 객관상관물로 작용하기도 한다.

이 작품을 읽다 보면 얼핏 서울과 무진이라는 공간을 대비시켜 성(聖)

과 속(俗)의 세계 및 그 넘나듦을 통해 보편적인 인간 삶의 전형을 빈틈없이 구사해낸 김승옥의 「무진기행」의 구조와 발상을 떠올리게 한다. 물론 두 작품은 포구와 섬(공간), 남자와 여자(주 인물), 안개와 유채(중심 제재)라는 여러 면의 다른 점이 훨씬 더 많지만 근본 구조에 있어서는 그 유사성을 부인하기 어렵다. 그렇다고 해서 이 작품의 무게가 달라지는 것은 아니다. 어느 면에서 모든 작가가 추구하는 목표는 항상 상통할 수 있는 것이기 때문이다.

심규식의 **「우리 시대의 비명(碑銘)」**(소설충청 15호, 2007년 12월)은 정공법으로 우리 시대의 왜곡되고 전도된 가치를 신랄하게 비판하고 있는 작품이다. 이 작품에는 박우동, 최창구 노인과 젊은 나이에 세상을 뜬 박우동의 쌍둥이 형 박일동 등 한 마을의 세 친구 이야기와, 친일파 권광조 군수와, 그의 아들인 정치 군인 권치혁과, 손자들인 검사, 군인, 사업가의 3대에 걸친 가족 이야기가 겹쳐 있다. 그 두 개의 이야기 축(軸)은 작품 안에서 서로 교섭하기도 하고 부딪치기도 한다. 때로는 대립을 하기도 하고 때로는 보완을 하기도 한다. 이 두 축은 부당한 방법으로 부귀영화를 누리는 축과 그 생각이 정의롭지만 힘없고 가난하게 살아가는 민초들로 선명하게 대비되기도 한다. 작가는 전자를 정면에서 비판하고 희화화하면서 후자의 가치와 의식을 드러내서 강조하려 한다. 작품에는 그런 작가의 의도가 명징하게 드러나 있다. 이렇게 문학에서 상징이나 비유를 통하지 않고 직설적으로 작가의 의도가 노출되는 것은 흔치는 않지만 그렇다고 아주 드문 일도 아니다.

쌍둥이 형제 박일동과 박우동은 같은 나이의 최창구 노인과 한 동네서 낳고 자란 절친한 친구 사이다. 그런데 박일동은 일제 시대 권광조 면장의 지시에 가까운 강요로 징용을 나갔다가 해방 후 거의 폐인이 된 몸으로 귀국한다. 누이동생 효순은 정신대에 끌려가서 끝내 돌아오지 못한다. 자진해서 자기 자식을 일본 육사에 보낼 정도로 철저한 친일파였던 권광조는 해방이 되자 그들 부류들이 그러하듯 정체성을 잃고 잠시 허둥댄다. 그 과정에서 박일동은 건준(建準)에 가담하여 활동하는 한편 숨어 지내던 악질 친일파 권광조를 찾아내 린치를 가한다. 거의 죽게 되었을 때 그를 박일동의 손에서 구원해 준 것은 '사람은 살리고 봐야 한다'며 막아선 순진한 최창구였다. 간신히 목숨을 구한 그는 마을을 떠났다가 재빨리 반공 투사로 전향하여 귀향한다. 그는 미군정 치하에서 어느 순간 고을의 군수가 되어 다시 일제 시대 못지않은 부귀를 누리게 된다. 그의 아들 권치혁이도 잠시 숨어 다니다가 어느 순간 새로 편성되는 국군의 장교가 되어 복귀한다. 미군정은 철저하게 반공 위주의 정책을 썼다. 친일파든 뭐든 반공을 내세우기만 하면 누구나 자리를 내줬다. 당연히 좌익 운동하던 사람들의 입지는 좁아지기만 했다. 아니 좁아지는 정도가 아니라 그 활동 기반을 송두리째 잃었다. 그 와중에 건준 운동하던 박일동이 검거된다. 견디기 힘든 고문을 받는다. 가족들에게 살려달라고 애원을 한다. 박우동은 자존심을 굽히고 권광조를 찾아간다. 그러나 권광조는 자신을 린치했던 박일동을 구해달라는 박우동의 간절한 요구를 일언지하에 거절한다. 자신을 구해 준 은인이라고 최창구를 군청 서기로 취직시켜 주었지만, 그런 최창구의 인도적인 요청도 딱 잘라 버린다. 결국 박일동은 23세의 나이로 쓸쓸하게 생을 마감한다.

반면 권씨 가문은 승승장구한다. 권치혁은 별 세 개를 단 장군이 되었다가 예편하여 군사정권 아래에서 장관까지 지낸다. 그의 아들 셋은 부장검사, 별 두 개의 장군, 사업가가 된다. 권치혁은 그의 권력을 이용하여 마을 사람들의 갖가지 민원을 해결해 줌은 물론 자식들의 취업도 도와주고 다른 마을에 앞서 마을에 전기 공사까지 해 준다. 이런 권씨 가문에 대해 사람들은 어느 새 과거를 잊고 관대해진다.

작품의 실마리는 권치혁이 그의 부친 권광조의 무덤을 개수하는 데서 시작된다. 육중한 장비들을 동원해서 산을 깎아 왕릉처럼 거대한 무덤을 새로 조성한다. 마을 사람들은 거기 가서 얼씬거리기만 해도 일당이라고 돈을 주고, 술과 음식을 공짜로 얻어먹을 수 있으니 너나없이 몰려간다. 최창구 노인도 빠지지 않고 참석한다. 오직 박우동 노인만이 가지 않는다. 아니 가지 않는 정도가 아니라 가는 사람들을 욕한다. 특히 오랜 친구인 최창구 노인에 대해서는 입에 담기 어려운 욕과 함께 주먹다짐 직전까지 간다.

묘지 공사가 완공된 후 송덕비 제막식을 앞둔 날 박우동 노인은 오랜만에 형의 무덤을 찾는다. 오래 가지 않았던 형의 무덤은 이제 찾기도 어려울 정도로 폐허가 되어 버렸다. 의기가 충천했던 한 청년의 무덤은 잊혀진 폐허가 되고, 다른 사람에게 엄청난 피해를 안긴 사람의 무덤은 호화 왕릉처럼 꾸며지고 있다. 박우동 노인은 형의 무덤 앞에 소주를 한 잔 따라 놓고 절을 한 후 남은 소주를 목에 털어 넣는다. 다시는 찾기 어려운 걸음을 한 것이다. 돌아오는 길에 그는 거대한 권광조의 무덤을 본다. 그리고 거기 무덤 앞에 세워진 제막 직전의 송덕비를 보게 된다. 그 비문에서 그는 권광조가 일제치하에서 주민들은 보호하고 상해 임정에 비밀히 독립운동 자금을 댔다는 대목을 읽게 된다. 그 적반하장에 그는 아연실색한다.

한참을 클클거리다가 그는 돌연 땅바닥에 무릎을 꿇고 주저앉았다. 방금 비명을 읽을 때부터 뱃속이 뒤틀리기 시작하더니, 갑자기 송곳으로 찌르는 것 같은 격렬한 통증이 그를 엄습했던 것이다.(p.145)

집으로 돌아온 그는 한밤중에 다시 일어나 권광조의 무덤으로 간다. 도저히 그 비문을 그냥 두고 넘어갈 수가 없는 것이다. 그는 정과 망치를 챙겨 들고 비석 있는 데로 간다. 그런데 뜻밖에도 이미 비석 앞에는 다른 사람이 먼저 와서 그 왜곡된 비문을 쪼아내는 작업을 하고 있었다. 낮에 그 일로 욕을 먹은 친구 최창구였다. 플래시로 비쳐 서로를 알아본 그들은 말로는 서로 어깃장을 놓지만 진실이 뒤집힌 비문의 내용을 그대로 둘 수 없다는 데는 뜻을 같이 한다. 특히 권광조의 은혜를 입었다고 오해를 받아온 최창구는 박우동에게 자신의 솔직한 심정을 털어 놓는다.

내가 권 군수 덕에 군청에 들어간 것은 사실이지.(중략) 자넨 내가 군청에 다니는 것이 못마땅해서 평생 나를 씹어 댔지만, 나는 나 스스로를 권광조의 졸개라고 생각해 본 적은 없네. 그냥 군청에서 일하고 그 대가로 봉급을 받는다고 생각한 것이지. (p.148)

또한 왜곡되고 날조된 비문을 정으로 쪼아 없애는 일을 한밤중에 남 몰래 하게 된 계기에 대해서도 그는 이렇게 말한다.

낮에 구경삼아 여길 올라와서 비명의 내용을 보고는 나도 모르게 심장이 부르르 떨렸네. 아무리 부귀와 권세를 누려도 이럴 순 없는 법 아닌가. 아비가 저지른 죄업을 정반대로 뒤집어서 독립투사를 만들어 놓다니, 이건 해도 너무 하지 않은가?! 눈 번히 뜨고 있는 우리를 조롱하고 청맹과니를 만드는 짓이지. 아니, 우리만이 아니라 우리의 후손들까지 대대로 조롱하고 장님을 만들려는 악랄한 짓이지! (p.149)

그들 두 노인은 한밤중 의기투합하여 거대한 비석 뒤에 서서 왜곡된 비문을 쪼아내는 일을 하고 있다. 그것은 단순히 그 두 노인만의 일이 아닐 것이다. 이 시대, 나라와 겨레를 생각하는 건전한 상식을 가진 사람 모두가 함께 하는 공동 작업이기도 할 것이다.

해방된 지 반세기 하고도 10년이 더 지났지만 아직도 우리에게는 진정한 해방이 오지 않았다고 하는 사람도 있다. 해방은 단지 친일파의 해방일 뿐이라고 하는 사람도 있다. 애석하게도 이는 상당 부분 맞는 말이다. 친일파들은 반공 투사를 거쳐 친일파의 상징이었던 사람이 주도한 군사정권 아래서 부귀영화를 누렸고, 그 후광으로 외국유학을 비롯한 공부를 많이 한 후손들 또한 지금 각계각층에서 여전히 지도층으로 군림하고 있다. 독립운동 하면 3대가 궁핍을 면치 못한다는 말이 현실로 실증되고 있다. 누군가의 말처럼 이 나라는 우리에게 여전히 친일파의 나라인 것이다.

건국 후 화갑을 맞는 금년까지 정부 차원의 제대로 된 친일 청산은 한번도 이루어지지 않았다. 참여정부에서 어렵사리 만든 과거사정리특별법에 의해 몇 개의 관련 위원회가 구성되어 활동하고 있지만 그 활동이 마무리도 되기 전에(어떤 것은 시작도 되기 전에) 새로 들어서는 이명박 정부에서는 이를 통폐합하거나 무력화할 것을 공언하고 있다. 명분은 화해와 화합이라는 괴물이다. 반민특위를 와해시킬 때도, 광주의 살인자들을 처리할 때도 이 괴물은 여지없이 동원되었다. 안타깝지만 언론계, 정계, 관계, 군부, 심지어 문화계에 이르기까지 친일파 또는 그 후예가 장악하고 있지 않은 곳은 거의 없으니 이는 당연한 일일 것이다.

이 작품은 이런 우리의 왜곡된 현실을 속된 말로 화끈하게 고발하고 있다. 비록 비문을 쪼는 미온적인 행위로 마무리되고는 있지만, 작은 은혜를 입었다고 하는 사람(최창구)까지 나서서 우리와 후손들을 장님을 만들고 청맹과니를 만드는 일은 막아야 하겠다고 나서는 데서는 비장함까지 느껴진다. 특히 박우동 노인의 손자 정섭을 통해서 자기 선생님이 사극을 대상으로 하여 말해 주었다는 '아무리 권세를 쥐어도 불의한 것은 불의한 것이고 반드시 후대에 가서 역사의 심판을 받는다(p.146)'는 말은 영원한 진리라고 하지 않을 수 없다.

이들 두 작품에서 공교롭게 일치하는 제재 중에 비석이 있다. 비석이란 무엇인가? 돌에 글자를 새겨 세운 것을 말한다. 왜 그런 일을 하는가? 돌은 시간이 지나도 변치 않는다고 착각을 하기 때문이다. 그 변치 않는다는 돌로 만든 비석은 유한한 존재의 확장 또는 연장 욕망을 대변한다. 그러나 돌에 그 이름을 새겨 세운들 그것이 얼마나 가겠는가. 사람의 일생 길이보다는 길겠지만 그것 또한 유한하기는 마찬가지다. 그럼에도 사람들은 기를 쓰고 무언가를 돌에 새겨 남기기를 멈추지 않는다. 참으로 어리석은 일이 아닐 수 없다.

돌에 무언가를 새겨서 그 이름이나마 오래 남기기를 욕망하는 것은 어리석은 인간의 빗나간 욕심이지만 동시에 자연스러운 시간의 흐름을 거스르는 반역이기도 하다. 현재 여기저기 방치되어 마모되어 가고 있는 예전의 돌덩이들은 열심히 비석을 세우는 우리의 미래를 비추는 거울이다. 시간은 그것을 거스르려는 인간들의 빗나간 허영과 욕망을 절대로 용납하지 않는다. 그것은 거스를 수도 없고 거슬러서도 안 되는 것이다.

돌에 시간을 새겨 유한한 존재의 두려움을 피하고 싶은 욕망이나 자연스러운 시간의 흐름을 거스르려는 시도는 결국 실패를 전제로 한 자기위안에 불과하다. 돌에 새긴 시간도 시간은 시간이기 때문이다. 흐르지 않는 시간은 없고 흐르지 않는 것은 시간이 아니다. 이런 허망한 진리를 누구나 알고 있으면서도 사람들은 그것을 인정하려 하지 않는다. 그런데 달리 생각해 보면 그것은 손가락질할 일이 아니다. 그것이 바로 불완전한 인간의 정체성이고 본질이기 때문이다. 그리고 그것을 솔직하게 인정하고 깨닫는 순간 그는 N. 프라이가 말한 바처럼 '인간의 세계에서 신의 세계로 추방당한 존재'가 될 것이기 때문이다.

5. 분단과 디아스포라의 여진

이덕/ 「거진엔 해당화가 산다」, 정도상/ 「찔레꽃」

식민체제와 분단체제의 역사가 도합 백 년을 육박하고 있다. 정말 끈질기고도 비참한 역사가 아닐 수 없다. 그럼에도 오늘 우리 현실은 어떠한가. 여전히 이데올로기를 앞세워 대결을 주장하는 세력이 득세를 하고 있는 실정이다. 보수라는 이름의 야당 지도자가 압도적인 지지를 받는 현실이 이를 단적으로 말해 주고 있다. 그것만이 아니다. 아직도 우리 사회에서 분단체제 극복을 말하는 사람들은 흔히 나라를 망치는 세력으로 몰린다. 목청을 세워 멸공 통일을 말하는 사람들이 애국자로 대접받는다. 수도 한복판에서 대낮에 남의 나라 국기(성조기)를 들고 자국의 지도자를 욕하는 게 나라를 지키는 일이라고 우긴다. 단지 체제가 다를 뿐인 형제의 나라를 찬양 고무하는 것이나 그들과 회합 통신하는 것은 반국가 사범이 된다. 같은 행위를 했는데도 사람에 따라 벌을 받기도 하고 안 받기도 하는 납득 못할 일이 벌어지기도 한다. 참으로 완강한 질곡이요 강인한 왜곡이 아닐 수 없다. 21세기가 시작된 지도 한참 지났는데 우리는 아직도 전근대적인 이념 대결의 시대에 살고 있는 것이다.

아는 사람은 다 아는 사실이지만 식민체제의 질곡이 광복과 더불어 청산되지 못하고 지속 가능하게 된 것은 별것도 아닌 이데올로기 때문이었다. 동족을 배반하고 개인적 이권과 호의호식을 추구하던 친일파들이 재빨리 변신하여 공산주의를 반대하는 대열의 앞장에 섰다. 그리고 가장 격렬하게 싸웠다. 이념에 대한 신념 때문이 아니라 그것이 바로 자기 보호 장치였기 때문이다. 특히 그런 세력의 대표 격인 박정희가 정권을 잡아 권력을 누리는 동안 그 체제는 더욱 공고해졌다. 감히 분단체제의 극복이나 이념에 대한 민족의 우위를 말할 수가 없었던 시절이었다. 오히려 권력과 부의 유지 및 세습을 위해 그 체제는 강화 일변도로 치달았다. 박정희를 계승한 전두환과 노태우 시절에도 달라진 것은 거의 없었다.

묘하게도 노태우 정권 시기에 북방외교라 해서 우리 상식으로 보면 빨갱이 나라 종주국이었던 소련과 중공과의 외교 관계가 수립되었다. 상상할 수 없는 일이 벌어진 것이다. 게다가 북한과 남북합의서라는 것을 만들어 사실상 현실 정치세력으로 그들을 인정하는 데까지 이르렀다. 그들의 기존 사고방식대로라면 도저히 이해할 수도 없고 있어서도 안 되는 일이 벌어진 것이다. 때맞추어 미국과 힘을 다투던 거대한 소련이 해체되고 그 위성국가들이 속속 자본주의를 받아들이면서 21세기 초에 시작되었던 유토피아로서의 사회주의 실험은 실패로 사실상 종언을 고하게 되었다.

하지만 한반도의 분단체제는 세계 각국의 격동 속에서도 요지부동이다. 금강산 관광, 개성 공단, 이산가족 상봉, 문화 체육 교류, 그런 변화가 있기는 해도 근본적인 분단체제 해소 조짐은 보이지 않는다. 오히려 변화를 거부하고 대결을 부추기는 세력의 목소리가 더 크다. 분단체제 해소 운동을 하는 사람은 소수자요 걷듯하면 핍박을 받는다. 여일하게 국가보안법이 시퍼렇게 살아서 지식인의 입과 생각을 옭아매고 있다.

최근에 아직 휴전 중인 한반도 남북 대치 상황을 종전(終戰) 상황으로 바꾸려는 움직임이 구체화되고 있다. 북한 핵을 매개 고리로 하여 미국과 북한을 위시한 이해 당사자 6개국이 이를 위해 적극적으로 대화를 하고 있다. 머지않아 가시적인 성과가 나올 것이라 기대들을 하고 있다. 하지만 아직은 누구에게나 자유롭게 이와 관련한 말과 행위를 할 수 있도록 보장되어 있는 것은 아니다. 여전히 상당한 제한과 제약이 모든 부문에서 일상화되어 있다.

우리 현대사와 관련된 이런 비극적인 상황은 문학에도 고스란히 투영되어 있다. 전후문학은 다른 나라의 그것과 달리 반공 위주의 목적 문학이 되어야 했고, 균형 잡힌 시각으로 우리 현대사를 조망할 수 없는 작품만 창작해야 했다. 따라서 휴전 후 반 세기가 넘게 지났어도 최인훈의 『광장』을 넘어서는 작품은 나오기가 어려웠던 것이다. 작가들은 결국 이념이 탈색된 휴머니즘이나 전쟁으로 인해 심신이 피폐해진 불구자, 또는 현실을 외면한 로맨티시즘의 작품 창작에 매달릴 수밖에 없었던 것이다.

그런 가운데도 많은 작가들이 관심을 갖고 추구했던 것은 순수한 동심의 눈으로 바라본 전쟁의 비참함이나 이산가족의 비극을 다룬 작품들이었다. 이들 작품을 통해 전쟁의 비인간적이고 참혹한 본질을 고발하고, 독자의 섬세한 인정과 감정에 호소하여 전쟁이 초래한 야만성과 폭력성을 드러내었다. 그리하여 우리 현대소설에 <이산소설>이라는 하나의 하부 장르를 형성하게 된 것이다.

한때 천만 명을 헤아리던 이산가족은 점차적인 1세대의 사망에 따라 그 숫자가 줄어들어 가고 있다. 그리고 요즘 젊은 세대들은 이산가족에 대해 그다지 심각한 실감을 못하고 있다. 조부 세대들의 이산가족 문제가 그들에게는 추상적이고 관념적인 문제에 불과하기 때문이다. 따라서 이산가족의 아픔과 비극을 다룬 작품들도 점점 그 세력을 잃어가고 있다. 이산소설로 한 동안 많은 독자들을 확보했던 작가들의 작품 세계가 차츰 그 쪽으로부터 멀어지고 있는 것은 이런 현실을 대변한다 할 것이다.

그렇지만 우리에게 분단체제와 이산문제는 회피할 수도 없고 외면할 수도 없는 숙명과도 같은 성격의 문제다. 그렇기에 여러 작가들에 의해 꾸준히 그 문제를 다룬 작품이 창작되고 있는 것일 게다.

이덕의 「**거진엔 해당화가 산다**」(2007 문학마당 가을호)는 이산소설로서는 정공법을 쓴 창작품이다. 프롤로그와 에필로그에 약간의 상징적인 기교가 있긴 하지만 전체적으로 남과 북으로 헤어진 여자와 남자, 사랑으로 맺어진 두 사람의 관계, 현실을 무시한 듯한 애정에 대한 집착, 한 남자의 이산의 한으로 인한 모녀의 희생, 누구에게도 인정 못 받는 쓸쓸한 죽음 등이 과거 이산소설들이 보여주던 공식적인 설정과 구조를 보여주고 있다. 이 작품은 중편으로 꽤 많은 에피소드들이 동원되고 있다. 하지만 핵심은 화자의 아버지가 북에 두고 온 정혼자에 집착하다가 결국 아내와 딸에게마저 버림받고 말년에 혼자서 쓸쓸하게 세상을 떠난다는 이야기가 중심축이다. 즉 전형적인 이산소설의 구도를 갖추고 있는 것이다.

엄마가 그랬던 것처럼 현실적인 조건을 보지 않고 순간적인 감정의 흔들림에 따라 남자를 선택해 결혼을 한 화자 나(연수)는 시댁의 어려운 사정 때문에 두 번의 유산을 했는데 정작 아이를 가지려고 하자 임신이 되지 않아 애를 태우는 중에 아버지가 위독하다는 소식을 듣고 오래 찾지 않았던 고향 거진을 찾는다. 어려서부터 잔인할 정도로 아내와 딸에게 정을 주지 않던 남자, 북에 두고 온 여자를 못 잊어 언젠가는 돌아갈 거라며 아내와 딸을 임시 거처로 여기는 남자, 그런 남자를 다정한 아버지로 받아들이는 것은 불가능했을 것이다. 딸이 학교에 다니는 동안 한번도 학교에 가지 않았던 것은 물론이요 한번도 따스하게 정을 주었던 적이 없었던 아버지에게 도대체 무슨 감정이 있겠는가. 아버지라는 것은 그저 의무요 형식일 뿐이다. 아버지가 운명하고, 연수는 상주로서 상을 치른다. 같이 상을 치른 남편을 먼저 보내고 아버지 유품을 정리하다가 그렇게 무뚝뚝하고 매정했던 아버지가 실은 아내와 딸의 세세하고 시시콜콜한 것까지 소중하게 모아 보관하고 있었던 것을 발견한다. 그걸 보면서 이렇게 생각한다. 아니 깨닫는다.

아버지와 엄마에 대해 알고 있다고 여긴 것들이 다가 아니었음이 목을 죄어 왔다. 늘 방치했고 떠나려 했다고 여긴 아버지가 실은 애틋히 엄마를 사랑했던 것은 아니었을까. 또한 엄마의 원망과 슬픔 역시 어쩌면 아버지를 향한, 절절한 사랑이 아니었을까 싶었다. 그러기에 고통스러워하면서도 아버지 곁에 머물렀던 것은 아니었을까.

이런 나의 추측은 다음에 이어지는 엄마와 아버지의 편지 또는 서로를 향한 고백에서 사실로 드러난다.

> 여보게. 연수 어미는 늘 내 마음에 있었네. 내 몸 일부 같은 사람이었네. 여보게. 한 세상 살아가는 건 참으로 알 수 없다는 것을 이제야 알았네. 그리고 변하지 않는 것은 아무 것도 없다는 것도 말일세. 그걸 깨닫지 못하고 여지껏 속절없는 미망에 휘둘려 왔던 내 우매가 부끄럽고도 부끄러웠네. 어쩌면 나는 한 여자를 오랜 세월 동안 사랑을 한 게 아니라 그 사람에게서, 스러져버린 허망한 내 젊은 날을 그리워했던 것 같으이.

이 마지막 고백 같은 말이 아마도 아버지의 진정이었을 것이다.

이 작품은 이산소설로서의 여러 조건을 두루 잘 갖추고 있는 무난한 작품임에도 깊은 감동을 주지는 못하는 것 같다. 우선 작위적일 정도로 기교가 지나친 것을 그 이유로 들 수 있다. 프롤로그의 미친 여자 화소는 연수의 임신 집착, 그리고 엄마의 해당화 집착을 끌어내기 위한 상징적인 장치로 보이나 지나치게 길고 강해서 본문과의 뚜렷한 필연성이 떨어진다. 당연히 에필로그에서의 반복도 별다른 문학적 비유의 기능이 없어 보인다. 이미 본문에서 다 암시되고 해결된 일을 또 다시 반복하는 것 같기 때문이다. 엄마가 아버지에게 하는 말, 또 아버지가 엄마 또는 누군가에게 하는 말도 사족이거나 잘못 처리된 것으로 볼 수 있다. 그게 상상인지, 당사자들이 써 놓은 편지인지, 아니면 영혼들이 하는 이야기를 엿들은 것인지, 불분명하다. 무엇보다 그런 장치를 통해 본문에서 암시로 충분히 끝날 수 있는 것을 친절하게 풀이해 주는 것은 작가의 과잉 친절이자 불필요한 개입이다. 문학은 일상적인 것을 낯선 방식을 통해 전달하는 것이긴 하지만 그 낯선 것이 아무 까닭이 없거나 타당성이 없으면 실패할 수밖에 없다. 아름다운 장신구들을 많이만 매단다고 해서 결코 더 아름다워지는 것은 아니다. 오히려 장식을 제거하고 기본적인 것만으로 꾸민 간결한 것이 훨씬 더 아름다울 수 있다.

정도상의 **「찔레꽃」**(창작과 비평 가을호)은 탈북 여성(북한에서는 충심, 중국에서는 메이나, 한국에 와서는 은미)이 한국에 와서 노래방 도우미 일을 하며 살다가 결국은 북한에 있는 엄마에게 돈을 보내야 하고 또 브로커에게 돈을 갚기 위해 가짜 결혼을 하고 몸까지 파는 이야기다. 그러면서도 돈을 모아 가족에게 보내고, 또 대학에 진학하여 공부를 해서 떳떳하게 살고자 하는 뜻을 꺾지 않는 강인함을 보여주는 이야기이기도 하다.

북한을 탈출한 새터민들은 우리에게 이제 낯선 사람들이 아니다. 불과 얼마 전까지만 해도 북한에서 남한으로 사람이 넘어오면 전국적인 뉴스거리였고 대단한 체제 선전의 도구였었다. 따라서 그들은 정부로부터 융숭한 대접을 받았고 남한에 정착하여 살 수 있도록 온갖 편의를 제공해 주었다. 그러나 북한 쪽에 흉년이 들고 기아자가 속출하면서 그곳을 탈출하는 사람이 부쩍 늘었다. 이들은 중국 땅에서 불법 체류자로 찍혀 갖은 수모를 당하기도 하고, 간혹 외국 대사관이나 기관에 무단으로 진입하여 한국행의 뜻을 이루기도 한다. 이럭저럭하여 국내에 들어온 그들 숫자가 수만 명을 헤아리게 되었다.

이들은 국내에 들어오게 되면 법에 의해 적응 교육을 받고 나와서 정착금을 받는다. 이 작품에 보면 매달 생활비 37만원과 주택비를 포함한 정착금이 이천만 원이 지급되는 정도다. 그런데 이 돈은 생활비로 턱없이 모자랄 뿐 아니라 한국에 오기 위해 브로커에게 준 돈이 빚이 되어 제대로 쓸 수가 없다. 그래서 많은 사람들은 어쩔 수 없이 쉬운 돈벌이에 나설 수밖에 없다. 젊은 여자로서 손쉬운 일은 유흥가에 몸을 담는 일일 것이다. 그러나 이들은 자본주의의 타락된 환경에 불가피하게 몸을 담기는 하지만 그 정신까지 거기에 매몰되는 것은 아니다. 은미가 손님들과 2차를 나가 몸을 팔면서도 "젖가슴이나 입술은 물론이고 아래에 키스하는 것은 절대 엄금이었다. 그게 나의 몸 파는 원칙이었다. 노래방 도우미로 나서면서 그 원칙을 깬 적은 없었다." 그것은 최소한의 자존심을 지키는 일이었고 스스로를 타락에서 구원하는 일이었다.

은미가 북에서 떠난 후 그 아버지가 돌아가시고, 이 인민위원장을 하는 엄마는 돈이 없어 '묏등 하나 해 줄 돈이 없어 그냥 묻었으면서'도 '장군님이나 조국에 무스그 욕을 하는 것이 아이라'구 하면서 '밥은 먹고 지내느냐'고 묻는 게 오래 못 만난 딸에게 하는 말의 핵심이다. 이모의 딸인 미향이는 기차 안에서 아이를 유산하고 그 후유증으로 죽는다. 그 사실을 모르는 이모에게 은미는 미향이 몫까지 돈을 챙겨 주어야 한다. 애써 마련한 돈을 북의 가족에게 전해 주겠다고 했던 사람이 사기를 쳐서 돈을 날리고 절망에 빠져 있을 때, 또 브로커가 돈을 받으러 와서 방을 차지하고 억지를 부리는 바람에 살의(殺意)까지 느끼며 최후까지 지키려 했던 정착금 입금 통장과 도장을 건네주고 났을 때, 갑봉에게서 위장 결혼 제의가 들어온다. 4만 위안을 주겠다는 말에 결국은 승낙을 하고 갑봉이라는 사람이 그 돈을 엄마에게 전달해 준다.

널리 알려진 대중가요인 '찔레꽃'은 매우 슬픈 노래다. 억지로 고향을 떠난 실향민들이 옛날을 그리워하며 부르는 노래다. 이 노래는 노래방 도우미 은미의 애창곡이다. 은미를 짝사랑하던 최는 은미에게 또 다른 '찔레꽃' 노래를 가르쳐 주기도 한다. '엄마 일 가는 길에 하얀 찔레꽃, 찔레꽃 하얀 잎은 맛도 좋지...... 엄마 품이 그리워 눈물 나오면 마루 끝에 나와 앉아 별만 셉니다.' 남쪽 나라를 떠나온 실향민이나 어린 나이에 엄마와 떨어져 어두울 때까지 홀로 있어야 하는 아기나 디아스포라이기는 마찬가지다.

은미는 아파트에 혼자 살면서 찔레꽃 화분을 사다가 기른다. 그러나 물도 잘 안 주고 돌보지 않아 말라 버리고 만다. 그러다가 죽은 아버지와 미향이 생각이 나면 가시가 있는 마른 찔레꽃을 쥐어 바스러뜨린다. 첫 번째로 낯선 남자에게 몸을 내놓았던 날에도 은미는 방치해뒀던 찔레 화분에 물을 주어 침대로 옮겨놨다가 그것이 통째로 굴러 떨어져 깨져버리고 만다. 은미는 깨진 화분의 찔레꽃을 플라스틱 바가지에 물을 받아 담가 놓는다.

은미를 돌봐 주는 진숙 언니는 노래방 일 같은 것 하지 말고 대학에 진학하라고 다그친다. 스물일곱 살에 무엇이 두려우며, 대학을 졸업하면 중국어 학원 강사를 해도 지금보다는 낫다면서 재촉한다. 은미는 결국 위장 결혼 대가로 받은 돈을 엄마에게 전해 주고 전화 통화를 하고 난 후 노래방 생활을 청산하고 대학 진학할 결심을 굳힌다. '밥을 굶지 말라'는 엄마의 전화 속 목소리를 생각하며 냉장고에 남아 있는 음식 재료를 꺼내 비빔밥을 만들어 수저 가득 떠먹는다. 그런 은미의 곁에서 찔레 잎사귀가 바람에 살랑거린다.

연수나 은미는 분단체제가 낳은 희생자다. 연수가 아버지의 이산 고통을 대물림한 희생자라면 은미는 생계 때문에 이산이 된 희생자다. 백 년을 육박하는 식민과 분단의 모순은 수많은 디아스포라를 야기했다. 오늘날에도 여러 형태의 이산가족들이 몸과 마음으로 고통을 겪고 있다. 자식의 공부 때문에 이산을 자처한 '기러기 가족'이라면 그 이산은 언제든 해소될 수 있지만 분단으로 인한 이산은 그 해소가 요원하다. 여전히 지도자라는 사람들은 자신들의 권력 때문에 이 문제 해결을 외면하고 있다. 말과 생각이 다른 모순과 이율배반의 현실이다.

작가들은 거시적으로 보아 창작을 통해 현실의 개량과 진보적 발전을 꿈꾸는 사람들이다. 우리에게 운명처럼 주어진 분단체제로 인한 디아스포라가 오늘 비록 사람들의 시야에서 힘을 잃어가고 있다 해도 작가들이 관심을 늦출 수 없는 이유가 여기에 있다. 이 가을에 만난 연수와 은미는 서로 다르면서도 동시에 동질적인 디아스포라들이다. 분단체제가 만들어 낸 강력한 지진 뒤에는 이런 잔잔한 여진(餘震)들이 끊임없이 지속되게 마련인 것이다.

6. 제노사이드와 가계 잇기

전상국/ 「지뢰밭」

『이기적 유전자』라는 책을 저술한 R. 도킨스에 의하면 우리 인간은 선대부터 물려받은 유전자를 후대에 전달하기 위한 도구에 불과하다. 약육강식의 시대로부터 오늘에 이르기까지 인간의 모든 행위들, 예컨대 가족을 사랑하는 것도, 남을 도와주는 것도 결국은 자기 유전자를 지키면서 동시에 남기기 위한 이기적 행동에 지나지 않는다는 것이다.

물론 이에 대한 반론도 있을 수 있다. 가장 설득력 있는 주장은 인간과 짐승을 동일시할 수 없다는 견해일 것이다. 많은 사람들이 S. 프로이드의 정신분석학 이론이 매우 그럴 듯하다는 것을 인정하지만, 인간을 인간으로 보지 않고 짐승과 같은 동물로만 파악하는 반휴머니즘이라고 비판하는 사람들 또한 적지 않다. 마찬가지로 도킨스의 이기적 유전자 이론을 그대로 수용한다면 인간의 존엄성이나 정체성에 대한 비관적인 결론에 도달할 우려를 인정해야만 할 것이다.

인간과 짐승에겐 상당 부분 그 속성에서 동질적인 부분이 분명히 있을 것이다. 그것만을 근거로 인간과 짐승을 동일시하는 것은 문제가 있다. 똑같은 논리로 겹치지 않는 부분만을 과장하여 인간의 동물적 속성을 부정하는 것 또한 문제가 있기는 마찬가지다. 선인들이 누누이 밝힌 대로 인간이 짐승과 변별되는 가장 중요한 분기점은 이성(理性), 예의, 염치 같은 것일 게다. 또한 그것을 정교하게 체계화해 놓은 것이 종교이고 윤리일 것이다.

동양적 사유의 미덕은 직관적이면서도 동시에 종합적인 관점을 유지한다는 것이다. 어떤 대상을 분석적으로 이해하는 것과 종합적으로 이해하는 것에는 차이가 크다. 인간이라는 존재는 단선적이거나 부분적인 것으로 규정될 수 없다. 인간은 누가 무어라고 해도 총체적이고 복합적인 존재일 수밖에 없다. 반신반수(半神半獸)가 아니라 신성(神性)과 수성(獸性)의 혼합체이며 불가분의 복합체가 바로 인간의 정체성일 것이다.

우리는 오랜 세월 동안 그 신성(神性)을 극대화하면서 살아왔다. 가급적 개인적 욕망은 억제하고 공동체의 선을 위해 희생하는 것을 당연시하면서 살아왔다. 지금은 많이 퇴색했지만 불과 몇 십 년 전만 해도 우리가 언필칭 '동방예의지국'이라고 자칭했던 것은 그 결정적 증거라 할만하다. 실제로 우리가 사는 모습을 잠시만 돌아보자. 돌아가신 조상을 신으로 섬기며 제사를 모시는 게 마땅한 일이고, 명절 때가 되면 조상과 어른을 찾아 전 국민이 이동을 할 정도로 법석을 떤다. 가을이 되면 수 백 년 전 무덤 앞에 후손들이 구름처럼 모여 시제를 올린다. 나라 곳곳에 효자와 열녀를 기리는 정려가 서 있고, 교육청이나 지자체에서 효도를 정책적으로 선택하여 강조하는 곳도 많다. 그 연장선에서 아직도 남아 선호 사상이 압도적이고 성차별적인 사회 현상도 법으로 강제해야 할 만큼 상존한다.

이 모든 현상의 바탕에 모두에서 인용한 이기적 유전자의 욕망이 자리잡고 있다고 하면 좀 과격한 생각일까. 한국인들은 왜 그처럼 조상의 무덤과 제사에 집착을 할까. 개인에게 닥친 불행을 아무 근거도 없이 조상의 무덤 위치와 방향, 그리고 신이 된 조상의 보이지 않는 손길의 작용으로 받아들일까. 이게 단순히 유가적 세계관의 세례와 윤리 교육만의 결과일까. 쉽게 결론 내리기 어려운 문제다. 다만 분명한 것은 아직도 우리는 많은 사람들이 조상과 나를 이어주는, 또는 나와 후손을 연결하는 고리에 내 위치를 고정하고 있다는 점이다. 그것을 의무이자 책임으로 생각하며 집착하고 있는 것이다. 그 연결 고리의 하나인 내가 그 책임을 다하지 못했을 때 그것은 조상에 대한 일종의 죄이며 사람의 도리를 다하지 못한 것으로 인식한다는 것이다. 그것은 아무 과학적 근거가 없는 생각이지만 또한 그것이 가장 한국적인 한국인의 정체성이기도 한 것이다.

평화로운 시대에 태어나 천수를 누리고 세상을 하직하는 사람들에게는 이런 대 잇기의 책임과 의무가 좀 가벼울 수도 있었을 것이다. 그러나 한 치 앞을 내다볼 수 없는 생과 사의 갈림길을 걸어야 하는 사람들에겐 이 문제가 더욱 절실한 문제였을 것이다. 전쟁은 그 어떤 것이나 다 마찬가지로 다른 나라의 전쟁도 그 당사자들에게 비참한 것은 말할 것이 없겠지만, 유독 한국의 6.25 전쟁은 동족상잔이라는 점에서, 그리고 이데올로기 전쟁이라는 점에서 더욱 비참했다. 형제부모를 같이 한 사람들끼리 단순히 생각이 다르다는 이유만으로, 유토피아를 향하는 방법이 다르다는 이유만으로 죽고 죽이는 비극이었기 때문이다. 또한 이 전쟁은 아직도 종전이 되지 아니하고 진행형인 전쟁으로 우리 현실 곳곳에 깊숙이 영향을 행사하고 있기도 하다.

전쟁이 진행 중이거나 휴전이 이루어진 직후부터 소위 많은 전후소설이 산출되었다. 하지만 앞에서 말한 바와 같이 아직까지 우리 국토와 민족은 분단 상황에 놓여 있고, 여전히 남북이 대치 중이기 때문에 진정한 전후소설은 창작되거나 발표되지 못했다. 주지하다시피 국가보안법이 실정

법으로 남아 작가들의 창작에 자기 검열의 척도로 영향력을 행사하고 있는 게 우리 현실이기 때문이다. 따라서 우리의 전후소설은 불구적인 반쪽의 반공주의 문학일 수밖에 없었던 것이다.

분단이 장기화되고 우리 사회의 민주화 진전에 따라 7,80년대 들어 분단 상황을 소설화하는 작가들은 새로운 시각에서 이산소설이나 분단소설을 창작해 냈다. 김윤식에 의하면 우리 전후소설은 전쟁 체험 세대, 유년기 체험 세대, 미체험 세대의 셋으로 구분이 된다. 그런데 전쟁 체험 세대들은 대부분 고인이 되었고, 유년기 체험 세대들은 이제 원로 반열에 들었다. 그리고 미체험 세대들은 간접 체험의 전쟁을 리얼리티를 살려 서술해 내기에는 본질적 한계가 있을 것이다. 따라서 유년기 체험 세대들의 작품이 우리 전후소설에서 차지하는 비중과 역할이 사뭇 중차대하다고 하지 않을 수 없다.

전상국은 김원일이나 조정래 등과 더불어 유년기 체험 세대를 대표하는 작가일 것이다. 그는 대표작인 「동행」, 「아베의 가족」을 비롯한 여러 편의 분단소설을 썼다. 대부분이 그의 유년기 체험과 연관되어 있다.

이번에 발표된 그의 중편 **「지뢰밭」**(창작과 비평 2008년 봄호)도 같은 연장선상의 작품으로 볼 수 있다. 이 작품의 경개는 그리 복잡하지 않다. 작품의 주인공 용우성은 북한 의용군 출신으로 18세 때 전쟁에 참가했다가 반공 포로가 되어 남한에 정착한 75세의 노인이다. 그는 전쟁 중 학살 현장에서 자기를 살려 준 용재두의 아들이 되어 그 무덤 벌초를 하는 인연으로 교직에서 정년퇴임한 '나'와 다시 만나게 된다. '나'는 교장으로 정년을 했지만 유년기의 전쟁 관련 기억들로부터 자유롭지 못하다. '나'의 친구들도 마찬가지다. 해병 출신에 월남 참전 고엽제 환자로 북핵 폐기 궐

기대회에 빨간 띠를 매고 참가하는 그들 또한 형태만 다를 뿐 '나'와 다를 바 없는 것이다. '나'는 친구들과의 약속을 파기한 채 그와 술잔을 나누며 대화를 나누지만 그와의 사이에 놓여 있는 여전한 거리, 현실 속에 산재한 지뢰와 같은 상흔에서 자유롭지 못하다.

이 작품의 구조도 이 작가의 이전 작품들과 상당 부분 유사하다. 즉 6.25전쟁과 관련된 과거 기억과 현재의 이야기가 뒤섞여 있는 점에서 그러하다. 특히 이 과정에서 액자소설에서처럼 외화(外話)의 화자 인물이 단순하게 내화(內話)를 전달하는 역할만 하는 게 아니라 내화의 인물과 함께 소설의 주요 역할을 담당하는 행위인물로 기능하는 것이다. 이는 이 작가의 작품에서 자주 보이는 특이한 장치라고 할 수 있다. 과거 사건의 현재화와 더불어 눈에 보이는 모든 것은 어떻게든 과거에 맥락이 닿아 있다는 인식 때문일 것이다.

우리는 오랜 침묵 끝에 발표한 이 원로 작가의 작품에서 주목해야 할 몇 가지의 의미를 발견할 수 있다. 그것은 그 전쟁이 오래 전에 지나간 과거의 사건이 아니라 여전히 현재형으로 진행되면서 우리를 강력하게 사로잡고 있다는 사실과 관련되어 있다.

첫째로는 아직까지 그 실체가 드러나지 않고 있는 전국 곳곳의 제노사이드 문제다. 제노사이드는 원래 국제연합에서 제정한 국제조약 이름이지만 그보다는 그 단어가 갖고 있는 자체의 의미인 대량 학살의 의미로 더 많이 사용되고 있다. 전쟁 중에, 또는 종교적 이유로 점령한 지역에서 제노사이드는 무참하게 자행되었다. 또한 그 사실은 대부분 은폐되어 버렸다. 그리고 대부분의 제노사이드는 그것을 거론하는 것조차 금기시되는 세월이 오래 지속되는 게 보통이다.

최근 우리 사회에도 민주적인 정부가 들어서면서 수십 년 동안 묻혀 있던 대량 학살 사건 현장들이 여러 차례 발굴되었다. 그 중에는 일제에 의한 것도 있고, 인민군에 의한 것도 있으며, 우리 국군이나 경찰에 의한 것도 있고, 미군에 의한 것도 있었다. 민감한 문제가 아닐 수 없다. 그래서 크고 작은 갈등도 많았다. 억울한 죽음이 있다면 국가가 나서서 그것을 풀어주어야 한다. 그것은 국가의 기본 책무다. 국가가 존립하는 이유가 바로 그것이라고 할 수도 있다. 그러나 그것이 이데올로기 문제가 되면 입장이 난처해질 수밖에 없다. 가해자와 피해자의 위치에 따라 죽은 사람들의 명예와 그들에 대한 평가가 달라지기 때문이다.

물론 죽은 사람들 가운데는 자신의 소신이나 신념에 따라 행동하다가 장렬하게 최후를 맞이한 사람도 있을 것이다. 그러나 우리의 경우 대부분의 학살은 노약자나 부녀자 등 이념과 아무 상관이 없는 사람들이 단지 가족이라는 이유로, 또는 개인적 복수의 대상으로 선정되어 무차별적으로 살해된 경우가 많았다. 이것이 바로 한국의 제노사이드가 갖는 이중적 비극이다. 영문도 모른 채 죽어가야 했던 사람들, 아무 이유 없이 잔인하게 학살당한 사람들, 그들에게 엉뚱하게도 좌익이니 빨갱이니 하는 이름표를 붙여 그 원혼을 달랠 길조차 아예 봉쇄해 버렸던 것이다.

이 작품에도 여러 건의 학살 사건이 나온다. 그리고 그것이 이 작품을 이루는 중심 뼈대를 이룬다. 마을 인민위원회 위원장 윤재국과 위원 셋을 술이 잘 익었다고 외딴 집으로 유인하여 살해하는 것은 이 작품의 중심 사건을 촉발하는 계기가 된다. 그 일을 주도한 이는 서북청년단 출신 용재두이고, 그들을 유인하는 일은 오홍춘이 담당한다. 나중에 용재두는 아홉 살 된 외아들이 손에 전깃줄이 묶인 채로 불에 타 죽고, 오 노인은 늘그막에 치매에 걸려 결혼 생활에 실패한 딸의 부축을 받으며 어렵게 살아가게 된다. 윤재국의 동생 윤재천은 형의 복수를 한다고 인민군의 위세를 빌려 형 일행을 죽인 조연규의 4대독자인 정호와 함동구 노인을 학살한다.

이 두 학살 사건이 마을 사람들 간의 소규모 학살 행위였다면 패잔병인 인민군을 학교에 모아 놓았다가 동오동으로 끌고 가서 한꺼번에 20여 명을 죽이는 사건은 외지 사람들을 마을에서 대량 학살한 사건이었다. 그런데 이 사건은 워낙 큰 사건이기도 했지만 화자인 내가 직접적으로 연관되어 있어 더욱 생생하게 기억에 남는 사건이다. 또한 여기에서 용우성이 죽음 직전에 용케 살아 남게 되고 그 과정에 내가 깊이 관여되어 있다. 당시 나는 열 살의 나이로, 죽음의 현장에서 벗어나 상엿집에 감금된 용우성과 김명자를 감시하는 역할을 맡고 있었다.(작가 전상국은 1940년 출생으로 6.25때 만 열 살이었다.) 그런데 그 둘이 목말라 하는 것을 보고 물을 뜨러 내려갔다 오는 사이에 그들 둘이 결박을 풀고 도망하는 것을 목격하게 된다. 내 기억으로는 그 때 장영팔과 함께 있었던 것이 분명한데, 그는 그것을 한사코 부인한다. 그리고 거기서 죽은 사람 숫자에도 사람마다 기억이 다르다. 워낙 잔혹하고 충격적인 사건이었기에 그 사실을 믿고 싶지 않은 심리가 빚어낸 결과일 것이다.

또 하나의 대규모 학살 사건은 마을 뒤 솔치골에서 있었던 중공군 학살 사건이다. 얼마나 많은 사람들이 죽었는지 그 숫자조차 알 수 없는 타국의 젊은이들이 그 다음 해까지 송장 썩는 냄새가 날 정도로 죽었다. 그 원혼들이 살아있는 마을 사람들을 여러 형태로 괴롭혔다. 동네 사람이 무슨 일이 있어 무당이 굿을 하면 수 백 명의 억울한 총각 귀신들이 울부짖는 울음소리를 내곤 했다. 마을에 하도 재앙이 많으니 씻김굿이라도 해서 그 원혼을 달래자는 논의에 이어 비용까지 마련했으나 그 굿판은 반공법에 걸릴 수 있다는 이유(p.232)로 무산되기도 했다.

아마도 이런 유형의 크고 작은 학살은 비단 이 마을에서만 있었던 것은 아닐 것이다. 전쟁 중에 한반도의 곳곳에서 이런 학살이 있었을 것이다. 그런데도 사람들은 눈을 감고 살았다. 특히 우익 계열의 학살자들은 분단 고착 이후 나라에서 주도하여 그 시신이 수습되고, 위령비가 세워지고, 기록으로 남겨져 그 명예가 회복되었지만, 좌익 계열의 학살자들은 그런 기회도 갖지 못한 채 망각의 늪에 빠져 버렸다. 망각에만 빠진 게 아니라 억울하게 누명까지 뒤집어 써야 했다. 잊혀진 것만도 억울한데 거기에 죄인의 멍에까지 쓰고 어둠 속에 갇혀 있어야 했던 것이다.

이 작품의 두 번째 의미로는 가문의 대 잇기 문제가 심각한 주제로 다루어지고 있다는 점이다. 앞에서도 서술한 것처럼 한국 사람들은 오랜 세월 가문의 대를 잇는 것을 자신의 존재 이유로 생각하면서 살아왔다. 수 백년 전 조상의 산소를 정성스레 가꾸는 것이며, 가계(家系)를 기록한 족보를 신성시하는 생각이며, 양자(養子)를 통해 대를 잇는 풍습 등이 이를 여실히 증명한다 하겠다. 그런데 전쟁이라는 상황은 이런 대 잇기를 위협하는 최대의 악조건이라 할 수 있다. 승패가 곧 생과 사를 가르는 전쟁터에서 몇 대 독자니, 고귀한 가문의 종손이니 하는 것을 따지는 것은 아무 의미가 없는 일이다. 전쟁은 이처럼 여러 가문의 대 잇기를 인위적으로 끊어버린 잔악한 행위이기도 했던 것이다.

우선 화자인 '나'만 하더라도 27대 종손이었던 형이 전쟁 중 열일곱 나이에 실종되는 바람에 종손이 되었고, 아들은 결혼 한 지 8년 동안 아기를 갖지 못하다가 간신히 임신에 성공한 처지다. 중심인물인 용우성도 열여

덟 살의 형이 폭격을 맞아 죽어 가문의 대를 이을 장손이 되었으며, 죽을 고비에서 용재두의 선심으로(성씨가 일치하는 점과 얼굴이 훤하게 잘 생겼다는 미신적인 이유로) 살아남았는데 그 용재두가 아들이 없다는 걸 알고(아들이 있었으나 그가 워낙 악독한 일을 많이 하여 누군가 복수하기 위해 아홉 살 된 그 아들 손을 전깃줄로 묶은 후 집에 불을 질러 타 죽었음. 용재두는 그 아들의 죽음을 인정하지 못해 호적에 그대로 살려 두었음.) 대신 그 아들이 되어 매년 그 무덤의 벌초를 한다. 또한 그는 반공 포로 신분으로 석방을 거쳐 어느 공장에 들어가 일을 했는데, 공장 주인이 그의 성실성을 인정하여 자신의 무남독녀를 시집보내 1남2녀의 자녀를 두었다. 따라서 그는 화자인 '나'의 말처럼, 본가와 처가 그리고 용재두 등 세 가문의 대 잇기를 하고 있는 셈이다.

그뿐 아니다. 이 작품에는 복수의 대상이 되어 버린 조연규의 4대 독자 정호도 있고, 인민위원장이던 아들이 총에 빗맞아 창자를 끌어안고 집에까지 기어 내려와 처참하게 죽어가자 대를 잇기 위해 어린 손자와 함께 그 며느리를 집에서 쫓아내 버리는 윤재국의 어머니도 있다. 화자의 할머니는 84세까지 살았지만 한번도 27대 종손이었던 큰손자가 죽었다는 것을 인정하지 않고 평생 동안 대문을 잠그지 않은 채 기다리는 집착을 보여 준다.

그러나 무엇보다도 이 작품에서 상징적으로 대 잇기의 지난한 삶을 보여 주고 있는 것은 서낭당의 신목(神木)인 돌배나무다. 그 돌배나무는 일제 때 면소재지 교회 전도사의 신앙심에 밑동이 잘리지만 해방 되던 무렵 거기서 다시 움이 돋아 살아난다. 그 나무는 잎과 열매의 많고 적음으로 마을 사람들의 길흉을 예지해 주기도 한다. 박 정권 때 새마을 운동의 일환으로 또 밑동이 도끼에 찍히지만 또 다른 마을 사람들이 황토 흙을 바르고 새끼로 칭칭 동여주어 다시 살아난다. 더욱이 그 나무는 그 강인한 생명력을 인정받아 인근 대학에서 씨를 받아다가 발아시켜 접목용으로 사용하게도 된다. 그를 통해 그 돌배나무는 대 잇기가 줄기차게 지속되고 있는 것이다. 돌배나무의 이런 모습은 문학적 상징 장치로서, 전쟁으로 인한 사람들의 대 잇기가 위협받고 있지만, 그래도 사람들의 삶은 포기되거나 단절될 수 없다는 상황을 아주 적절하게 대변한다고 할 것이다.

세 번째로 이 작품에서 중요하게 보아야 할 문제는 6.25전쟁과 그것의 현재적 의미에 대한 견해들이다. 우리는 그 전쟁을 단지 비극적인 민족상잔, 또는 전통주의 시각으로 공산도배들의 불법 남침 정도로만 보는 경향이 있으나, 그 전쟁의 성격은 그리 단순한 게 아니다. 거기에는 강대국의 대리전쟁의 성격도 있고, 보이지 않는 손에 의해 조정된 음모의 성격도 숨겨져 있다. 무엇보다도 가장 심각하고 중대한 문제의식은 그 전쟁이 아직도 지속되고 있다는 점이며 현재의 우리에게 여전히 막강한 영향력을 행사하고 있다는 점이다.

> 이제 와서 종전이라고요? 반인륜적 살인자도 십오 년이 지나면 공소 시효가 없는 이 좋은 나라에서 벌써 반 세기 저쪽에서 있었던 일을 아직도 함부로 얘기 못하는 판에 종전선언을 한다고 뭐가 달라지겠습네까. 말로는 통일, 통일 하면서도 실상은 누구도 이 전쟁이 끝나는 걸 원치 않고 있다 그 말예요. (p.260. 밑줄 필자)

그렇다. 정말 우리 주위에는 마음속으로 전쟁 상황의 지속을 바라는 사람들이 있다. 소위 반통일 세력이다. 분단으로 인해, 전쟁 상황의 지속으로 인해 막대한 이득을 보는 사람들이다. 그들 눈에는 민족의 아픔이나 이산가족의 고통 같은 게 보일 리 없다. 오로지 자신들의 부귀영화와 사회적 지위만이 보일 뿐이다. 다만 체면 때문에 그걸 겉으로는 표현하지 못하고 있을 뿐이다. 다시 말해, 입으로는 우리의 소원은 통일이라고 노래를 따라 부르면서도 속으로는 딴 생각을 하고 있는 게 바로 그들인 것이다.

그러면 언제까지 우리는 이런 상황을 용인하고 살아야만 하는가. 이 작품의 용우성은 그런 면에서 용기 있는 사람이다. 물론 나이가 많이 들어 이제 그 생이 얼마 남지 않은 사람의 행위라 볼 수도 있지만, 그는 이곳저곳의 유해 발굴 뉴스를 모아 두툼한 스크랩북을 만들고, 나를 만나 종중 소유인 학살 현장의 땅을 매입해서라도 그곳의 유해 발굴을 하고 싶다는 의사를 피력한다. 학도병 유해 발굴, 국군 유해 발굴, 소지품과 유전자 감식을 통한 신분 확인과 국립묘지 안장, 또 그 과정에서 의외로 발굴된 북한군과 중공군의 유해들, 인도적 차원에서 마련된 파주의 그들(적군) 묘지, 이런 뉴스들은 40% 가까운 초등학생들이 6.25를 조선시대 있었던 전쟁으로 생각한다는 보도(p.253)와 함께 우리가 무엇을, 왜, 어떻게 해야 하는가를 알려 주는 중요한 정보라 할 것이다.

과거에 집착하는 것은 바람직하지 않지만 그렇다고 과거를 망각하거나 부정하는 것 또한 옳은 일은 아니다. 당연히 과거의 사실을 왜곡하거나 실제 이상으로 과장하는 것 또한 옳지 않다. 있었던 사실을 있는 그대로 기록하고 기억하는 일, 그리고 그것을 미래에 전승하는 일은 현재를 사는 우리가 마땅히 수행해야 할 책임이다. 거기에서 현재를 판단하고 미래를 정향(定向)할 지혜가 나올 수 있기 때문이다.

하지만 그 일은 그리 녹록한 것이 아니다. 아직도 우리는 두텁고 어두운 이념의 장막을 둘러쓰고 있기 때문이다. 다음의 발언은 이런 사정을 여실히 반영한다 할 것이다.

> "아까도 말씀드린 것처럼 처음부터 크게 벌이자는 게 아닙니다. 장 선생님과 내가 직접 겪으면서 본 그 일부터 시작하자는 것이지요. 그렇게 민간 차원에서 그 일을 벌이다 보면 국가가 나서겠지요.(중략)
> 장 선생님도 나와 같은 생각이실 거야요. 그게 그 시대를 함께 산 우리 모두의 책임이기도 합네다."
> 지뢰밭에서 지뢰를 제거하는 것이 이 시대를 사는 우리 모두의 책무라는 것을 모르지 않았다. 그러나 그 일이 그렇게 쉽지 않다는 것을 그 사람의 비장한 목소리가 입증하고 있었다.(p. 261. 밑줄 필자)

한국 사람이면 누구나 민족의 통일을 당연시한다. 통일 노래를 부를 때면 눈시울이 뜨거워진다. 이산가족 상봉 장면을 보는 사람치고 눈물 흘리지 않는 사람이 없다. 그런데도 돌아서면 생각이 달라진다. 내 방식이 아니면 안 된다는 확고한 고집 앞에 상대편은 적이 되고 반통일 세력이 된다. 이는 남이나 북이나 똑같다. 통일을 위해 감옥 가도 좋다는 각오로 헌신하는 사람이 있는가 하면, 북한 퍼주기를 비난하며 붉은 띠를 매고 궐기대회를 하는 사람들도 있다. 그들이 다 우리 이웃이다. 내 친구이고 동료들이다. 한 사안에 대해 이처럼 극명하게 의견이 갈리는 경우도 흔치 않을 것이다.

그런데 불행하게도 이게 바로 우리의 현대사이고 우리 현실이다. 한편으로 부정하면서 한편으로 찬양해온 이 아이러니와 모순, 이는 6.25전쟁이 갖고 있는 이중적이고 복합적인 성격 때문이다. 또한 그것이 과거의 사건이면서 동시에 현재의 일이기 때문이기도 하다. 언젠가, 누군가 그 고리를 끊지 않으면 분단(전쟁) 상황은 얼마가 더 지속될지 아무도 모른다. 정말 심각한 일인데도 그 심각성을 아는 사람도 드물고 알려고 하는 사람은 더욱 귀하다.

과연 이 침묵을 누가 깰 것인가. 아마도 그 파괴력으로 본다면 정치하는 사람들의 여러 마디 말보다는 한 편의 좋은 문학 작품이 훨씬 클 것이다. 그 역할의 단초를 전상국의 이 작품이 담당하고 있다면 과도한 상찬일까. 분단 시대를 사는 우리는 누구나 '마음의 지뢰'를 안고 살아가고 있다. 또 그런 우리가 사는 세상은 아무리 부인한다 해도 결국은 '지뢰밭'이 다. 진정 이 '지뢰'들을 누가 걷어낼 것인가. 이 작가의 말대로 이 시대를 사는 우리 모두의 책임이 아니겠는가.

제2장 자본과 욕망, 그리고 인간

1. 멀리와 가까이 사이의 거리

이균영/『멀리 있는 빛』

1.

문학이라는 것의 정체는 과연 무엇인가? 그리고 사람들은 왜 문학 작품을 창작하고, 또 읽는가? 이에 따른 무수한 의문과 나름대로의 해답이 제시되었지만 아직도 명백한 답은 나와 있지 않은 채로 오늘도 많은 작품이 창작되고 있고, 또 읽히고 있다. 어쩌면 그런 물음 자체가 아무런 의의도 갖지 못한다는 듯이 뒷전으로 밀려진 상황 같기도 하다. 사실, 작품을 창작하면서 작가들이 갖는 기쁨이나, 또 그런 작품을 읽으면서 미적 희열을 즐기는 독자들에겐 그런 질문 자체가 공허할는지도 모른다.

하지만 그런 질문을 제기해 보고 그 답을 탐구해 보는 작업이 전혀 무가치한 일이라고만은 생각할 수 없다. 비록 모든 사람에게 무리 없이 수용될 정답이 나오지는 않을 거라는 걸 감지하면서도 그 일 자체는 포기할 수 없는 성질의 것이라는 걸 인정해야 한다. 모름지기 어떤 일의 확고한 토대의 구축이나 발전이라는 건 그 일 자체의 저변에 대한 가차 없는 탐구와 끊임없는 반성적 사고 위에서만 가능하기 때문이다.

그렇다고 하여 이 글을 문학의 원론적인 존립 의의와 그 해명 쪽으로 이끌어서 사변적인 공허한 이론으로 몰고 갈 생각은 없다. 그런 유의 글들은 자칫 이론을 위한 이론의 전개와 무용한 논쟁으로 흘러서 선량한 독자들을 당혹하게 만들 소지가 다분하기 때문이다.

이 글에서는 가급적 전문적인 성격을 배제하려 한다. 이 글이 게재될 지면의 성격을 고려해서이기도 하지만, 문학을 전문적으로 공부하거나 직업적으로 다루지 않는 사람들에게 소설을 어떻게 읽고, 무엇을 어떻게 받아들일 것인가를, 한 작품을 택하여 보여 주려는 생각에서이다. 따라서 요란하게 여러 학설을 인용하여 꾸며지는 학술 논문의 체제를 갖추지 않을 것이며, 물론 주석도 달지 않는 형식으로 하려 한다.

2.

인류의 역사가 시작된 이래, 인류가 추구하는 삶의 질은 계속 향상되어 왔다. 다시 말하면 인류의 역사는 그들의 삶을 보다 높은 수준으로 고양시키려는 노력과 투쟁의 연속이라고 할 수 있다. 물론 사욕이나 이념의 노예가 된 반동적 인물에 의해 많은 사람들의 노력이 억눌렸을 때도 있었지만, 그런 사태가 오래 지속되지는 못하였다. 언젠가는 끈질긴 노력에 의해 그런 상황이 종식되고 만 것을 우리의 과거 역사에서 수많이 목격할 수 있잖은가.

오늘날 세계를 지배하는 양대 이데올로기와 여러 이념들이 어지럽게 얽혀서 인류의 생존 자체를 위험하게 하는 지경에 이르렀지만 조박하게 생각해 보면 문제의 핵심은 삶의 질을 높여 보자는 방법상의 차이에서 기인하는 것이라 할 수 있다. 다만 자신들이 택한 체제나 이념을 다른 사람에게 강요하려는 데에다, 가당찮은 선민의식이나 민족적 열등감의 반사가 더해져서 극한적인 대립으로까지 발전된 것일 따름이다. 모든 집단이(민족이든, 국가든) 순수하게 자신의 체제와 이념을 경쟁의 원리로만 인식하고, 소박한 근본의 문제만 인지한다면 대립이나 갈등은 사라질 수도 있는 것이다.

과거에 비해 현대라는 시대는 다양화, 전문화, 세분화, 기계화, 자동화 등의 특기할 만한 여러 현상이 어지럽게 얽혀 있는 게 특징이다. 과학 문명의 발달과 인구의 급증, 그리고 사회적 공감대의 부재 등이 그런 근본적인 원인을 형성한다고 볼 수 있다. 이런 가운데서 가장 심각하게 우려되는 것은 인간성의 상실, 인권의 유린, 인간 소외 현상 등이라고 볼 수 있는데, 특히 권력에 집착하는 사람들에 의해 그런 현상은 더욱 가중되는 게 보통이다. 동서양을 막론하고 근대의 초창기는 인간의 존엄성, 특히 학대받고 있던 민중들의 인간성 회복 운동이 그 근저를 이루고 있다고 볼 수 있다. 거대 이데올로기나 개인적인 욕망의 화신인 권력자의 압제 아래서 신음하던 평범한 시민 계층의 희생과 저항으로 점철된 근대의 시대는 확실히 사상 유례가 없는 휴머니즘 운동의 시기라고 할 수 있다. 그를 위해 막대한 희생도 많이 치렀지만 그런 인권 회복 운동이 오늘날의 민주 시대를 여는 초석이 되었음은 두말할 나위가 없다.

오늘날 동서양 어느 체제를 막론하고 공통적으로 추구하는 공동선이라면 '모두가 차별 없이 잘 사는 사회'를 만들어 보자는 게 그 목표라고 할 수 있을 것이다. 그런데 불행하게도 우리의 근대사는 이런 일반적인 추세와는 다른 방향으로 진행되어 온 사실을 부인하기 어렵다. 에컨대 18세기 후반 이른바 실학자들의 개혁안들은 현실 정치 주체에 의해 철저히 외면을 당했고, 따라서 그들은 그늘진 곳에서 저술을 통해 자신들의 생각을 남기는 것으로 세월을 보내야 했다. 그만큼 당시의 실권자들의 장벽은 두텁고 강고했던 것이다. 실현되지 못한 아이디어들은 그 의의가 반감될 수밖에 없다. 그런 사정들은 19세기에 들어와 더욱 악화된 것 같은 느낌을 준다. 당시 정권 담당자들은 더욱 철저하게 자신들의 이권을 지키기에 급급했고, 백성들의 삶의 질은 개선되지 못한 채 빈부의 격차는 더욱 벌어지는 시대였다. 그리하여 각종 민란이 속출했고, 도둑의 무리가 급증하는 현상을 보였다. 어느 면에서 전대의 소요가 정권과 관련된 것이 많았다면 이 시대의 그것들은 민생고와 관련된 것이 더 많았다고 볼 수 있다. 게다가 주변 강대국들의 침략의 마수가 더욱 노골화되어 19세기 후반기에는 각종 불평등 조약과 강제 개항 등이 이루어지는 지경에까지 이르게 된다. 이른바 개화기에 접어들면서 시대의 선도를 담당해야 하는 지식인들은 현실을 보는 시각의 졸렬함은 물론, 미래를 예측하는 능력의 결여로 말미암아 민족의 진로를 올바르게 정립하여 제시하지 못하고 우왕좌왕하며 나라의 자존심까지 외세에 넘겨 줘 버리는 어리석음을 자행했다. 물론 '인내천(사람이 곧 하늘)' 같은 동학의 훌륭한 이상이 있었지만 몰지각한 실권자들은 그들을 폭도로 일축해 버렸다. 그리하여 결국은 나라까지 상실해 버리는 비극이 초래되었고, 그 후 수많은 희생을 치르며 간신히 나라는 찾았지만, 그 광복은 또 민족의 양분이라는 비극적인 현실로 노정되고 말았다.

이렇게 보았을 때 오늘의 우리는 전환기의 소용돌이 속에 휘말려 있다고도 볼 수 있다. 아직도 우리의 의식 밑바닥에는 유교적 가치의 사고 질서가 엄존하는 동시에, 서구의 합리주의와 실증주의가 곳곳에서 큰 영향력을 보이고 있고, 한편으로는 식민지적 유산이 말끔히 청산되지 못한 채 그 잔재가 구석구석에 남아 있다. 다시 말해 전통과 현대라는 두 힘의 와중에서 새로운 가치관을 정립하려는 개화기의 번민이 아직도 우리에게 여전히 유효하다고 할 수 있다는 말이다.

일견 상식에 속하는 이야기를 이처럼 장황하게 끌어온 이유는 이런 상황과 소설이라는 장르가 갖는 속성이 밀접한 관련을 갖는다고 판단하기 때문이다. 소설은 흔히 현실의 반영이라고 하는 고전적 리얼리즘의 토대 위에 존립한다. 그런데 현실의 객관적 반영이라는 소설의 기본적 사명에 충실히 따르다 보면, 소설은 본질적으로 과학적 치밀성을 수반하는 사회과학에 뒤질 수밖에 없다. 또한 현실의 모순을 직시하고 그 개선을 위해 소설이 진력해야 한다는 명제에 너무 충실하다 보면 소설은 결국 투쟁의 도구로 바뀌어 목적성의 너울을 벗을 수 없다. 그렇다면 이 둘의 변증법적 지양 위에 새로운 길을 모색할 수밖에 없는데, 여기서 우리는 소설의 본래 사명인 현실의 객관적 반영과 모순의 직시 및 개선 노력에다가 저 스탕달의 예언적 기능 하나를 추가하는 데 동의하지 않을 수 없다. 물론 이 예언적 기능이라는 것이 너무 강조되다 보면 신비주의적 색채를 갖게 된다는 사실을 경계하지 않으면 안 된다. 소설이 신비주의의 암호처럼 바뀌어 버릴 때 또한 본질에서 멀어진다는 것은 너무도 당연한 이야기이니까 말이다.

궁극적으로 어떤 소설을 어떻게 쓸까 하는 문제는 어떤 소설을 읽어야 하는 문제와 같으며, 동시에 그것은 어떤 소설을 어떻게 읽어야 하는 문제와 표리를 이루는 것이다. 또 이러한 문제의식은 어떤 삶을 어떻게 살아야 하는가 하는 실존의 원초적이며 궁극적인 질문과 같은 의미가 된다고 할 수 있다. 여기서 좀 더 나아가 말하면 이런 번민과 모색이 담기지 않은 소설은 존립의 의의가 없다고 해도 과언이 아니다. 교묘하게 현실을 잊도록 유도하는 황당무계한 이야기들이나 엉뚱하게 내셔널리즘과 결부시킨 환상적인 이야기들이 소위 베스트셀러의 자리를 지키고 있는 요즘의 현실 속에서, 새삼스럽게 보이는 이러한 상식이 사실은 보다 중요한 의미를 갖고 있다는 걸 상기해야만 한다.

앞에서 이야기한 우리의 근대사적 상황과, 동서양의 어디에서든 충돌할 수밖에 없는 현대 사회의 여러 문제점들, 그리고 오늘의 우리를 감싸고 있는 전환기적 증후 - 이런 속에서 우리가 모색해야 될 삶의 질과 미래의 나아갈 방향을 담고 있는 소설들이 적잖게 있다. 읽기에 힘이 들고, 머리가 아프기는 하지만 그런 고민과 모색의 과정뿐 아니라 있어야 할 세계까지 내재하고 있는 소설이 진정 좋은 소설이라고 할 수 있다. 이것이 바로 소설이란 것이 존재해야 할 진정한 의의라고 할 수 있으며, 또한 독자들이 소설을 찾아 읽는 참 이유이기도 한 것이다. 여기서는 이런 모델의 하나로서 작고한 이균영(李均永)의 『멀리 있는 빛』이라는 소설 한 편을 검토하면서, 위에서 제기되었던 문제들을 점검해 보기로 하겠다.

3.

『멀리 있는 빛』은 1984년 2월에 발표된 원고지 500매 가량의 중편 소설이다. 이상 문학상(李箱文學賞) 수상작인 『어두운 기억의 저편』이라는 작품으로 더 많이 알려진 이 작가는 다작은 아니지만 문제의식이 갖추어진 작품을 여러 편 발표하였다. 1970년대의 소위 '못 가진 자' 위주의 문학이 판을 치는 마당에 소시민적 지식인을 주요 작품 인물로 하고 있는 이 작가의 작품은(대체로 대학의 사학과 교수라는 그의 자전적 요소가 다분한 것처럼 보이는) 평론가들의 요란한 관심을 끌지도 못했고, 또한 통상적 의미의 흥미나 자극이 없는 작품 특색 때문에 많은 독자층을 확보하고 있는 작가도 아니다. 그렇지만 평자의 관심이나 다수 독자의 미확보라는 조건이 바로 그 작품의 가치 평가 척도가 될 수 없음은 상식이다. 당대의 그 작품에 대한 반응이 후대까지 지속되란 법은 없을뿐더러, 그런 것을 의식하며 쓴 작품은 나름대로의 한계성을 지닌다고 볼 수 있기 때문이다.

이 작품의 주인공 '나'는 여러 면에서 작자 자신의 모습이 전이된 것으로 보이는데, '현재의 나' 보다는 '과거의 나' 쪽이 작품 대부분을 차지하는 구조로 되어 있다. 물론 그 과거라는 것은 단순히 흘러간 시간으로서만 존재하는 것은 아니고, 끊임없이 현재 속에 위치하면서 현재의 나를 정위(定位)하는 그런 속성을 지니고 있는데, 이것이 이 작품의 양상을 특이한 모습으로 만들어 놓고 있다. 즉 이 작품에서 명백히 현재의 모습으로 진행되는 사건이란 거의 없다고 해도 과언이 아니다. 주인공 '나'는 피서 철이 아닌 추운 날씨에 바닷가의 어느 여관에 낯선 여자와 한 방에 들었다가 그 여자가 잠든 틈에 지하의 술집으로 내려와 혼자 술을 마시고, 여동생에게 전화를 걸고는 바닷가에 나가 백사장을 걷는다는 것이 전부다. 이런 얘기가 그것도 몇 토막으로 잘라져서 작품의 시작과 끝, 그리고 중간에 조금씩 있을 뿐이다. 나머지 대부분은 과거의 일이라는 걸 거의 감지할 수 없도록 교묘히 현재와 혼효시켜 놓았다. 어떻게 보면 심리주의 계열의 수법을 연상시키기도 하는 이런 모습을 통해 작가는 가족 관계, 친구 관계, 자신의 과거 등을 다양하게 동원하고 있는 형식을 취하고 있다. 보통 어떤 사건이란 것은 항상 과거-현재-미래라는 시간의 선상에서 이루어지며, 그것의 전달이나 기억도 그런 틀로써 이루어지기 때문이다. 이런 의미에서 본다면 전통적 서사 구조를 근간으로 하는 근대 소설의 모습과 이 작품은 그 골격에서 판이하다. 인과 관계를 골간으로 하는 사건 구조를 취하지 않은 작품은 소설 양식의 해체라고 말해지는 현대 소설에서 현저하게 발달한 기법인 바, 그럴 경우 서사 구조가 주는 흥미의 원천은 상실되므로 작가는 그 점을 감수하면서 작품을 쓸 수밖에 없게 된다.

시작에서 종결에 이르기까지 무질서하게(작가 자신의 편에서 보면 더할 수 없는 정연한 질서겠지만) 펼쳐진 나의 초상을 요약하는 일이 이 작품을 이해하는 첫걸음이며 기초라고 할 수 있다. 우선 나의 모습을 살펴보자. 작품 속의 여기저기에 단편적으로 흩어져 있는 나를 재조립해 보면, 옛날에 상당한 재력을 가졌던 가문에서 태어났지만, 점점 가세가 기울어 가는 집에서 성장하게 되는데, 이 과정에서 가문의 기둥이어야 할 자신과 개인으로서의 그의 의지가 부딪히게 된다. 주위의 기대와는 달리 그는 입시에서 낙방을 하고, 재수를 하며 명문 대학에는 못 가고 후기 대학에 간다. 할머니가 죽고, 두 동생이 그에게 짐처럼 남겨진다. 대학의 조교 생활을 하며 두 동생을 돌본다. 이것이 대체로 이 작품의 기본 골격이다. 그의 주변에서 중요한 역할을 하는 인물들은 아우와 막내, 그리고 친구의 여동생, 또 할머니와 아버지다. 죽은 할머니는 그의 어린 시절에 회의와 고민을 잠재워 주었던 안식처였다.

> 나는 할머니의 기름기 빠진 작은 젖꼭지를 만지며 그 콧노래를 들었다. 그러면 어느덧 나의 슬픔과 근심이 아주 작은 것으로 느껴지는 것을 나는 번번이 경험하였다. 할머니의 콧노래의 음역 안으로 나의 슬픔과 근심이 사라져 버렸던 것이다.

이런 할머니는 '월평 진사댁'(월평리의 진사는 그의 고조에 해당)에 맏며느리로 들어와 스물 셋에 청상이 되어가지고 자식들 때문에 죽지 못하고 산 여인이다. 손자에게 술 마시는 예법도 가르쳐 주고, 편안한 잠을 위해 손자에게 말린 꽃을 넣은 베개를 만들어 주기도 한다. 그런 할머니였지만 고교 시절의 주인공이 다시 젖을 만지려 하자 '에 다 큰 것이......징그럽고 간지럽다' 뿌리친다. 사춘기의 소년에게는 충격적인 일이다. 혼자서 자신을 가누어 나가야 할 시기가 온 것을 의미한다.

아버지는 기울어 가는 가문을 재흥시키기 위해 대단위 산업에 손을 대는 등 노력하나 그런 사업의 실패로 인해 경제적으로 더욱 어려운 처지로 떨어진다. 농토마저 남의 손에 넘어가 버린다. 아들을 데리고 보리가 심어진 논에 나가 다른 사람에게 넘어간 이걸 되찾으라고 말한다. 그 논은 그의 집안에서 큰 의미를 가진 것이기 때문이다.

> 이 땅은 내가 산 땅이 아니다. 내 손으로 땀을 흘려 마련한 땅이 아니다. 이것은 너의 고조할머니께서 맨손으로 돈을 모아 제일 먼저 산 논이다. 처음으로

이 땅을 샀을 때의 할아버지의 그 감격을 나는 어려서부터 전해 들으며 자랐다. 너희 증조부께서 임종을 하시며 너희 할아버지께, 너희 할아버지께서 임종하시며 내게 이 논만은 어떠한 일이 있어도 팔아서는 안 된다고 유언을 하셨던게 이 땅이다.

그러나 기울어진 가세 때문에 그의 학비를 대기 위해 그 땅은 팔렸다. 그래서 아버지는 '보리는 밟히면 밟힐수록 뿌리에 힘이 생긴다.'며 이 보리를 잊지 말고 고생을 참으라고 말한다.

아우는 막내와 함께 그를 현실에 붙들어 매는 튼튼한 끈이다. 형이나 오빠로서 자기들을 돌보는 것이 당연하다는 생각을 갖고 있었다면 아마도 그는 그 끈을 끊었을지도 모른다. 그러나 그들은 형이며 오빠인 그가 자기들 때문에 얽매어 있음을 늘 괴로워하고 있다. 그래서 그는 그 끈을 끊을 수가 없는 것이다.

또한 그는 친구의 여동생인 여자를 좋아하지만 그녀가 갖고 있는 생각과 동화될 수 없는 안타까운 처지에 있다. '전 오빠를 정말로 좋아했지만 남자로 생각해 본 일은 없어요.' 이것이 그녀의 말이다. 그 말에 그는 '평생을 아물지 않을 상처'를 느낀다.

고교 시절의 친구 독독이는 학교에서 안하무인격으로 설치던 칠공자를 모두 해치우는 후련한 성격의 소유자라서 그가 매우 좋아하고 또 가까운 사이였지만, 고1의 학생으로 술집 잡부와 깊은 관계에 빠지는 동안 칠공자는 그들의 옛 지위를 회복하고 그는 '무대의 막 뒤로 사라지는' 인물이 되고 만다.

그밖에 항상 그를 부담 없이 대해 주는 친구(여자의 오빠)와, 괴팍한 성격의 교수가 있지만 이들은 모두 단역들이다.

이런 인물에게 둘러싸여 성장했고, 생활해 가는 그는 자신의 뚜렷한 의지나 목표가 흔들리는 상황에 놓여 있다. 그런 것이 없는 게 아니고, 현실적 제약에 의해 실현될 수가 없는 처지인 것이다. 이 경우에 보일 수 있는 반응은 여러 가지가 있을 수 있다. 그것들은 또 각기 나름대로의 타당한 이유와 논리로 설명되어질 수가 있을 것이다. 그 모든 반응들은 개인이 가지는 권리와 자유라고 할 수도 있지만 동시에 사회의 한 구성원으로서의 측면도 전혀 배제할 수는 없는 것이다. 이것은 우리가 홀로 이 세상을 살아갈 수 없다는 것과 관련이 된다. 개인으로서의 자유와 권리는 최대한 보장되어야 마땅한 것이지만, 그렇다고 하여 그것이 지고지선이 될 수는 없는 것이다. 더구나 '세계사적 개인'을 문제 삼아야 할 현대소설이란 장르에서는 더욱 그러하다. 따라서 이 작품에서 주인공이 상황에 대해 보이는 반응을 점검해 보는 것은 매우 뜻 있는 일이 될 것이다.

4.

주인공이 보여 주는 태도라는 면에서 보면 이 작품은 이원성을 띠고 있다. 그 이원성은 혼자와 여럿, 안주(安住)와 탈출, 동양과 서양, 현실과 이상 등의 양가성 형태로 나타난다. 이러한 모든 것을 포괄하는 것으로서 '서로 다른 둘의 나'라는 걸 생각해 볼 수 있다.

> 나는 다시 담배를 피우며 창에 나타나 나를 들여다보다가 사라지는 얼굴과 눈동자를 들여다보았다. 그러나 그 담배를 다 피울 때가지도 역시 그 얼굴을

붙들 수 없었다. 자세히 보려고 할수록 나의 얼굴은 이방인으로 변해갔다. 나는 방에 딸린 화장실로 들어가 소변을 가리며 거울 속의 나를 보았다. 얼굴을 거울 가까이 대고 내 눈을 자세히 들여다보았다. 밝은 불빛 속에서 그 얼굴은 아주 낯익은 것이었으며, 그 얼굴은 수십 년 동안 보아 온 자신의 얼굴을 이상한 듯이 들여다보는 얼굴을 이상하게 보고 있었다.

나는 나만의 손님이었고 나는 손님 대접을 풍부하고 안락하게 하고 싶었다. 돈은 넉넉하였으며조금도 아끼고 싶지 않았다. 나는 혼자 술을 따라 마셨다. 술맛이 싱거웠다. 나는 간사스러운 작은 잔을 버리고 맥주 컵만한 유리잔 하나를 부탁하여 거기에다 술을 마셨다. 처음에 혼자 마시고 있는 것이 쑥스럽게 여겨졌는데 곧 그러한 기분이 사라져 버렸다. 나는 흡사 끝없이 나를 따라다니는 어느 누구와 함께 마시고 있는 것만 같았다. 유리벽에서는 이상한 형태로 분해된 내가 나와 함께 마시고 있었다. 우리는 함께 마시고 함께 생각하고 함께 담배를 피웠다.

너는 누구냐?

나는 그에게 물었다. 그는 말하지 않을 것이다. 말하지 않아도 내가 스스로 알아야 하는 존재였다.

밤도 깊었다. 이곳은 낯선 곳, 나와 함께 앉아 술을 마시는 너는 누구인가? 유리 속의 나는 나를 보고 역시 그 질문을 되물었다.

이러한 자아의 분열은 심리주의 소설의 그것과 완전히 일치하는 것은 아니다. 특히 뒤의 인용은 유리에 비친 자신의 현실적 모습으로 볼 수 있기에 더욱 그렇다. 그러나 사람들은 누구나 마음속에서 무엇인가 선택해야 될 때 두 개의 자신의 모습을 갖는다. 성격에 따라 쉽게 모든 일을 결정지어 버리는 사람은 그런 것을 느끼기가 어렵겠지만, 망설임과 고민의 시간을 많이 갖는 성격의 사람일수록 이런 경험은 많이 있을 것이다. 또한 성격뿐이 아니라 자신이 처해 있는 환경적 요인이 그러한 것을 강요할 수도 있다.

이러한 조건이 좀 더 구체화되어 나타난 것은, 법대가 아닌 해양 대학에 가겠다는 생각, 편안한(육신) 삶이 아니라 땀을 흘리며 노동을 하고 싶다는 생각, 혼자 있고 싶으면서 여럿이 있었으면 하는 생각, 현실에 안주해야겠다는 의지와 바다에 가고 싶다는 생각, 합리주의적 서양식 사고에 익숙해 있으면서 동양적 윤리에 얽매어 있는 환경 등의 모습으로 표현되어 있다. 이런 것들을 집약하여 그는 동양과 서양이라는 이름을 붙인다.

> 나는 내 안에 두 개의 세계를 가지고 있다고 생각하였다. 나는 항상 그 두 세계 중의 어느 한 곳에 머무르며 두 세계를 왕래하였다. 혹은 두 세계가 겹쳐지는 곳에도 머물렀지만 언제나 한 곳에 오래 머물러 있지 못하였고 한 곳에 오래 머무를 경우에는 다른 세계에 대한 끊임없는 기억과 원망(怨望)으로 갈등을 겪었다. 그러므로 결국 내가 그 두 세계 중 어느 곳에 있느냐 하는 것은 문제가 되지 않았다. 나는 언제나 두 세계에 공존하는 셈이었고 동시에 두 세계에서 탈출하고 있었다. 언제부터인가 나는 그 중의 하나를 동양(東洋)이라고 불렀으며, 다른 하나를 서양(西洋)이라고 불렀다. 동양이나 서양은 실제적으로는 거대한 지구촌의 두 세계를 가리키는 것이지만 나는 그런 것을 의미하지 않았다. 나의 이러한 호칭은 전혀 나만의 것이었으며 친구에게 별명을 붙여 주거나 귀여운 강아지에게 이름은 붙일 때와 똑같은 것이었다.

주인공은 명칭 자체에 대해 그다지 큰 의미를 부여하려 하지 않고 있지만 곳곳에 보이는 표현들을 주의 깊게 바라보면 이것이 매우 중대한 의미를 가지고 있음이 확인된다. 어린 시절 그의 에고를 포근히 감싸 주던 안락함의 대명사였던 할머니, 어린 그를 진사댁 도련님이라 위해 주던 동네 사람들, 마음속에서 결코 떠날 수 없는 친숙한 고향, 아들에게 큰 기대를 걸고 있으면서 술에 취하면 잠든 얼굴에 얼굴을 맞비비던 아버지, 상호간에 눈알처럼 아끼며 사랑하는 두 동생— 이들이 그를 묶고 있는 동양이라는 이름의 튼튼한 끈이며 하나의 세계를 이룬다. 반면에 물건을 살 때 꼭 값부터 물어 보는 버릇, 거리의 간판 중에 틀린 글자들 등의 사소한 일들에 잠을 못 이룰 정도의 예민함, 또 그 자신의 일은 아니지만 괴팍스럽게 자기 세계에 몰두하면서 은사의 학위 청구 논문마저 팽개쳐 버리는 기이한 교수의 철저한 개인주의적 삶을 비판적으로 바라보는 자세, 행동이나 말에 계산을 앞세우는 습관 등— 이런 세계는 바로 서양이라는 이름으로 얘기될 수 있는 부분이다. 이런 두 세계의 어느 한 쪽을 선택하여 살지 못하고, 두 세계를 왕래하면서, 한 쪽을 택하면 또 한 쪽이 그리워지는 삶의 자세, 그래서 이 두 세계가 마음속에 공존하는 양상은 비단 이 주인공 한 개인의 문제에 그치는 것이 아니라는 데서 이 작품의 의의가 더욱 확장되는 것이라고 볼 수 있다.

5.

앞에서 언급하였던 문학(소설)의 존립 의의와 우리의 근대사와 관련하여 전환기적 상황에 처해 있는 우리가 삶의 지표나 양상에 반응하는 문제와 연관하여 이 작품을 생각해 보기로 하자. 소설이 단순히 개인만을 문제 삼는 게 아니라는 걸 앞에서 말한 바 있다. 재미가 최종 목표라면 소설보다 더 쉽게 그리고 더 자극적으로 재미를 얻을 수 있는 매체가 우리 주변에 얼마든지 널려 있다. 굳이 소설을 찾아 머리를 싸매고 읽을 필요는 없는 것이다. 우리가 소설을 찾는 이유는 그런 데 있는 것이 아니다. 본질적으로 소설은 사람의 삶을 담아 가지고 있다. 오늘의 우리의 삶을 있는 그대로 보여 줄 뿐만 우리의 삶이 근본적으로 무엇이어야 하는가를, 어떤 모습이어야 하는가를 예언하는 속성을 지니고 있는 것이다. 우리는 추체험(소설 읽는 행위)을 통해 거기에 담긴 지혜를 얻을 수 있다.

한편 거대한 현실을 우리는 어디부터 손대야 알 수 있는 것인지를 모른다. 개별적인 '지각의 전체화'라는 말이 있기는 하지만 우리가 우리의 모습을 제대로 본다는 것은 어려운 일이다. 이것을 보여 주는 것이 소설이다. 작가는 그가 살고 있는 당대 현실을 투철한 눈으로 꿰뚫어 본다. 그것을 작가의식이라 부를 수도 있다. 그리하여 그가 보여 주는 세계는 단순한 현실의 한 국면이 아니고 부분으로 대표되는 전체를 나타낸다. 따라서 작가가 보여주는 그 부분을 부분으로서만 이해해서는 소설을 제대로 읽은 것이라 할 수 없다.

물론 이 작품이 그러한 조건을 모두 구비한 완벽한 작품이라는 데 동의하는 데는 주저된다. 그러나 이 시대를 사는 우리의 자화상을 여실히 보여주고 있다는 데에 주목하기로 하자. 우리는 때때로 너무나도 잘 알고 있다고 생각되는 것도 막상 그 실체를 말해 보라면 주저할 때가 많다. 가령 아우구스티누스가 말한 '시간' 같은 것이 거기에 속한다. 그 약점과 장점을 속속들이 알고 말하면서도 정작 자기 자신에 대해서는 그런 성찰을 잊고 있을 때가 많다. 나는 누구인가? 또 이 시대의 참모습은 무엇인가? 이 상황 속의 나는 어떻게 살아야 하는가? 이런 원초적인 질문에 대해 답변을 회피하며 보류한다고 해서 탓할 사람은 아무도 없다. 하지만 최소한 삶의 의의를 찾고 가치를 모색하는 사람은 이런 질문을 아프게 받아들인다. 그때 종교나 이데올로기 같은 것이 도움을 줄 수도 있지만, 그것들은 누군가 말했듯이 인간이 사고할 수 있는 기회를 박탈하는 성질을 지니고 있기도 하다.

한 사람의 내부에 동양적인 것과 서양적인 것이(도덕이든 이념이든) 공존한다는 이 작품 주인공의 세계 인식이야말로 그 개인에게서 끝나는 문제가 아니다. 그 끝은 우리 시대, 우리 모두의 영원한 딜레마일지도 모른다. 그런 면에서 이 작품의 주인공은 작가의 자전적 모습이며 동시에 우리 모두의 초상일 수도 있다. 모든 사고를 다락방에 얹어둔 채 남의 생각에 따르기만 하는 무리, 정해진 코스를 편안히 걸어가며 안정만을 추구하는 무리, 세속적 욕망 달성을 위해 혈안이 된 무리. 그런 속에서 이런 인물을 만날 수 있다는 건 어쩌면 행운인지도 모른다.

이런 인식과 태도로 세계를 바라보고 살 때, 우리에게 '빛'은 결코 멀리에 있는 것이 아니다. '멀리'라는 거리는 어디까지나 상대적이다. 그러기에 '시작도 끝도 없는 어둠 속을' '별들의 먼빛을 바라보며 걷는' 주인공의 마지막 모습은 연민이나 동정의 모습이 아니라 성스러운 것일 수도 있는 것이다.

'멀리 있는 빛'. 그것은 결코 아득하여 닿을 수 없는 절망의 빛이 아니다. 우리의 태도에 따라 얼마든지 '가까이 있는 빛'이 될 수도 있다.

2. 모성으로서의 연꽃

송기원/ 「늙은 창녀의 노래」

이 작품은 마흔한 살의 창녀가 얼굴을 드러내지 않은 한 중년 남자를 상대로 독백하는 형식을 취하고 있다. 사실, 그 나이의 창녀라면 그 세계에선 상품 가치가 사라진 처지이겠지만, 전국에서 가장 싼 화대(5천원)를 받는 그곳엔 58세의 나이에도 현역으로 활동하는 여자가 있다고 했으니 '그렇게까장 늙은 편에 끼지는' 않는 나이라고 하겠다. 그녀는 거기서 20년 동안 그 생활을 했는데 남편도 없고 자식도 없는 몸으로 '맘 잡고 안 나올라고 해도' 돈보다는 딴 것—'사람이 사는디라고 정이 들어' 결국 계속 손님을 받는 그런 여자다.

흔히 사람들은 창녀라는 말만 들어도 혐오감과 추악함을 떠올린다. 원래 성(性)이란 은밀하고 비밀스러움을 그 속성으로 하는데 그것이 화폐와의 교환 가치로 공개화되고 동시에 검은 세력과의 유착을 기반으로 제도화된 것이 바로 매춘이라고 할 수 있다. 여권론자들은 성의 상품화에 남성들의 상대적 역할이 작용했다 하여 비판적 입장을 취하지만, 그 제도에서 여성이 일방적 피해자라고만은 할 수 없다. 그것은 사회의 구조적 총체성에서 기인하는 문제이며 남성과 여성의 어느 일방 책임을 따질 수 있는 성질의 것은 아니다. 오히려 전반적인 시대와 사회의 구조화되고 왜곡된 현상들을 문제삼아야 할 것이다.

상식적인 얘기지만 性의 기본적 기능은 생식에 있다. 그런데 생식에 따르는 고통을 상쇄하고 억제하기 위해 거기에 쾌락이라는 것이 부가되었을 것이다. 성에 쾌락이 부수되어 있지 않다면 많은 생물들의 종족 보존에 심각한 위기가 초래될 것이다. 성의 본래 기능에서 이 쾌락을 분리해 낸 것은 인간밖에 없다. 그것이 왜곡된 모습으로 극대화된 것이 매춘 행위다. 따라서 매춘이란 인류가 있는 곳이면 언제 어디서나 일어날 수 있는 잠재적 가능태다. 다만 그 형태와 값의 차이가 있을 뿐이지, 생식 기능 이외의 섹스 행위를 금할 수 없는 한 그 기제 자체의 존재를 부정할 수는 없는 노릇이다.

문제는 창녀들이 생활하는 곳의 환경과 조건이다. 이 작품 속의 '힛빠리골목'은 '몸 포는 여자나 또 그런 여자를 찾아오는 손님들이나 참말로 밑바닥 중에서도 밑바닥 사람들뿐이지' 그런 곳이다. 유부녀들조차 공장에 밤일 하러 나간다고 하고 나오는, '목구녁이 포도청'이라 '굶어죽을 수 없응께 할 수 없이 나오는' 그런 곳이다. 스무 살의 꽃다운 나이에 서울로 취직하러 집을 도망 나와 가는 도중 '푼짱 아자씨'에게 걸려 이 골목으로 끌려온 이래 '한 소끔 딱 꾼 꿈'처럼 이십 년을 보낸 이 여자는, 이 골목 밖의 세상에 나가본 적도 없고 '몸 포는 일 외에는 누구를 속에 본 적도 없고 해꼬지 해본 적도 없는' 그런 여자다. 그러면서도 자식 같은 떠꺼머리 총각을 손님으로 받을 땐 숫처녀가 된 것 모양 얼굴이 빨개지고, 자신을 끌고 왔던 남자가 마약 때문에 징역을 살고 나와 추레한 모습으로 나타났을 때 하찮은 말 한 마디에 감격하여 원수 같은 그 남자를 위해 모아 놓은 돈은 다 들여 동거하며 보살피는 순박한 마음을 가진 사람이다. 아마 이런 상황의 여자는 이 여자 하나만이 아닐 것이다. 다른 사람의 눈엔 추악하고 오욕스러워 보이는 이 세계의 여자들도 분명히 우리와 같은 시대, 같은 사회에 살고 있는 '인간'이다. 별세계에 살고 있는 괴물이나 짐승이 아닌 것이다. 오히려 그들을 사갈시하고 있는 사람들보다 더 순수하고 따뜻한 마음을 가지고 있을 수도 있다. 이런 점에서 이 작품은, 점잖은 척하며 그들을 더러워하는 사람들을 질책하고 통타하는 힘을 갖는다. 그 점잖음의 한 꺼풀 뒤에 숨겨진 야수성과 가식을 준열히 꾸짖는다. 실제로 우리는 얼마나 많은 가면을 쓰고 세상을 살고 있는가.

이 여자는 자기 직업에 대해 나름대로 통달하여 하나의 '철학'을 가지고 있다. 자기가 상대하는 밑바닥 인생들—그 남자들에 대한 다음과 같은 생각은 그것을 잘 나타내고 있다.

> 나한티는 모든 남자들이 다 똑같어 갖고, 한 남자로 여게진단 말이여라우. 아니, 펭소에 알고 지낸 그런 남자가 아니고라우. 기냥 나가 단 한번도 만난 적이 없는 그런 남잔디, 뭐이냐, 숨이 헉헉 넘어감서 나를 찾고 있는 것 같단 말이요. 그런 남자야, 곰배팔이면 어쩌고, 문댕이면 어쩌고, 째보면 어쨌다요?

이런 발언은 이 여자가 이미 단순한 성의 매매 차원을 넘어서 모든 것을 포용하고 너그럽게 수용하는 자리에 와 있음을 뜻한다. 성행위에서 여성은 본래 수용적 자세를 취하지만, 이 여자가 받아들이는 것은 남성의 몸과 정액뿐 아니라 그들의 한과 울분, 그리고 생활의 고달픔과 험난함까지 모조리 받아들여 삭여주고 달래주고 어루만져주는 것이다. 이는 나이 먹은 이 여자의 새로운 개안(開眼)이자 깨달음이다. 그것은 추악함이나 혐오스러움이 아니라 또 다른 성(聖)스러움이다. 마치 어머니가 자식들의 모든 것을 가리지 않고 수용해 주듯 하는 그런 행위는 종교적 엄숙성마저 느끼게 해 준다.

다음으로, 모습을 드러내지 않는 이 여자의 대화 상대역인 남자를 생각해 보자. 여자와 동갑인 이 남자는 여자의 말에 나타난 간접적 상황을 종합해 볼 대, 공부를 한 지식인이며, 사업에 실패한 것도 아니고 실연을 당한 것도 아니지만 '마음이 허하고', '뭐인지 몰르제만 기냥 이 시상 끝까지 와본 것 같은' 그런 남자다. 부모형제도 없고, '어레서 고향을 떠나갖고 고향이라고 해 봤자 암도 아는 사람이 없어서' 고향도 없는 처지다. 남도 끝 힛빠리골목에까지 와 젊고 예쁜 여자를 마다하고 변태 소리를 들어가며까지 나이 먹은 창녀를 불러 달래서 그녀의 살아온 험한 얘기를 들으며 부럽다고도 하고 곱게도 살아왔다고 하기도 한다. 그러면서 눈물을 흘리기도 한다. 창녀의 삶을 곱고 참하게 살아왔다고 하고 부럽다고도 하는 그 남자는 누구인가. 실제로 창녀보다 더 부도덕하게 살아왔고 사는 사람, 멀쩡하게 부모형제가 있지만 없는 것처럼 무관심하게 사는 사람, 열심히 산다고 살았지만 중년의 어느 날 갑자기 뒤돌아 봤을 때 아무것도 의미를 찾을 수 없게 사는 사람, 늘 속이고 감추며 사는 사람……. 그 사람은 바로 딴 사람이 아니고 나 자신이다. 이 시대를 사는 많은 중년 남자들의 초상이다. 이들이 어디에 가서 위로 받고 포근히 쉴 수 있는가. 가정 경제권은 주부에게 있고, 아이들 공부 때문에 큰 소리는커녕 눈치를 살펴야 하고, 직장에선 도태될까 불안하고, 속지 않으려고 늘 긴장해야 하고 겉모습만 멀쩡할 뿐 이 시대의 중년 남자들은 거의가 정서적으로 환자나 다름없다. 그런 남자가 지친 몸과 마음을 휴식하며 편안히 위로받을 수 있는 대상이 있다면 그것이야말로 구원이 아닐 수 없을 것이다. 따라서 이 작품 속의 여자는 표면적으로 가장 더럽고 낮은 곳에 살고 있으면서 실은 고귀하고 아름다운 일을 하고 있는 셈이다. 또한 남자는 동질적인 많은 남성을 대표하는 상징성의 존재로서 기능한다고 볼 수 있다. 그러므로 이들 남녀가 서로의 처지를 이해하고 위로하며 흘리는 눈물이나 진실된 마음으로 나누는 성은 단순한 교환가치로서의 그것을 넘어 화해와 재생의 속성을 갖는다고 할 수 있다. 그러한 세계는 여자가 지금 '이 모냥 이 꼴'로는 못 가지만 '죽어서라도 기연시 가고야' 말겠다고 다짐하는 고향—온 산에 참꽃이 발갛게 피고 자운영이 공단이불처럼 깔리고 유채꽃이 횃불을 켠 것처럼 환한 곳으로 구체화 되는데, 그곳이야말로 우리 모두가 갈망하는 원초적 고향이자 유토피아가 아니겠는가. 이들 남녀가 따뜻한 마음과 몸으로 어우렸을 때 그들은 이미 그곳에 가 있다고도 볼 수 있을 것이다.

위와 같은 작품의 내용적 의미 외에 이 작품의 또다른 '맛'은 중간에 삽입된 단단하고 적절한 표현의 시편(詩篇)들과 남도 특유의 맛깔스러운 사투리에 있다. 작가의 시적 재능이 유감없이 발휘된 삽입시들은 작품의 독백체로 된 느슨함을 긴장과 탄력으로 충분히 보완해 주고 있으며, 남도 사투리는 옆에서 얼굴을 마주하고 들려주는 듯한 친근감과 호소력을 제공해 준다. 이들은 이 작품이 갖는 소설미학적 요소로서 그 내용과 어울려 상승적 효과를 낸다고 하겠다.

연꽃은 아주 더러운 시궁창의 진흙에 뿌리를 두고 살지만. 세상 어느 꽃보다 아름다운 꽃을 피워낸다. 창녀, 그 중에서도 늙은 창녀로서, 가장 값싼 화대의 골목에서 주머니가 가난하고 마음이 가난한 뭇 남성을 너그러이 수용해 주는 이 여자야말로 모성(母性)의 연꽃이 아닐 수 없다.

3. 근원적 외로움과 환상적 만남

송하춘/ 「갈퀴나무꾼들」

요즘 젊은이들은 잘 모를 것이나, 5, 60년대까지만 하더라도 우리의 난방과 취사를 위한 연료는 '나무'가 주종을 이루었었다. 좀 부유한 집에서나 연탄을 땠고, 그 나머지 대부분의 가정에서는 나무를 사서 때거나 직접 해다가 때야 했다. 그 '나무'에도 여러 종류가 있다. 최고급으로는 숯이나 장작이 있었고, 농사의 부산물로 나오는 볏짚이나 보릿짚, 밀짚 같은 것에서 콩, 깨, 고추, 가지 등의 대궁이 있었다. 또 산에 가서 해올 수 있는 나무로는, 베어진 나무의 등걸을 괭이로 캐는 고주배기나무, 죽은 나무 가지를 잘라오는 삭정이나무, 소나무나 참나무, 밤나무 등의 떨어진 잎을 긁어 오는 갈퀴나무, 풀이나 키 작은 떡갈나무 등을 싸잡아 베어 오는 낫나무 등이 있었다. 그 밖에 임자 없는 먼 산에 가서 마구잡이로 해오는 먼산나무, 겨울에 생 소나무가지를 잘라 오는 청솔가지나무도 있었다. 그 가운데 갈퀴나무는 대개 낙엽을 긁거나, 잔대미를 낫으로 베어 놓고 갈퀴로 긁는 것인데, 산 임자나 산을 말리는 사람(위탁 관리인)의 눈을 피해야 하기 때문에 자기 소유의 산이 없는 사람들은 하기가 어려웠다. 그래도 생나무를 자르거나 베다가 산림계 직원이나 지서 순경에게 들키면 엄청난 대가(징역이나 벌금)를 치러야 했기 때문에 갈퀴나무가 제일 만만한 것이었다. 그래서 나무하러 간다 하면 으레 지게에다 낫 하나와 갈퀴 하나, 그리고 새끼줄 토막을 얹어 가지고 가는 것이 보통이었다. 어쨌든, 가난한 사람들은 나무 장사를 하여 끼니를 잇기도 했으며, 그에 따른 애환도 적지 않아 갖가지 이야깃거리를 만들어내기도 하였다. 여하튼 가을일 끝내고부터 봄일 때까지 나무하러 다니는 것은 남정네들의 주임무이기도 했다.

시골에서는 대개 그만그만한 나이의 사람들끼리 어울려 나무를 하러 다니는 것이 흔한 일이었다. 그들은 그렇게 어울려 다니며 같이 나무만 하는 게 아니라, 이야기도 하고, 노래도 부르고, 수틀리면 싸움도 하고, 삶의 정보를 나누어 가지기도 하였다. 또한 머슴이나 홀아비, 노총각 등은 나무하러 산에 가서 그들의 신세를 한탄하는 울분을 발산하기도 하였다. 산에서는 누가 볼 사람도 없으니 마음 놓고 주인 흉도 보고, 어른들 욕도 하고, 여인네들을 대상으로 한 음담패설도 할 수 있었다. 말하자면, 나무하는 일 자체뿐만 아니라, 사춘기 아이들의 성교육도 이루어지고, 팔자 센 사람들의 스트레스가 해소되기도 하고, 동네의 중요한 문제에 대해 그들 세계의 의견 조정이 이루어지기도 했던 것이다. 그들은 나무하러 산에 올라가는 길이나, 중간에 쉬거나 할 때 작대기로 지게 발목을 두드려 장단을 맞추며 노래를 부르기도 했다. 그 노래는 새로 나온 유행가일 수도 있고, 누군가 외지에서 배워 온 새 곡목일 수도 있지만, 대체로는 목청 좋은 사람이 부르는 전래 노래가 중심이라고 볼 수 있었다. 그가 노래판을 휘어잡고 선창을 하면 나머지는 후렴을 합창하며 한바탕 스스로의 갑갑한 처지들을 잊어버리곤 했을 것이다.

그런데 성격 탓이거나 다른 사정으로 인해 동료들과 어울려 다니지 못하고, 외톨박이로 나무하러 다니는 사람도 있었다. 그들은 무료함을 달래기 위해 자신의 기구한 신세를 자탄하는 내용을 빗댄 노래를 흥얼거리기도 했을 것인데, 그런 노래 가운데 '어사용'이라는 노래가 있다고 한다. 그 노래는 갈퀴 나무꾼이 나무를 긁으며 하는 것인데, 남들이 들으면 큰 피해를 입기 때문에 혼자서 불러야 하는 노래라고 한다.

송하춘의 **「갈퀴 나무꾼들」**은 우선 그 제목에서부터 바로 잊혀져 가는 옛날 시골의 나무하는 정경을 떠올리게 한다. 그렇다고 해서 무슨 <나무꾼과 선녀> 이야기처럼 낭만적이고 동화적인 내용은 아니다. 구슬프고도 한이 서린 '어사용'이란 노래를 매개로 하여 전개되는 현대 중년 지식인 부부의 이야기이다. 이 작품의 스토리 라인은 아주 간단하다. 대학 교수인 한 중년 사내가, 지방으로 출장 갔던 아내가 기차를 타고 돌아온다는 전화를 받고 비가 내리는 가운데 서울역에 마중을 나갔다가 만나지 못하고, 어느 낯선 여인을 만나 잠시 따뜻한 시간을 갖고 돌아온다는 내용이다. 어떻게 보면 그런 평범하고 간단한 내용이 과연 소설이 될 수 있을까 하는 의문도 들지만, 작가는 이 범상한 소재를 절묘하게 다루어 모범적인 단편 소설 한 편을 만들어 내고 있다. 그 과정을 차분하게 따라가 보기로 하자.

먼저, 인물에 관해 정리를 해 보자. 진백과 그의 아내(선영)는 고 3짜리 아들을 둔 중년 부부다. 진백은 사학을 전공하는 대학교수이고, 그의 아내는 전에 교사직을 갖고 있었으나 현재는 조그만 프로덕션에서 연출 일을 하고 있다. 결혼을 하고 나서 선영은 남편의 공부를 위해 내조하겠다며 교직을 그만두었다. 그러나 아이 둘을 낳고 남편이 전임이 되자 눈에서 '사랑의 콩깍지'가 벗겨져 다시 직업을 갖기를 원했고, 마침 생긴 일자리가 프로그램 연출 일이었다. 그 일에 대해 선영은 매우 만족하며, 적극적이고 진취적인 삶을 살게 되는데, 그것은 바로 그녀의 성격이기도 하다. 그래서 선영은 열심히 취재를 하러 다니고, 가끔씩 집을 비우기도 한다. 진백은 그런 아내를 위해 주로 집에서 연구를 하기로 하고, 집안일에도 세심하게 신경 쓴다. 그 결과, 아이들이 진백을 더 따르기도 해서 아내에게 민망하기도 하다. 그렇다고 아내에게 무슨 큰 불만이 있는 것은 아니다. 다만, 아내가 자신의 일에 열중할수록 그만한 부피의 외로움이 밀려오고, 또 서로 고독을 견뎌야 하는 일이 싫을 뿐이다. 이들 부부는 겉으로 보아 아무 문제도 없는 정상적인 모습이다. 그러나 한 꺼풀 들어가 그 속을 들여다보면 자신들도 잘 알지 못하는 가운데, 무관심과 외로움에 흠뻑 젖어있는 것을 알 수 있다.

여성에게 있어 직업적인 일과 가정은 늘 양립하기 어려운 딜레마 가운데 하나일 것이다. 신세대들은 철저하게 서구식 사고방식으로 가사 분담을 하고, 역할 분담을 하여 아무런 갈등 없이 살고들 있지만, 중년을 넘어선 사람들에게 그것은 쉽지 않은 일이다. 겉으로 표현은 하지 않아도, 자기 세계에 함몰하여 일에 몰두하는 아내를 완벽하게 이해한다는 것은 어려운 일일 것이다.

또 한 사람의 인물, 서울역에서 만난 여인도 외로움에 젖어있기는 마찬가지다. 그녀는 대학생 딸을 둔 중년 여인인데, 남편과 이혼을 하고 혼자 살고 있다. 얼마 전까지, 남편에게서 물려받은 남산의 아파트에서 살았는데, 그 아파트가 폭파 해체되어 버려, 말하자면 삶의 보금자리를 박탈당해버린 그런 처지다. 미국으로 가 버린 남편이 아이를 빌미로 다시 결합하자고 했지만, 그녀는 그 '독한 인연'을 다시 맺고 싶지 않아 작은 카페를 운영하며 홀로 살고 있다. 어렸을 때의 집도 전쟁 때 폭파되어 버리고, 얼마 전까지 살던 집도 사라져 버리고, 남편도 멀리 다른 나라로 가 버리고, 딸도 어머니를 만나 주려 하지 않아 몰래 역에 나가 만나려다 못 만나는 등 한 마디로 그녀는 온갖 파란과 곡절을 몸소 겪으며 지치고 힘든 삶을 살고 있는 것이다.

이 세 사람의 인물을 매개해 주는 고리는 '어사용'이라는 갈퀴 나무꾼의 노래와 '비'라고 할 수 있다. 선영은 프로그램을 만드는 일이 아닌데도 개인적인 욕심으로 '어사용'을 부른 노인을 만나기 위해 남도 끝으로 출장을 떠나고, 그것이 미안하여 남편에게 전화를 걸어 아이들 안부를 묻고 기차를 타고 돌아오겠다고 밤늦게 연락을 한다. 말하자면 전화로나마 아내이고 싶어하는 것이다. 진백은 아내에게 약속을 하지 않았으면서도 도착 시간에 맞추어 서울역으로 마중을 나간다. 그것은 진한 애정이나 의무감 때문이 아니다. 그저 그러고 싶은 생각이 들었기 때문이다. 물론 아내도 그런 것을 기대하고 있지는 않다. 마침 비가 내린다. 그냥 맞기 어려운 거센 빗줄기다. 서울역은 오랜만에 나와 본 진백에게 낯설기만 하다. 그들 부부가 연애 시절에 자주 이용했던 그릴은 박물관 사무실로 바뀌었고, 대합실도 전시실로 변해 버렸다. 승객의 출구도 둘이어서 진백은 아내를 만나지 못한다. 그 여인도 딸을 만나지 못한다. 비는 계속 거세게 내린다. 잠시 비를 피하기 위해 진백의 차에 그 여인이 타게 되고, 이왕 가는 길이니 데려다 주겠다며 진백은 여인의 거처로 간다. 차라도 한 잔 하고 가라며 여인이 들어오라고 하고, 둘은 가볍게 술을 나누어 마신다. 젖은 양말을 말리라고 하여 그는 양말을 벗고, 여인은 그걸 말려 주겠다며 빤다. 진백은 낯선 남자의 양말을 빨아주는 여인에게서 아름다움을 느낀다. 잠시 눈을 붙인다고 누워 있는 사이, 여인은 새 양말을 신겨 주고 싶어 밖에 나갔다가 들어온다. 그런 여인에게서 진백은 따뜻하고 아름다운 감정을 읽게 되고, 그들은 잠시 뜨거운 인연을 맺는다. 그것은 부정함이나 추함을 느끼게 하지 않는 행위이다. 부도덕한 모습도 아니다. 마치 동화 속의 이야기처럼 밝고 깨끗하다. 어쩌면 그것은 현실적으로 일어나지 않은 환상인지도 모른다. 잠재의식 속에 상존하는 원초적 기대나 욕구의 상상적 충족일 수도 있다.

이 작품의 또 다른 장치, '서울역'도 세심히 생각해 볼 필요가 있다. 그것은 단순한 공간적 배경의 기능을 넘어서는 의미로 작용하고 있다. 역은 사람이 떠나기도 하고 돌아오기도 하는 곳이다. 다시 말해서 출발과 도착이 동시에 이루어지는 원점이다. 우리 인생으로 말하면, 만남과 이별, 삶과 죽음, 더 나아가 희망과 좌절, 시련과 극복, 성공과 실패, 그러한 이원적 궤적이 혼재하는 곳이 바로 역인 것이다. 이 역에서 진백은 과거 시골의 교사직에 있던 선영을 만나 가끔 시간을 보냈다. 아내를 마중 나온 진백은 이상이라는 문인이 이 역의 티룸에 나와 차를 마셨다는 작품을 기억해냈고, 아내와 차를 마셨던 그릴을 찾아본다. 그러나 그곳은 없어져 버렸다. 그만큼 세월이 흘러간 것이다. 그 세월은 고스란히 그와 그의 아내에게도 적용된다. 여인에게도 역은 단순한 공간 이상의 의미를 갖는다. 딸을 만날 수 있는 가능성, 또 그녀의 근원적 외로움을 덜어 줄 수 있는 그런 상징적 공간인 것이다. 거기에다가 '비'라는 이중적 장치가 곁들여진다. 그녀 역시 없어져 버린 그릴을 찾는다는 것은 두 사람이 만날 수 있게 되는 직접적 복선이 된다.

두 사람의 만남은 어찌 보면 우연일 수도 있고, 통속적으로 보일 수도 있다. 하지만, 중년을 넘어선 나이의 사람들이 타산이나 욕정을 넘어서 따뜻하고 아름다운 만남을 가질 수 있다는 것은 더욱 우리 마음을 밝게 해준다. 이 세상은 거칠고 삭막하다고 입버릇처럼 말들 하지만, 우리 삶의 과정에는 이처럼 순결한 결도 얼마든지 있을 수 있는 것이다. 이들의 이런 만남을 가능하게 해 주는 것은 그들에게 그것을 열고 들어갈 수 있는 외로움이라는 열쇠가 함께 구비되었기 때문이다. 외로움이란 누구의 마음속에도 있는 근원적 속성의 그런 것이다. 우리는 그것을 잊고 살지만, 어느 때 문득 그것은 우리 삶의 표면 위로 불쑥 머리를 들고 올라온다. 특히 물질적 풍요와 세속적 행복을 위해 매진하는 젊은 시절을 지나 자기 인생을 되돌아볼 중년 나이쯤 되면, 어느 경우 그것은 예고도 없이 나타나 사람을 한없이 쓸쓸하고 외롭게 만든다. 모든 것이 잘 갖추어지고, 남들에게 부럽게 보이는 삶을 살고 있는 사람에게도 그것은 예외가 없다. 물론 그것을 가볍게 물리쳐 버리고 사는 사람도 있기는 하지만, 그런 것에 젖어있는 모습은 가장 인간적이며 진솔한 모습이기도 할 것이다.

이 작품의 제목 '갈퀴 나무꾼'은 두 가지 이미지를 갖고 있다. 하나는 나무의 양식을 빼앗아 오는 약탈자의 모습이고, 또 하나는 흩어져 있는 나뭇잎 하나하나를 긁어모으는 풍요로운 모습이다. 전자는 어쩔 수 없이 이해해 주고 의무감으로 사랑해 주어야 하는 일에 몰두하는 아내 쪽에, 그리고 후자는 외로움을 긁어모아 포근하게 불을 지펴 줄 수 있는 여인에게 대응시킬 수도 있을 것이다. 어쨌든, 평범하면서도 일면 통속적이기도 한 성격의 제재를 가지고, 감상성에 빠지지 않고 지적 긴장감을 늦추지 않으면서 우리 삶의 근원적 뿌리에 접근하고 있는 이 작품은, 오랫동안 소설을 연구하고 가르치며 창작해 온 작가의 탁월한 역량을 여실히 보여 주고 있다. 우리는 이 작품을 통해 우리 삶에 내재하고 있는 근본적 본질을 체감하는 동시에, 모범적인 단편의 문법을 즐길 수도 있어서 두 가지 기쁨을 함께 누리게 된다.

4. 언어와 소통, 그리고 사랑

엄창석/ 「목격자」

흔히 말하기를 언어는 사람만이 가진 것이고, 그 의사 소통의 도구로 인해 인류의 문명이 가능해졌다고 한다. 과연 그런가. 혹 그런 주장은 인간들만의 착각이 아닐까. 그건 인간들의 말에서만 성립하는 이기적인 언어가 아닐까.

어떤 사람들은 사람 아닌 동물에게도 말이 있고, 심지어는 식물에게도 말이 있다고 한다. 그들에게도 감정이 있어 음악을 들을 수 있고 아름다움을 느낄 줄 안다고 안다. 칭찬을 하거나 멋진 음악을 들려 준 식물은 빨리 자라고 맛있는 열매가 열리며, 욕을 하거나 소음 속에 놓아 둔 식물은 성장이 느리고 못 생긴 열매가 열린다고 한다.

그런데 언어는 분명 유용한 소통의 도구이긴 하지만 어떤 존재 사이의 완벽한 교감을 담보해 주지는 못한다. 이는 언어의 불구성 때문이다. 우리는 종종 가장 정교한 언어로도 의사소통이 되지 않아 일어나는 비극을 경험한다. 우리 조상들은 이 비극을 극복하기 위해 부단히 명징한 언어 개발에 고심해 왔다. 그렇게 하여 쌓인 것이 바로 우리의 삶이고 역사일 것이다.

반면 인간들은 적확한 의사 전달을 소망하면서도 자꾸만 불소통의 언어를 개발하는 모순을 즐기기도 한다. 요즘 외계어라고 불리는 인터넷 신조어들이 난무하는 것은 그 단적인 예라 할 수 있다. 문학의 언어는 겉으로 볼 때 불소통의 언어 모습을 하고 있다. 소통을 지향하면서 동시에 불소통 장치의 외피에 싸여 있는 모순의 언어가 바로 문학의 언어인 것이다.

언어가 가진 이런 양면성은 인간의 삶에도 그대로 반영된다. 예컨대 인간들은 현재 최고의 문명과 쾌락을 누리고 살면서도 동시에 그 어떤 생명체보다 고통과 비극이 혼재하는 생활을 하고 있다. 이런 이율배반적인 모습은 명백히 아이러니고 패러독스다. 이는 인간의 언어가 지닌 이중적 모순과 상당 부분 상통하는 바가 있다 할 수 있다.

엄창석의 **「목격자」**(내일을 여는 작가 38호(2005 봄호))는 일인칭 개를 화자로 하고 있는 특이한 소설이다. 대개 우화소설이 그런 형식을 취하는 게 보통인데 이 작품은 우화가 아니고 살인 사건을 소재로 한 추리적 기법의 소설이다. 작품 전체를 통해 개는 사람의 말을 잘 알아듣고 있으나 사람들은 그 개의 말을 전혀 알아듣지 못한다. 작품 말미에 개의 말을 사람의 말로 번역해 주는 최신 기계 장치가 동원되지만 그 기계조차 정확한 의사 소통의 기능을 수행해 주지는 못한다.

이 작품은 흥미진진한 스토리를 갖고 있지 않다. 살인 사건을 제재로 했으면서도 독자의 긴장을 극대화하는 서스펜스 같은 것도 없다. 오히려 진부할 정도로 식상한 내용이며 결말도 독자들이 충분히 예견할 수 있는 구조다. 추리소설의 구조로는 허전한 느낌을 줄 정도다. 그럼에도 이 작품이 완성도 높은 작품성을 획득하는 이유는 뭘까. 바로 서술 방법의 새로움에 그 해답이 들어 있다.

작품의 줄거리는 간단하다. 화자의 주인 아씨인 혜지는 미술대학을 졸업하고 학원 선생을 하던 여자인데, 기름밥 먹는 남식이를 좋아하나 언어의 불통(오류동과 미류동의 혼동)으로 충동적인 결별을 하고, 술과 다른 남자들을 만나는 것으로 자기학대를 하다가, 바텐더와의 정사 장면을 목격한 남식의 우발적인 범행으로 세상을 떠난다는 게 이 작품의 내용이다. 자고 나면 보고 듣는 흔하디 흔한 시정의 일상사며, 신문 사회면의 엽기적인 가십만큼도 흥미를 주지 못하는 평범한 이야기에 불과하다.

그런데 작가는 이런 '평범한' 내용을 '비범한' 작품으로 변환하는 놀라운 재주를 보여준다. 살인자도, 수사관도, 피해자나 그 가족도 아닌 개를 화자로 설정하여 서술의 중심에 놓는다. 개가 사람을 무는 것은 뉴스가 못돼도 사람이 개를 물면 뉴스가 된다는 말처럼 개가 화자로 등장하자 금세 평범했던 이야기가 번득이는 생기를 얻게 되는 것이다.

수사를 맡은 경찰에서는 범인을 잡기 위해 노력을 하다가 실패하자 혜지가 기르던 개인 화자를 동원한다. 살인 현장을 목격한 유일한 존재이며, 피해자와 가족처럼 살았고, 특히 사람들이 나타났을 때 시체 곁을 지키고 있었다는 점이 그 이유다. 살인 용의자들과 개가 대질되고, 개 전문가가 개의 반응을 살핀다. 그러나 바텐더와 복어집 배달부가 개의 반응으로 용의선상에 오르나 곧 확실한 알리바이로 혐의를 벗는다. 마지막으로 대질하게 되는 사람이 범인인 남식이다. 개는 그가 범인이라고 분명히 지적을 한다. 그러나 최신 동물 언어 번역기계에는 개의 범인 지적 반응이 '당신을 사랑해'였다고 나온다.

이 작품은 범인이 누구인가 밝히는 데 초점이 있지 않다. 오히려 소통이 제대로 되지 않아 비극을 맞은 두 사람(혜지와 남식)의 사랑 이야기가 중심이라 할 수 있다. 그들이 서로 좋아하면서도 자존심과 체면 때문에 마음속에 있는 말과 다른 말이 튀어나올 수밖에 없고, 끝내 영원한 결별에 이르는 이유는 뭔가. 바로 인간의 허위 의식 때문이 아닐까. 그 허위 의식을 대변하는 게 바로 인간의 언어다. 아무리 정성을 다해 노력한다 해도 인간의 말로는 가슴속의 마음을 정확히 표현할 수 없다. 언어 전문가라 해도 그것은 불가능하다. 마치 신과 인간의 사이가 불통인 것처럼 말이다.

반면 개를 포함한 동물들은 어떤가. '그들은 후각, 촉각, 전파, 색깔 등 다양한 언어를 가지고 있다. 만국공통어인 그것은 신이 인간 외의 동물들에게만 부여한 특권이다. 그에 비해 자모음 체계를 이용하는 인간의 언어는 취약할 수밖에 없다. 원래는 사람도 섬세한 감각을 소유하고 있었는데 자모음 체계의 언어에 의존하게 되면서 그것을 다 버렸다.'(작품 내용에서 요약) 이런 자모음 체계의 언어만으로는 섬세한 감정을 표현할 수도 없고 당연히 그게 전달될 수도 없다.

이런 불구적 인간의 사랑과는 대조적으로 화자인 개와 순자라는 금발 요크셔테리어 개와의 사랑은 아름답다. 물론 잡종이라 하여 접근이 금지되기는 하지만, 쏟아지는 빗속에서 화자는 순자가 있는 2층을 올려다보며 울고, 순자 또한 커튼 틈으로 앞발을 들고 밖을 내려다보며 우는 장면은 신분이나 외모를 떠난 순수한 사랑의 극치를 보여준다. 스피치 잡종에 불과한 작고 배고픈 화자에게 먹을 것을 나눠주는 큰 덩치의 그레이하운드 또한 깨끗한 마음의 소유자다. 인간에서와 달리 개들 세계에서는 어떻게 그런 일이 가능한가. 그 열쇠는 바로 그들의 언어에 있는 게 아닐까.

인간의 언어에는 대개 음흉한 계산과 칙칙한 음모가 배어 있다. 따라서 상대방의 말을 들으면서 끊임없이 그 저의를 생각해야 하고 은닉된 의미를 따져야 한다. 표면적 의미와 이면적 의미를 나누어 수용해야 하고, 신경을 곤두세우지 않으면 상대의 말을 알아들을 수 없다. 순간적인 의미 수용의 착오로 큰 불이익과 불행이 초래될 수도 있다. 이 얼마나 골치 아프고 피곤한 일인가.

반면에 개의 언어는 단순하다. 그렇지만 거기에는 속임수도 없고 숨겨 놓은 복선도 없다. 온몸으로 표현하는 진정성과 순수성만 있다. 완벽한 소통이 가능한 것이다. 이 점에서만 보면 개들은 인간보다 훨씬 행복한 존재들인지도 모른다.

이런 간극을 좁히고자 작가는 조심스레 인간과 동물들의 소통 문제도 작품 속에 던져 놓고 있다. 주인이었던 혜지와 화자의 만남은 우연이다. 시장에서 동생을 치어 죽인 오토바이를 피해 무작정 달리다가 열려진 자동차 창문으로 뛰어들어 그들은 만나게 된다. 혜지는 화자와 같이 발가벗고 목욕을 하기도 하고, 화자는 주인이 발톱을 깎는 사이 혜지의 허벅지 사이에 얼굴을 묻기도 한다. 또한 주인은 물기를 말려주다 화자의 성기를 톡톡 치기도 하고 젖가슴에 코가 물컹할 정도로 화자를 껴안기도 한다. 이런 관능적인 행위는 모두 혜지가 남식과 헤어지고 난 뒤의 일들이다. 다시 말해 화자는 남식의 훌륭한 대리인 역할을 하는 것이다. 그러나 이런 관계는 아무 개에게나 가능한 게 아니다. 오직 주인과 화자 사이에서만 일어날 수 있는 일이다. 거기에는 인간의 언어로 표현할 수 없는 그들만의 소통이 있었기에 가능한 것이다. 따라서 바텐더와 정사를 하는 아씨를 보면서 화자는 그게 무엇을 하는 것이라는 걸 잘 알면서도 아씨가 죽을지 모른다는 생각을 하는 것은 당연하다 할 것이다.

이 세상의 모든 사물은 독립적으로 존재하는 듯하면서도 무수한 인연으로 얽혀 상호 관계 속에 존재하고 있다. 그들 사이를 이어주는 것은 자모음 체계의 인간 언어가 되었든 아니면 동물들의 섬세한 감각 언어가 되었든 언어밖에 없다. 그런데 종종 사람들은 자기들만의 언어로 사물을 재단하는 횡포를 부린다. 자기중심적인 이기주의로 상대방을 인정하지 않는데서 관계는 파탄되기 시작한다. 주인이 화자에게 옷을 입혀 밖에 내보냈을 때 화자가 사람들이 옷을 몽땅 벗고 나다니는 것 같은 창피함을 느끼는 것은 그 대표적인 예라 할 것이다. 이 작품은 언어로 소통이 가능하리라는 막연한 상식에 대해 의문을 던진다. 그리고 존재들 사이의 소통은 불구의 언어가 아니라 상호 이해와 사랑에 의해서만 가능하다는 메시지를 제기한다. 이 평범한 '진실'을 말하기 위해 작가는 개를 화자로 등장시키는 테크닉을 발휘했고, 그것은 우리 상식을 깊은 곳에서 점검하는 장치로 활력 있게 작용한다.

5. 섬김이라는 이름의 폭력

김종광/「세족식」

김종광의 소설은 재미있다. 그 재미는 그가 다루는 소재에서 오는 것이 아니다. 그가 다루는 소재와 다른 작가가 다루는 소재는 별 차이가 없다. 그럼에도 그의 소설이 재미있는 것은 이야기를 전달하는 방식의 독특함 때문이다. 때로 그것은 재기발랄한 언어 사용으로 나타나기도 하고, 능청스러울 정도의 여유로운 표현으로 구현되기도 한다. 아니 그보다 더 본질적인 것이 따로 있을지도 모르겠다. 즉 평범한 사람들의 공감대를 자극하는 현실 비판, 혹은 강한 것에 대한 날카로운 공격이 주는 짜릿함이 더 큰 이유가 될지도 모르겠다.

그의 소설에는 젊은 사람들의 감성을 사로잡는 현실감이 넘친다. 그렇다고 해서 특정 세대들의 구미에만 맞추지는 않는다. 그의 소설은 나이가 많은 사람들의 느긋함도 배반하지 않는다. 이처럼 그는 다른 사람이 따라오기 어려운 타고난 이야기꾼의 솜씨를 가지고 있다. 한번 빠지면 헤어나기 어려운 재미를 선사하던 옛 전기수(傳奇叟)의 혼이 환생했는지도 모른다. 한 마디로 그의 소설에서는 나이답지 않게 노숙한 맛이 난다. 그는 이런 작가적 특질을 『경찰서여 안녕』이나 『모내기 블루스』라는 작품집을 통해 유감없이 보여주었다. 지금까지 그가 거둔 성과만 가지고 보더라도 젊은 나이에 이미 나름의 자기 세계를 구축하고 있는 보기 드문 작가라는 평가는 결코 과장된 것이라고 할 수 없을 것이다.

「**세족식**」(『내일을 여는 작가』 51호, 2008년 여름호)도 이전 그의 작품과 다름없이 재치 있는 언어 구사와 함께 소도시 학원 원장이라는 권력에 대해 예리한 비판의 칼날을 들이대고 있는 아주 재미있는 소설이다.

이 작품의 화자는 강쇠라는 호구시 빛나라 학원의 국어 과목 담당 강사다. 소설의 내용은 그리 복잡할 것이 없다. 소도시 학원에서 벌어진 사건이 중심이며 학원의 강사가 제자들의 발을 닦아 준다는 이야기가 중심제재이다. 그 과정에서 벌어지는 인물들 간의 갈등과 충돌이 처음부터 끝까지 재치 있고 긴장감 있게 전개된다.

강쇠는 초등학교와 중학교 시절 빛나라 학원을 7년 동안 다녔다. 말썽꾸러기였고 문제아였기 때문에 다른 학원은 다닐 수가 없어서 빛나라 학원에 다녔고, 따라서 그 학원의 설립자이자 선생이었던 현재 원장인 혈녀와는 질긴 인연을 지닌 사제 관계이다. 그가 다닌 호구고등학교는 자정까지 학생들을 잡아 놓고 자습을 시키는 바람에 고교 시절에는 학원에 다닐 수가 없었다. 그는 수도권 대학의 제2캠퍼스에 있는 학과에 진학해서 다니다가 고향에 내려와 마침 그 학원의 강사 급구 광고를 보고 찾아갔는데, 원장이 선선하게 뽑아줘서 강사로 일하게 되었다. 80년대 초 호구시 최초의 학원 설립으로 돈을 많이 번 혈녀는 현재 수십 개로 불어난 입시 학원들의 경쟁 속에서 자기 학원 학생들 성적이 잘 나오지 않아 짜증이 이만저만이 아니다. 닦달당하는 것은 당연히 강사들이다. 혈녀는 젊은 시절 학생들을 가르치다가 아기를 출산한 연유로 혈녀라는 별명을 얻은 데서 보듯이 일과 돈에 욕심이 대단한 여자다. 특히 경쟁 관계 학원 학생들보다 진단고사 평가 점수가 낮게 나오자 특단의 대책을 고심하고 있다. 그때 사회담당 예수녀라는 강사가 제자들의 발을 씻겨 주는 세족식을 하자고 제안

한다. 혈녀 원장은 뭔가 분위기를 바꿀 계기를 찾던 중이라 그 제안에 반색을 한다. 그러나 원장이 의견을 물었을 때 강쇠나 독서광 강사는 그런 형식적인 퍼포먼스에는 반대를 한다. 차라리 수강료를 깎아 주거나 하는 실질적인 것이 더 낫지 않겠느냐는 의견을 말한다. 하지만 원장의 의견대로 세족식을 하는 것이 결정이 되고, 예수녀는 업무 분담을 위시한 상세한 행사 계획서를 작성해서 발표한다. 강쇠에게는 기자 섭외와 광고 업무가 배당된다. 마음에 들지는 않지만 그는 고등학교 동문 관계를 활용하여 보도 자료를 만들어 기자들에게 보내고 전화도 하면서 자신에게 맡겨진 업무를 수행한다. 밤늦게 그 업무가 끝났을 때 독서광이 술에 취해 전화를 걸어온다. 그들은 술을 많이 마셨고, 서로 의견이 충돌하는 와중에 독서광이 휘두른 술병에 맞아 강쇠가 머리를 다친다. 강쇠는 다친 머리로 강의를 계속한다. 세족식이 내일로 다가온 날 자정에 강쇠의 숙소로 꽃금이가 찾아온다. 강쇠를 좋아하는 고3여학생이다. 그들은 한때 금지된 선을 넘을 뻔했던 사이이기도 하다. 강쇠는 꽃금이의 발을 씻겨 주겠다고 제의하고, 형식이나 일시적 행사가 아닌 진심으로, 새벽부터 밤늦게까지 입시 공부에 심신이 지칠 대로 지친 꽃금이의 더러운 발을 정성스레 씻겨 준다.

이상이 이 작품의 경개다. 그러면 이를 바탕으로 이 작품에 가진 의미에 대해 몇 가지 생각해 보기로 하자. 우선 작품의 공간적 배경이 되고 있는 호구시라는 지명 설정이나 작품 속의 인물에 붙여진 이름부터가 예사롭지 않다. 호구라는 단어는 호랑이 입이라는 뜻의 바둑 용어이기도 하지만, 만만한 대상을 일컫는 사회적 은어이기도 하다. 보수성이 강하기 마련인 지명에 이런 이름이 있을 리 없다. 작가는 일부러 이런 상식을 벗어난 이름을 부여하여 그 도시를 조소거리로 만들고 있는 것이다.

이와 같은 현상은 인물들의 이름에서도 그대로 나타난다. 물론 이 작품 속의 인물들은 원래의 자기 이름을 가지고 있다. 그러나 작품 속에서는 그 이름 대신 특별한 이름이 사용되고 있다. 강쇠는 학원에 다닐 때 여학생을 못 살게 구는 것을 보고 원장이 '네가 변강쇠냐' 했던 데서 붙여진 이름이다. 다른 인물들의 이름도 비슷한 내력을 지니고 있다. 독실한 크리스천이라서 붙여진 예수녀, 책을 엄청나게 많이 읽었다 해서 붙여진 독서광, 애들 가르치다 아기를 낳았다 해서 붙여진 혈녀, 그밖에도 수학강사 무관심, 수학강사 짱웃겨, 국어강사 꾸부정, 영어강사 원어민, 초등담당 백설공주, 혈녀 남편 뚱뚱온달 등 하나같이 우스꽝스러운 이름을 가지고 있다.

이름이란 무엇인가. 비슷한 여럿의 사물이 혼동되는 것을 피하기 위해 구별의 필요성으로 생긴 것이 이름이다. 따라서 초기의 이름은 그 사물의 특징을 드러내는 것으로 붙여지는 것이 통례라 할 수 있다. 사람 이름의 경우도 마찬가지다. 당연히 먼 옛날 사람의 이름은 오늘날과는 달랐을 것이다. 예컨대 그 사람만의 특징을 드러내야 구별이 쉬워지므로 오늘날의 별명처럼 키다리, 뚱뚱이, 점박이 등과 같은 이름이 많이 사용되었을 것이다. 여러 해 전에 상영되었던 '늑대와 함께 춤을'이라는 영화에서 인디언들의 이름이 바로 그런 식으로 붙여진 예라 할 수 있다.

인구가 늘어나고 집단생활이 보편화되면서 별명만 가지고는 구별이 되지 않을 때(비슷한 별명을 가진 사람이 많으면 그 효용성이 금세 떨어진다.) 오늘날과 유사한 이름이 생겨났을 것이다. 거기에 더해 우리의 경우 한자 사용이 일상화되면서 이왕이면 좋은 의미를 가진 글자를 골라 이름을 짓기 시작했을 것이고, 그 글자들과 관련된 운명론적인 믿음이 추가되면서 이름을 둘러싼 온갖 논리와 주장이 생겨났다고 볼 수 있다. 그러나 이름에 대해 운명과 관련하여 지나치게 집착하는 것은 미신을 믿는 것과 다름없다. 부르기 쉽고, 뜻이 좋으며, 기억하기 쉬운 이름이면 좋은 이름이다. 다른 사람과 구별되기만 하면 이름의 애초 기능은 충분히 달성되었다고 볼 수 있기 때문이다.

소설 이론에서는 작중인물의 이름 붙이는 것을 애펠레이션(혹은 네이밍)이라고 한다. '작중인물의 이름 부여는 가장 간단한 성격 창조'라고 말하는 학자도 있다. 그만큼 작중인물의 이름은 최대의 효과를 고려하여 신중하게 붙여지는 것이다. 부모가 사랑하는 자녀의 이름을 지을 때 아무렇게나 짓지 않듯이 작가는 자신이 창조한 인물의 이름을 지을 때 결코 아무 의도 없이 붙이지는 않을 것이다. 따라서 소설을 읽을 때 작중인물의 이름을 잘 분석해 보면 그 작품에 담긴 작가의 의도를 짐작하는 데 많은 시사(示唆)를 얻을 수 있다. 작중인물 이름은 그 작품의 비밀을 여는 열쇠와 같다는 비유가 나오는 이유가 여기에 있다.

네이밍의 방법으로는 음성 상징을 이용하거나, 기존의 이름을 변형해서 사용하거나, 교훈적인 의도를 담은 글자를 사용하거나, 장래 소망과 관련된 상징적 뜻을 담은 글자를 이용하거나, 유명한 역사적 인물의 이름을 끌어다 쓰는 인유(引喩)적 방법 등이 있다. 또한 인물을 추상화하고자 할 때는 이니셜을 사용하기도 하고, 이름 대신 직급이나 직업, 혹은 호칭으로 대체하는 경우도 있다. 이런 다양한 이름 붙이기는 작가의 의도에 따라 적절하게 선택되는 것이다.

이 작품에 나오는 작중인물들은 거개가 본명 대신 별명으로 호칭되고 있다. 이는 일단 인물들의 본명을 사용했을 때 그 이름에서 초래될 수 있는 여러 상상과 정보를 차단하는 기능을 수행한다. 그러면서 그 인물을 단순화시켜 성격을 구현하는 데 상당 부분 조력한다. 작가는 이런 효과를 잘 알고 있기 때문에 별명을 통해 이를 적절하게 활용하고 있는 것이다. 동시에 이 이름들은 통상적인 이름에 비해 인물을 희화화하는 역할로도 강하게 작용한다. 해학과 풍자의 수단으로 흔히 조소와 경멸 등이 많이 사용되는데, 이 별명들은 그 형태나 조어(造語)에 있어서 매우 희화적이어서 결과적으로 풍자적인 작품 효과를 달성하는 데 크게 기여하고 있다고 볼 수 있다.

다음으로 볼 것은 이 작품에 나타난 작가의 현실에 대한 태도다. 일찍이 최재서가 말했듯이 작가는 현실에 대해 세 가지 태도를 가질 수 있다. 거부적 태도, 수용적 태도, 비판적 태도가 그것이다. 수용적 태도가 현실과의 야합이나 타협이라는 비판을 받을 수 있는 반면 거부적 태도는 자칫 작가 생활 자체를 걸어야 하는 배타적 태도라고 할 수 있다. 이런 양극단을 피하면서 지식인으로서 현실에 대해 가질 수 있는 가장 바람직한 태도가 바로 비평적 태도다. 이 비평적 태도를 구현하는 데 가장 적합한 방식은 풍자이다. 풍자는 도덕적 우위를 점한 상태에서 대상에 대한 우회적 공격을 통해 그 잘못을 비판하면서 그를 통해 결과적으로 풍속을 개량하고 사회를 교정하기 위한 교훈적 목적의 창작 기법이다. 우회적 공격을 이해하기 위해서는 고도의 지성이 필요하며 따라서 이 기법은 매우 고급스러운 축에 들어간다. 우리 문학사에서 풍자의 기법을 성공적으로 구현한 거의 유일한 작가는 채만식이다. 그리고 그 계보를 잇는 작가 중에 이문구가 있고, 이문구의 뒤를 잇는 작가라는 평을 받는 작가가 바로 이 작품의 작가인 김종광이다.

그래서 그런지 그를 가리켜 동향(同鄕)의 선배 작가였던 이문구를 빼

닮았다고 하는 사람이 많다. 실제로 구수한 충청도의 방언을 능숙하게 구사하는 솜씨하며, 후기 산업 사회의 급변하는 농촌 환경과 거기에서 살아가는 사람들의 애환을 다루는 제재의 유사성이며, 현실에 대한 풍자의 태도 등이 상당히 많이 닮아 있다. 물론 표면적인 몇몇 유사성만을 근거로 영향의 수수 관계를 단정하는 것은 매우 위험한 일이다. 이는 비교문학의 초보적 경계 사항이기도 하다. 그러나 한 작가가 아무리 독창적이고 창의적인 창작 활동을 한다 해도 선배 작가의 영향에서 완전히 자유로울 수 있는 사람은 아무도 없다. 유형무형으로 선배 작가로부터의 전승, 또는 반면교사로서의 교육이 바탕이 되어 한 작가가 탄생하는 것은 부정할 수 없는 사실이다. 그것은 부끄러운 일도 아니고 감출 일도 아니다. 아주 자연스럽고 정상적인 현상인 것이다.

이 작품을 읽다 보면 이문구가 「우리 동네…」 연작에서 보여 주었던 기교와 수법들로 채색되어 있다는 느낌이 든다. 단정할 수는 없는 일이지만, 배경과 인물만 다를 뿐 이야기를 끌고 나가는 방식이나 작품에 나타나는 분위기 등은 꽤 닮아 있다는 생각이다. 물론 이문구가 설정한 권력은 정권 차원의 현실 권력이고, 김종광이 설정한 권력은 소도시의 학원 원장이라는 차이가 있다. 하지만 학원 원장이 강사의 채용과 해고에 절대적인 권력을 행사한다는 점을 고려하면 둘 사이에 본질적으로 다른 점은 없다. 학원 원장은 강사들에게 있어 절대적인 권력인 것이다.

권력은 스스로의 존립과 유지를 위해 태생적으로 폭압을 수반할 수밖에 없다. 반대파들을 자리와 권력의 분점이라는 유혹으로 회유할 수도 있지만, 대개는 폭력을 통해 문제를 해결하는 게 손쉽고 편리하다. 그렇게 반대파들을 물리치고 나면 권력은 기득권이 되고 일단 형성된 기득권은 갈수록 더욱 공고해지고 강력해지게 마련이다. 문제는 이 권력에 대해 저항하고 비판하는 세력은 항상 외롭고 힘든 싸움을 해야 한다는 것이다. 그리고 그 결과는 대개 참담한 패배로 귀결되는 게 보통이다. 때로는 그 패배가 파멸로 이어지는 경우도 드물지 않다. 따라서 권력에 대해 직접적인 저항을 한다는 것은 자기희생이 전제되어야 가능한 일이라고 할 수 있다. 하지만 자기희생이 두려워 저항을 포기한다면 그 권력은 더욱 강성해져서 구성원들을 억압할 것이다. 억압에서 더 나아가 사람다운 삶을 박탈할지도 모른다. 어느 시대, 사회에서나 권력에 대한 감시와 비판이 필요한 이유가 여기에 있다.

경우에 따라서는 권력에 대한 직접적인 저항이나 비판보다도 권력의 부당함을 폭로, 확산시키는 간접적인 방식이 권력에 대한 감시와 개선에 더욱 효과적일 수 있다. 오히려 많은 사람들에게 부당한 권력의 잘못을 인식시켜 저항의 힘을 결집하는 데는 간접적인 방식이 더 나을 수도 있다. 이 간접적인 방식이 바로 비평적 태도의 풍자인 것이다.

이 작품에 나오는 원장은 45세의 열혈 여장부다. 강사들의 신분에 대해 절대적인 권력을 행사하는 인물이다. 그녀 앞에 강사들은 한낱 소모품에 불과하다. 그들은 인격체가 아니라 자본을 늘리기 위한 수단에 지나지 않는다. 학원의 생명은 학생들의 시험 점수에 달려 있다. 모든 수단과 방법을 동원해서 경쟁 학원보다 높은 점수를 받아야 살아남는다. 아이들의 성적을 올릴 수만 있다면 어떤 일이라도 할 준비가 되어 있는 인물이다. 마침 진단 평가 결과가 나왔는데 경쟁 학원에 비해 점수가 낮게 나왔다. 당장 발등에 불이 떨어졌다. 대책을 강구하기 위한 고민이 시작된다.

그때 문득 대학 총장이 학생들 발을 씻겨 주는 사진과 기사가 눈에 띈

다. 그것을 계기로 예수녀가 제안을 하고 원장이 이를 받아들여 제자들의 세족식을 하기로 결정이 된다. 등록금을 대폭 올려놓고 여학생 발이나 씻겨 주는 것으로 '이미지 정치'를 하는 총장도 우스꽝스럽지만, 그것을 본떠 학원 제자들의 발을 씻겨 주는 의식을 하자고 강요하는 원장이나 아무 생각 없이 추종하는 강사들도 다를 게 하나도 없다. 독서광과 강쇠가 반발을 하지만 그것은 오히려 원장의 의지에 부채질을 해 주는 것이나 다름없다.

세족식이 무엇이던가. 예수녀가 강쇠에게 설명해준 것처럼 그것은 원래 예수가 제자들의 발을 씻겨 준데서 유래한 것이다.

> 원래 세족식이 아니고 세족례였어요. 요한복음 13장 1절-15절에 있습니다. 하나님 아버지께서는 십자가로 가시기 전날 밤, 최후의 만찬을 집행하기 전에 12제자들의 발을 씻겨 주셨습니다. 하나님 아버지께서는 몸소 제자들의 발을 씻김으로써 '섬기는 자세'를 보여 주셨습니다. 뜻을 헤아리지 못하는 제자들에게 '너희도 내가 한 것처럼 행하라'고 말씀하셨습니다. 하나님 아버지께서 행하셨던 세족례의 의미는 섬김과 낮아짐에 있습니다. 다른 이의 발을 씻긴다는 것은 동서양을 막론하고 노예나 천한 자가 높은 이들에게 행하던 일입니다. 그러니 영광의 왕이신 하나님 아버지께서 제자들을 향해 세족식을 행하셨다는 것은 너무나 가슴 떨리고 감동적인 일이었습니다.(p.148)

이런 '섬김과 낮아짐'의 세족례가 등록금 폭등 여론 무마와 학원의 분위기 쇄신용으로 둔갑하는 것 자체가 코미디가 아닐 수 없다. 목적을 위해서 수단을 가리지 않는 천박한 태도의 전형인 것이다. 그런데 벌거벗은 임금처럼 총장이나 원장만 모르고 있을 뿐 다른 사람들은 그들의 코미디가 가진 정체성을 다 알아채고 있다. 즉 그들 권력은 세족식이라는 정체 모를 '놀이'를 통해 철저하게 자업자득의 조롱을 당하고 있는 셈이다. 권력의 어리석음을 통렬하게 비판하는 것은 곧 의식의 개선으로 이행될 가능성이 농후하다. 이것이 바로 풍자가 가진 교훈적 모습이자 기능인 것이다.

권력은 스스로에 취해 무지하기 때문에 자신에 대한 성찰도 가능하지 않고 현실에 대한 인식도 제대로 할 수가 없다. 반면 권력에 대해 비판적인 사람은 자신과 대상에 대해 정확한 성찰과 인식을 할 수 있다. 하지만 그 알고 있는 것을 실천하기 위해서는 여러 장애와 난관을 돌파해야 한다. 권력의 폭력에 대한 두려움, 자신의 생계 위협에 대한 불안 등이 옳다고 판단된 것에 대한 행동을 가로막는다. 그런 망설임과 주저는 때로 비겁함, 용기 없음으로 자책의 원인이 되고, 그로 인한 가책으로 자책을 넘어 자해까지 가는 경우도 있다.

강쇠는 세족식이라는 것이 도저히 마음에 들지 않고, 하기도 싫지만 원장의 명령에 순응해서 보도 자료를 만들어 언론계에 보내는 일을 한다. 그러나 독서광은 그 계획에 반대한다면서 사표를 쓰고 나간다.

> 저 그만 두겠습니다. 이 따위 쇼, 다시는 못하겠습니다. 저 군대에서 신병 때 발 닦여봤고, 고참 돼서 발 닦아 봤는데 구역질이 나서 미치는 줄 알았습니다.(p.158)

이게 솔직한 심정일 것이다. 아니 가식 없는 진실일 것이다. 남에게 보여 주기 위해, 어떤 순수하지 못한 의도를 달성하기 위해 발을 씻겨 주는 것은 가식이자 허례에 지나지 않을 것이다. 도대체 진심이 담겨 있지 않은 일이 무슨 가치가 있겠는가. 그러나 그 둘 중에 누가 더 옳은지는 쉽게 판단할 수 없는 문제다. 인류 역사에서 무수하게 반복된 명분과 실리의 선택 문제이기 때문이다. 따라서 그들 둘이 술을 마시고 대판 부딪치는 것은 자연스러운 일일지도 모른다.

> 오 비겁한 국어선생님, 오셨구만, 오셨어. 원장 치마폭으로 아예 기어 들어가지 그래. 보도 자료가 써지든가? 네가 무슨 원숭이냐? 마오쩌뚱 홍위병이냐? 왜 그렇게 자존심이 없냐? 너 같은 놈들 때문에 공교육이 망하는 거야. 좆같은 학원 강사 새끼들, 발을 닦아줘? 자기 좆이나 닦아라. 형님, 실망이야, 대실망! 형, 그런 사람 아닌 줄 알았어. 씹 새끼들, 내 발 닦아 주고, 그 다음 날부터 얼마나 갈구던지, 나도 그랬어, 나도 발 한 번 닦아 주고 좆나게 갈궜어. 시발, 왜들 발을 닦고 그래. 아, 등록금은 왜 이렇게 비싼 거야? (중략) 인마, 그래도 넌 행복한 거야. 사표를 마음대로 쓸 수 있잖아. 하지만 그 대학교 교수, 고등학교 교사들을 생각해봐라. 목구멍이 포도청이라고, 일자리 때문에 반항 한번 못해 보고 발 닦았을 거 아니냐? (p.160)

강쇠나 독서광은 비싼 등록금 때문에 학교를 중단하고 학원 강사를 하고 있는 처지다. 독서광이 생활에 여유가 있어서 사표를 던진 건 아니다. 또 강쇠가 자존심이 없어서 사표를 못 쓴 것도 아니다. 둘은 서로 마음이 통하는 사이고 원장의 세족식을 반대하는 입장도 동일하다. 다만 독서광은 강쇠에 비해 좀 젊고 결단력이 있을 뿐이다. 그도 강쇠 나이쯤 되면 강쇠처럼 행동할 가능성이 크다. 따라서 그들 둘은 사표를 쓰고 나갔건, 원장의 지시를 받아 그대로 행동을 하든 본질적으로는 차이가 없는 인물들인 것이다. 이런 인물들이 있기에 원장과 같은 권력의 부당함이 드러날 수 있는 것이고, 또 여러 사람들에게 그것이 널리 알려질 수 있다는 점에서 이들 둘은 매우 소중한 역할을 담당하는 인물이라고 할 수 있다.`

예수녀가 작성한 세족식 프로그램이 2페이지에 걸쳐 장황하게 소개되어 있는 것도 적절한 풍자의 기능으로 작용하고 있다. 여기에는 인근 교회의 도움을 받는 것을 포함하여 세족식의 절차, 준비물, 진행 요령, 업무 분담에 이르기까지 행사 계획이 자세히 나와 있다. 그런데 이 행사 매뉴얼은 유행처럼 번져가는 세족식이 남에게 보여 주고 언론에 알리기 위해 겉으로만 요란할 뿐, 실제로 제자 사랑이나 '섬김과 낮아짐'이라는 세족식의 본질과는 거리가 먼 형식과 허울에 불과하다는 것을 여지없이 폭로하고 있다. 결과적으로 이 계획서는 그 행사를 신랄하게 비꼬고 야유하는 역할을 하면서 동시에 자기 폭로의 고발적 기능을 수행하고 있는 것이다. 마치 채만식이 『태평천하』에서 시침 뚝 떼고 윤직원 영감의 말이나 행동을 묘사하여 그를 비판하는 것과 별반 다를 바 없는 효과를 내고 있는 것이다.

하지만 이 작품에는 그런 날카로운 풍자만 있는 것이 아니다. 따뜻한 인간애가 넘치는 장면도 있다. 바로 작품의 마무리에서 강쇠가 정성스레 꽃금이 발을 씻겨 주는 장면이 거기에 해당한다. 꽃금이는 새벽부터 밤늦게까지 입시 공부에 시달리는 고3 학생이다. 한참 예쁘게 단장하고 아름다움을 자랑해야 할 나이에 생기를 잃은 꽃처럼 지쳐버린 그녀를 위해 강쇠는 자청해서 발을 씻겨 주겠다고 나선다. 무슨 대가를 바라는 것도 아니고 다른 저의가 있는 것도 아니다. 순수하고 사심이 없는 진심에서 우러난 행위다. 어른들의 잘못된 정책으로 인해 희생된 학생들의 젊음, 그에 대한 대속(代贖)의 의미라고도 할 수 있을 것이다. 한때 강쇠를 좋아해서 몸까지 주려 했던 꽃금이는 강쇠에게 발을 맡기고, 강쇠는 피곤에 지친 꽃금이를 조금이라도 위안해 주고자 더러운 발을 정성스레 닦는다. 발을 담근 물이 새까매지자 꽃금이는 부끄러워 '내 발 너무 더럽지요?'하고 묻고, 강쇠는 '비누가 더럽지 네 발이 왜 더럽냐?'하고 대답한다. 세상 그 무엇보다 아름다운 소통이 아닐 수 없다.

권력의 화신인 원장과 대비되는 꽃금이의 순수함은 어느 면에서 삭막한 현실을 넘어서게 하는 힘이 될 수도 있다. 그것은 희망의 다른 이름일 수도 있고 미래에 대한 비전일 수도 있다. 현실에 대한 절망이 아무리 강해도, 권력의 횡포가 극에 달해 출구가 보이지 않는 암흑의 시기에도 희망은 결코 포기될 수가 없다. 그것이 바로 역사를 이끌어 온 동력이고 또 미래를 열어갈 에너지이기 때문이다.

이 작품은 현실에 대한 작가의 의식을 잘 보여주고 있다. 겉으로 보이는 권력이 비록 강해 보일지라도 그것이 부당한 것이라면 언젠가는 괴멸될 수밖에 없다는 것을 작가는 넌지시 에둘러 강조하고 있는 것이다. 즉 일시적으로는 권력이 강압을 행사해서 모든 것을 장악하는 듯해 보이지만 그것이 가진 부당함은 언젠가 반드시 드러나게 되어 있고, 그것은 깨어 있는 지식인을 통해 감추어진 권력의 허상을 희화적으로 폭로하고, 조롱하고, 야유함으로써 가장 효과적으로 달성될 수 있다는 것을 실천적으로 보여주고 있는 것이다. 그런 점에서, 마음에 들지 않는 세족식 강행에 항의하며 사표를 내고 나간 독서광이나, 불만을 겉으로 표현하지 못하고 원장의 지시에 순응하는 강쇠는 표면적으로 보면 원장의 권력에 패배한 인물이지만, 실제로는 부당한 권력을 이겨내는 강인한 역할을 수행하고 있는 인물들이다. 특히 이들의 승리를 빛나게 하는 것은 꽃금이로 상징되는, 생생하게 살아 있는 희망이다.

소설의 위기를 말하는 주장이 점점 설득력을 얻어가고 있는 시대에, 소설의 재미와 함께 소설이 수행해야 할 기능을 여실히 보여주는 작품을 만날 수 있다는 것은 아주 즐거운 일이 아닐 수 없다.

6. 욕망의 질주, 그리고 사람

황석영/『강남몽』

1. 선체험으로서의 '꿈'의 내러티브

다른 동물들도 꿈을 꾸는지는 잘 모르겠으나, 대체로 그것은 인간만이 경험하는 고유한 정신 활동 영역으로 알려져 있다. 그것의 정체가 의식이 쉬는 동안 일어나는 잠재의식의 활동인지, 아니면 앞으로 일어날 일을 예시하는 신비한 징조인지는 쉽게 결론짓기 어려우나 이와 관련된 무수한 이야기들이 인간 역사를 점철하고 있는 것만은 틀림없는 사실이다. 그런데 유사 이래 인류는 하루도 빠짐없이 거의 매일 꿈을 꾸어왔고, 또 수많은 학자들이 이에 대해 연구를 해 왔지만 꿈은 아직도 과학적으로 그 실체가 명확하게 설명이 되지 않는다고 한다. 매일 경험하는 일이지만 좀처럼 손에는 잡히지 않는 괴물, 늘 함께 하고 있지만 도저히 알 수 없는 신기한 현상, 분명 나의 것이지만 동시에 나와 아무 상관없는 자유로운 존재, 그것이 바로 꿈이다. 그런데도 현실적으로 꿈은 개인이나 집단에게 적지 않은 영향력을 행사하고 있고 앞으로도 그럴 것이다. 즉 그 영향이 크든 작든, 혹은 긍정적이든 부정적이든 모든 인간은 꿈으로부터 자유로울 수 없는 존재인 것이다.

다 알다시피 꿈이라는 말은 중의적이다. 불완전한 현재를 극복하여 새로운 미래를 건설하려는 의지와 비전이 꿈의 밝은 속성이라면, 반대로 과거와 현재의 모든 인간 역사나 흥망성쇠가 결국 아무것도 아니라는 니힐리즘의 대명사가 바로 꿈의 어두운 속성이다. 따라서 꿈이라는 단어는 명암을 동시에 포괄하는 불투명함을 그 정체성으로 한다. 그 어휘를 어떤 맥락으로 사용하느냐에 따라 의미가 전혀 달라진다는 말이다.

미완성의 존재나 불완전한 상태의 사물은 항상 완성과 완전을 모방하여 그에 도달하려는 의지를 불태운다. 어린이들이 미래의 자기 모습을 정향(定向)하는 게 바로 그에 해당하는 좋은 예다. 또한 정치권력을 획득한 사람들은 그것을 유지하고 지속하기 위해 집단적 꿈이라는 마술 같은 통계를 즐겨 활용한다. 크고 작은 집단의 지도자들 역시 마찬가지다. 이때의 꿈은 종종 비전이나 목표, 이상, 지향 같은 말로 대체되기도 한다.

반면 지혜로운 선지자들은 인간의 과도한 욕심, 혹은 사회 질서와 안정을 해칠 불안 요소를 미리 경계하기 위해 꿈이라는 전략을 동원한다. 대부분의 인간들이 집착하는 재물이나 권력, 명예 같은 것들이 실은 덧없고 허무한 것이라는 진리를 효율적으로 전달하고 체화시키기 위해 누구나 쉽게 공감할 수 있는 꿈의 장치를 이용하는 것이다. 지혜롭지 못한 인간들이 벗어나기 어려운 눈앞의 현실적 이권이나 이득들이 결국은 한바탕 꿈에 지나지 않는다는 건 아무리 이론으로 설명해도 수용하기 어려운 일인데, 이것을 비슷한 꿈의 내러티브로 환치시켜 제시하면 일종의 선체험 효과로 쉽게 체득시킬 수가 있는 것이다. 석가를 비롯한 종교 지도자들은 종종 이런 방법으로 인간을 교화했다. 또한 수많은 인류의 구전 서사나 문학 작품 속에서도 이런 기법이 다양하게 현실화되었음을 우리는 잘 알고 있다.

일찍이 이러한 꿈의 속성을 파악한 선인들은 현재까지 전해지고 있는 많은 꿈의 서사를 만들어냈고, 또 동서양의 많은 문인들은 이런 형식과 기법의 작품을 다수 창작해냈다. 이런 작품들은 오랜 세월을 거치며 개인 독자들을 교육하는 동시에 인류를 교화해 왔다.

2. 전략으로서의 꿈의 서사

우리 문학사에도 꿈 제재의 서사가 많다. 가락국 건국 신화에서부터 『삼국유사』의 조신 설화를 비롯한 여러 서사는 물론 조선시대의 야담에 이르기까지 꿈을 제재로 한 서사가 헤아리기 어려울 정도로 많이 있다. 특히 불교의 진리를 깨치기 위한 교육이나 유교의 안빈낙도 정신 같은 것을 가르치기 위해 적극적으로 꿈의 양식이 활용되었다. 불교의 수많은 설화나 유교의 이른바 '인생사일장춘몽' 철학의 서사들은 시간이 지날수록 더욱 정교하고 치밀한 꿈의 서사로 발전하였다.

조선시대에 이루어진 꿈의 서사 가운데, 소설문학의 효시로 알려진 김시습의 『금오신화』는 대체로 꿈속의 이야기가 주조를 이룬다. 주인공들은 꿈속에서 부처님을 만나고, 용궁을 다녀오고, 저승을 왕래한다. 주로 한학자들에 의해 창작된 『원생몽유록』, 『대관제몽유록』, 『달천몽유록』, 『안빙몽유록』 등과 같은 작품들은 주인공이 꿈속에서 현실과 다른 세계를 경험하는 서사다. 한편 이런 몽유록 계열 소설과 약간 다른 게 소위 '몽자류' 소설이다. 제목에 '몽(夢)'자가 들어간 『구운몽』이나 『옥루몽』, 『옥련몽』, 『옥린몽』 등이 이에 해당하는데, 이 작품들은 주인공이 꿈에서 다른 인물로 태어나 살다가 꿈이 깨면서 원래의 자신으로 돌아오는 꿈의 서사다.

이런 꿈의 서사 양식은 개화기시대 서사문학에도 여러 작가들에 의해 채택되는데 『금수회의록』이나 『꿈 하늘』 같은 경우가 그것이다. 이런 작품들은 조선시대의 서사 양식 전통을 계승하는 의미와 더불어 현실에 대한 작가의 우회적 발언 의도를 현실화하는 효과에 기여했다고 볼 수 있다. 현대소설에 와서도 꿈의 서사는 많이 활용되고 있다. 춘원의 『꿈』처럼 전면적으로 이를 작품화한 경우 외에도 부분적으로 자신의 소설에서 꿈을 주요 모티브나 핵심 전략으로 채택한 경우는 수없이 많다.

이처럼 꿈은 전면적이든 부분적이든 소설 창작에서 무시할 수 없는 전략으로 활용되고 있고, 이런 현상은 소설문학이 소멸되지 않는 한 앞으로도 변함이 없을 것이다. 꿈은 누구나 공감하는 매력적인 인간의 정신 활동인 동시에 이성과 현실의 벽을 간단히 초월할 수 있는 유일한 허용 도구이기 때문이다.

3. 『강남몽』의 '꿈'

우리 시대 최고의 이야기꾼이라고 자타가 공인하는 황석영이 최근 『강남몽』이라는 소설을 출판했다. 인터넷 매체에 7개월여 동안 연재하였던 것을 종이책으로 출판한 이 소설은 발간되자마자 10만 부 이상 팔려나가며 일약 베스트셀러 목록 상위권에 당당하게 올랐다. 아마도 작가의 명성이 기본 판매 부수를 보장하는 동시에 출판사의 홍보와 언론계의 집중 조명이 상승효과를 일으킨 결과로 보인다. 물론 가장 중요한 요인은 그만큼 독자의 기호와 흥미에 부응하는 소설적 재미와 흥미일 것이다. 거기에 아직 검증이 종료되지 않아 확정적인 것은 아니지만 작품의 문학성 내지 예술적 가치가 더해졌을 것으로 추측해 볼 수 있다.

이 작품의 표제에 대해 작가는 중국의 『홍루몽』을 끌어다가 그 작품이 '서서히 몰락해 가는 상류 가족의 일상을 보여주면서 현실세계가 어째서 변해야 하는가를 보여 준다는 점에서 문제적'이고, '지금 여기서 벌어지고 있는 사람살이가 어쩌면 꿈과 같이 덧없는 가상의 현실이라는 것을 보여 주는 것'이라는 의미에서 이 소설의 제목을 정했다고 말하고 있다. 또한 그는 작품 출판 후 가진 인터뷰에서 '강남의 긍정적인 부분이나 부정적인 부분을 파헤쳐 한국 자본주의 근대화 과정을 그리고 싶었다.'며 '정신없이 지나가는 근대화 30년을 한바탕 꿈으로 상징화한 작품'이라고 말한 바 있다.

강남이라는 말은 사전적으로 강의 남쪽을 가리킨다. 그 연유는 잘 모르겠지만, 제비가 가을에 강남(해남이라고 해야 맞은 것 같은데......)으로 갔다가 봄에 돌아온다는 말로 우리에게 익숙한 단어이기도 하다. 그런데 20세기 후반 들어 한국에서 이 단어는 특별한 의미를 갖게 된다. 지방에 사는 사람보다 서울에 사는 사람들에게 더욱 특별한 의미를 갖게 된 이 단어는 개발과 근대라는 긍정적 의미와 함께 투기, 사치, 향락 등의 부정적 의미를 동시에 나타내는 것으로 바뀌었다. 물론 거기에는 정치권력의 부당한 개입에다 대중들의 물신 숭배라는 천민자본주의 심리가 적절히 작용했다.

허허벌판의 변두리 쓸모없는 땅이 하루아침에 금싸라기 보물로 변모하는 데는 '한국적' 자본주의의 권모술수와 음모, 그리고 정경유착의 비리가 총동원되었다. 대규모 빌딩과 넓은 계획 도로, 서구적 면모의 도시 외관은 외면상 근대화의 상징이자 정치 지도자들의 치적으로 선전되고, 가용 재화가 밀집되어 빠르게 이동하고 확대되는 자본의 현장은 많은 사람들에게 터무니없는 환상과 허영심을 심어 주었다. 그래서 강남은 단순한 지역의 명칭이 아니라 근대화의 상징이 되고, 먹지 않아도 배가 부른 자본의 심장이 되었다.

4. 『강남몽』의 인물들

『강남몽』은 총 5장으로 구성되었다. 시기적으로 보면 1930년대 일제강점기부터 1995년 삼풍백화점의 붕괴에 이르는 60여 년이 다루어졌다. 물론 서사 구조로 보면 강남개발사라는 30여 년에 집중되어 있지만, 작중인물의 형상화를 위해 그들의 과거를 빼놓을 수 없기 때문이다.

1장 '백화점이 무너지다'는 박선녀라는 여성을 중심으로 전개되는 이야기다. 미모의 그녀가 여상을 졸업하고, 모델이 되었다가 룸살롱의 접대부로, 다시 요정을 경영하는 마담으로, 그러다가 벼락부자로 재벌 지위에 오른 김진 회장의 첩으로 들어가 살다가 남편의 소유인 백화점 붕괴 때 매몰되어 세상을 떠나는 내용이다.

2장 '생존만으로는 충분치 않다'는 김진 회장의 일대기다. 가난한 집에서 태어난 그가 상점 점원에서 일제의 밀정으로, 그리고 해방 후 미군의 앞잡이로, 군에서 제대한 후 정치권력에 밀착하여 재산을 모아 재벌이 되는 과정이 그려져 있다.

3장 '길 가는 데 땅이 있다'는 군 출신 심남수와 이른바 복부인들을 중심으로 강남의 땅들이 온갖 음모와 피 튀기는 쟁탈로 인해 자본의 도구 내지 축재의 수단이 되는 현장을 실감나게 그렸다.

4장 '개와 늑대의 시간'은 강남의 유흥업소를 중간에 두고 벌어지는 조직 폭력배들의 형성과 몰락을 서술했다. 홍양태와 강은촌이 중심이 되어 그들이 어떻게 자기 조직을 만들고, 서로 투쟁하면서 이권을 지켜가는가를 무협지적 기법으로 서술했다.

5장 '여기 사람이 있어요'는 임정아의 이야기다. 광주대단지 사건의 주역인 임판수와 김점순을 부모로 하여 태어난 그녀는 비번임에도 동료의 부탁을 들어주기 위해 출근하여 일하다가 백화점 붕괴로 매몰되어 17일 동안 묻혀 있다가 극적으로 구조된다.

이처럼 이 작품에는 강남과 관련된 재벌, 유흥업소 종사원, 조폭, 복덕방 관련자, 투기꾼, 사채업자, 그리고 그들의 과거 행적과 연관된 박정희를 비롯한 군인, 정치가, 정보기관원, 공무원 등 수많은 사람들이 등장한다. 당연히 그들은 강남 형성사의 주역이거나 핵심 역할을 담당한다. 한 가지 특이한 것은 이런 다양한 계층의 사람들이 하나같이 부정적으로 묘사되고 있다는 점이다. 이 작품에서 유일하게 긍정적으로 그려진 인물은 임정아 하나다. 그리고 다른 인물들이 대체로 죽거나 다치거나 몰락하는 것에 비해 임정아는 죽음의 고비를 넘기고 구조되는 것으로 결말이 맺어진다. 이는 작가의 강남에 대한 의식을 암시하는 것으로 추정해 볼 수 있다. 즉 선한 사람은 끝내 패망해서는 안 된다는 희망, 다시 말해 인류가 창조해낸 서사물의 오랜 전통인 권선징악이라는 상식을 주제화한 것으로 볼 수 있다는 말이다.

5. 오도된 욕망의 질주

이 작품의 서술 방식에 대해 작가는 우리 전통 인형극인 "꼭두각시놀음" 방식을 차용했다고 밝히고 있다. 무대 위의 배우인 인형과 무대 뒤의 조종자에 의해 진행되는 인형극은 '종잡을 수 없는 인생을 조형적으로 전형화해 주는 소격효과'를 나타내는데, 이 작품에 나오는 인물들을 인형극의 인형처럼 캐릭터화하여 그들을 '남한 사회의 욕망과 운명이라는 그물망 속에 서로 얽혀서 돌아가게' 함으로써 결과적으로 '모르는 사이에 역사가 드러나게' 할 수 있기 때문이라 하였다. (' '로 표시된 부분은 책 뒤에 붙은 '작가의 말'에서 인용한 것임)

이렇게 본다면 이 작품에 나오는 인물들은 모두 주체적인 개인이 아니라 무언가의 대리 역할을 수행하는 꼭두각시인 셈이다. 그들 자신이야 그렇게 생각하지 않겠지만, 그들이 돈과 권력과 이권을 위해 목숨을 걸고 치열하게 살아온 것은 그들 자신을 위한 것도 아니고, 또 스스로의 주체적 판단에 따라 내린 결단에 의한 것도 아니다. 그저 도도히 흐르는 물결에 휩쓸려, 남들은 하는데 나만 안 하면 낙오되는 것 같은 불안감에 앞뒤 안 가리고 뛰어드는 격이다. 그런 사람일수록 자기가 하는 일에 더 몰입하고, 자신의 일에 더 치열하기 마련이다. 일종의 전도(顚倒)적 자아 망상이며 오도된 자아 확신인 셈이다. 우리는 사이비 종교에 빠져든 사람들에게서 종종 이런 현상을 목격하게 된다.

그렇다면 그들을 이렇게 만든 근본적인 힘은 무엇인가? 무엇이 그들을 그런 착각 속에 빠져들게 했는가? 아마도 그것은 '욕망'일 가능성이 높다. 욕망이야 모든 생명 있는 것들이 본능적으로 가지고 있는 것이지만, 최소한의 생존을 위한 보편적 용인 수준을 넘었을 때 그것은 무서운 흉기로 돌변한다. 그 흉기는 도를 넘은 잔인함이나 기본적인 인간성조차 고려되지 않는 동물적 공격성으로 현현된다. 동시에 욕망은 그 스스로 증폭되는 속성을 갖고 있다. 욕망의 충족이나 완성은 없다. 물을 아무리 마셔도 가시지 않는 갈증 같은 것이 바로 욕망의 본질이다.

한번 잘못된 욕망의 길에 들어서게 되면 쉽게 멈출 수도, 되돌아갈 수도 없다. 달리는 호랑이 등에 탄 것처럼 그저 그 질주에 몸을 맡길 수밖에 없다. 그러다가 파멸의 종착점에 이르러서야 비로소 욕망의 맨 얼굴을 마주할 수 있을 따름이다. 그리고 욕망의 본질을 보게 될 때가 되어서야 그게 허망하다는 사실을 깨닫게 된다. 그러나 그때는 이미 자아가 심각하게 훼손되어 처참하게 일그러진 모습만이 남아 있을 뿐이다. 수단과 방법을 안 가리고 매진했던 일이 실은 자신이 무언가의 대리자로서 꼭두각시 노릇을 한 것에 불과했다는 것을 아는 일은 종교적 깨달음을 얻는 것처럼 매우 어렵다. 그것을 인정하는 일 또한 대단한 용기를 필요로 한다. 알면서도 고칠 수 없는 아이러니가 바로 근대화라는 이름의 '욕망의 질주'인 것이다.

한국의 일그러진 근대화 과정을 '기적'으로 미화하는 사람들도 있지만, 그것의 실체는 오도된 욕망의 질주였다는 본질을 상기할 필요가 있다. 우리의 강남 형성사는 이런 사실을 실증적으로 증언해 주는 살아 있는 증거라는 걸 이 작가는 이 작품을 통해 또렷하게 보여 주고 있다.

6. 『강남몽』에 드러난 실험 정신

황석영은 명실 공히 우리 시대 최고의 소설 상품 제조자이자 문학 유통 업계의 최대 공급자이다. 그는 많은 사람을 끌어 모으는 최고의 흥행사이며 문학 시장을 활성화시키는 탁월한 공로자이기도 하다. 그가 이런 지위에 올라 그런 역할을 수행하게 된 데는 과거 그의 문학적 성취가 크게 작용했다고 볼 수 있다. 직감적으로 간취해낸 현실의 문제점을 도도한 흐름으로 펼쳐낸 그의 작품들은 많은 독자들을 그의 영향력 아래 결집시키는 힘으로 작용하였다. 지금도 적지 않은 독자들은 그의 작품에 대해 이런 향수를 유지하며 변함없이 그를 지지하고 있다.

시대의 변화 추세에 따라 그의 최근 작품은 많은 변모를 보이고 있다. 작품에서 다루어지는 제재도 그러하지만 특히 소설의 서술 방법에서 그는 요즘 젊은 세대들의 기호를 잘 포착하여 과감한 변화를 모색한다. 모든 것이 속도화해 가는 현실에 따라 문체가 스피디하게 바뀌고, 인터넷 매체의 일상화에 따라 소통 방식에 변화를 주는 실험을 채택한다. M. 바흐진의 말처럼 소설 양식이 미완결의 형식으로 끊임없이 변화를 모색하며 형성되어 가고 있는 도중에 있는 장르라는 걸 작품으로 실천하고 있는 것 같은 모습이다.

『강남몽』의 소설 미학, 또는 소설 서술 방식에 대해서는 찬반양론의 논쟁이 진행 중이다. 이 작품을 바라보는 관점은, 인터넷 세대와 영상 세대의 현실 추세에 맞춰 새롭게 개발한 '대안 서사'로서 빠르고 간결하게 전개되는 영화적 압축과 몽타주 기법이 이 작품의 새로운 소설 미학이라고 주장(강병석)하는 입장과, 강남 형성 과정의 드라마틱한 압축과 구성이

영웅 신화적 요소와 무협지적 요소를 보여 주면서 우연적 속성을 보여준다는 점에서 '지지할 수 없는 문제작'이라고 보는 입장(이명원)이 엇갈려 있다. 뚜렷한 논거를 바탕으로 한 발언이기에 이 두 관점의 시비를 가리는 일은 쉽지 않다. 오히려 그 양면성을 모두 인정하는 게 옳을 듯도 싶다.

다만 취급된 시기나 내용으로 보아 대하장편소설로 다루어야 할 제재를 한 권에 담아내는 작가의 실험 정신만은 높이 살 필요가 있어 보인다. 그것이 성공적으로 이루어졌는가 여부는 별개 문제다. 분초를 다투며 바삐 사는 요즘 사람들에게 여러 권으로 된 소설을 읽지 않는다고 다그치는 일은 어찌 보면 시대착오적일 수 있다. 또 그런 일은 마음은 있으나 여건이 안 되어 못하는 것일 수도 있다. 이런 점에서 '일종의 돌파구로 인물연대기 압축 방식의 서사 형식을 선택'하고, 그를 통해 '강남을 소비문화 기호로 포착하는 것에서 나아가 한국 근대화 형성 과정의 역사적 측면 형상화 시도'로 파악한 시각(백지연)은 매우 시사적이라 할 수 있다.

7. 종료되지 않은 강남의 '꿈'

시간의 관점에서 볼 때 소설은 우연적이고 파괴적인 역사적 시간(크로노스)을 필연적이고 가치 있는 의미의 시간(카이로스)으로 바꾸어 놓는 작업이다. 강남 형성사와 동일하다고 볼 수 있는 한국 근대화 과정의 시간 30여 년은 누구에게는 크로노스일 수 있는 반면에 누구에게는 카이로스의 시간일 수도 있다. 황석영은 이 시간을 『강남몽』이라는 한 권의 소설 속에 담아내면서 특유의 시간으로 환치시켜 놓았다.

그 과정에 수많은 인물들이 부침한다. 대개는 부정적인 인물들이다. 이 인물들이 벌이는 추악한 음모와 술수는 때로 혐오감을 주기도 하고, 때로는 늙고 병든 맹수의 모습을 보는 것처럼 처연한 느낌을 주기도 한다. 어떤 인물은 문학적으로 잘 형상화되어 아름답지만 어떤 인물은 작위적이고 생경해서 이질감을 주기도 한다. 이 인물들이 살아온 강남 형성기의 시간은 그들에게 어떤 모습이었을까. 그들은 과연 어떤 시간을 살았다고 할 수 있을까.

또한 소설 양식의 가장 큰 특징은 이야기의 전달 방식에 있다. 역사나 신문기사의 내용과 소설이 전달하는 내용은 다르지 않다. 그 전달 방식의 차이가 있을 뿐이다. 독자들은 소설을 읽으며 그 내용도 내용이지만 역사나 신문을 읽을 때와 달리 그 전달 방식의 특이함에 매료된다. 그게 소설을 읽게 만드는 주요한 힘의 원천이다.

이 작품은 첫머리와 마무리에 특이한 장치를 배치해 놓는 전달 방식을 택하고 있다. 재벌 회장 첩인 박선녀의 현실을 묘사한 첫머리는 다음 장면을 궁금하게 만드는 묘한 매력을 발산한다. 반면 마지막 장면은 17일 동안이나 매몰되어 있으면서도 희망을 잃지 않는 의지로 구조되는 아름다운 모습이다. 특히 5장의 제목처럼 '여기 사람이 있어요'라는 처절한 절규를 적절히 배치하여 돈과 권력보다 사람이 더 소중하다는 상징적 의미를 부여한 작가의 솜씨는 과연 명불허전이라는 말을 실감케 한다. 특히 소나기가 쏟아지는 마지막 문장은 모든 더럽고 악한 것을 쓸어가 버리는 이중적 의미로 사용되어 작품의 주제 형성에 강력하게 기능한다.

끝으로 이 작품에 대한 가치 평가는 좀 더 시간을 기다려야 할 것 같다. 더 많은 사람들이 이 작품을 읽고 자신의 의견을 내면서 논의에 가담해야 할 필요도 있고, 독서 직후의 인상적인 가치 평가가 완전한 것이 되기 위해서는 숙성의 시간이 필요하기 때문이기도 하다. 달리 말하면 이 작품을 통해 작가가 말하려는 의도는 이 한 권의 책으로 완성된 것이 아니라 현재도 진행되고 있다는 뜻이다.

오늘도 강남에는 무수한 사람들이 몰려들어 현란한 물질의 홍수 속에 자신의 꿈을 이루기 위해 의지를 불태우고 있다. 강남에는 이처럼 꿈을 꾸는 사람이 많다. 따라서 강남이 종료되지 않으면 『강남몽』, '강남의 꿈'은 영원히 깨어날 수 없는 꿈이 될 수밖에 없다. 그 꿈을 깨는 아침은 언제나 오려나.

7. 소설적 재미와 그 의미

지요하/『향수』

사람은 누구나 고향을 가지고 있다. 지역적인 것이든 정신적인 것이든 고향이 없는 사람은 없다. 이 세상 모든 사람의 궁극적 고향은 어머니의 자궁일 것이다. 고향은 그 말만으로도 편안하고 아늑한 느낌을 준다. 또한 고향은 세상을 살다가 지치고 힘들 때, 때론 위안으로 때론 정신적 휴식처로 늘 우리에게 힘을 주는 공간이기도 하다. 그 고향을 그리워하는 마음이 바로 향수다. 향수가 지나치면 병이 되기도 한다.

소설의 일차적 사명은 독자에게 재미를 베풀어 주는 것이다. 그 재미 속에 세상을 사는 지혜와 자신을 성장시키는 교훈이 들어 있다. 딱딱한 교훈을 효과적으로, 그리고 보다 강렬하게 전달하기 위해 문학이라는 장치가 등장했다는 주장도 있다. 소위 문학 당의정 설이 그것이다. 굳이 그 이론을 들추지 않더라도 동서고금의 수많은 소설들이 오랜 세월을 거치며 그것을 실증해 주고 있다.

지요하는 고향을 지키며 소설을 쓰는 작가다. 중앙에 올라가 활동했더라면 화려한 각광을 받았을 작품을 많이 생산해 냈겠지만, 지역에 머물며 문화 활동가로서, 그리고 지역 문학을 든든하고 굳건하게 지켜내는 버팀목 역할을 자임하는 전업 작가이기도 하다.

그가 이번에 장편소설 『향수』를 출간했다. 부제는 '들에는 오늘도 무지

개가 뜬다'이며 지역신문에 연재할 때는 '고향 타령'이라는 타이틀을 달고 있었다 한다. 이 소설의 내용은 한 마디로 줄이면 허칠만이라는 농민과 그의 아내 한미숙의 연애와 결혼 생활 이야기다.

소설 중에 흔하디흔한 게 젊은 남녀의 연애 이야기다. 세계 명작이라는 소설 중에 연애 이야기를 담지 않은 게 거의 없고, 반면 발표되자마자 쓰레기처럼 폐기되는 소설도 대다수는 연애 이야기를 담고 있다. 요컨대 연애 이야기를 어떻게 소설로 형상화해 내고, 그 속에 보편적이며 영속성 있는 주제를 담아내는가의 여부가 명작과 졸작을 가려내는 기준이 된다 할 것이다.

『향수』는 몇 가지 면에서 주목할 만한 가치를 지니고 있다고 생각된다. 우선은 신문 연재소설이었음에도 불구하고 구성의 흐름이 전작소설처럼 짜임새가 있고 균형감 있게 전개되는 작품 완성도의 미덕이다. 대개의 연재소설이 독자의 흥미 고려나 의무적 집필로 인해 밸런스가 흐트러지거나 산만한 진행이 되는 게 많은데, 이 작품은 그런 약점을 극복하여 전체가 매끄럽고 유연하게 흘러간다. 작가의 내공이 여실히 드러나는 부분이라 할 것이다.

다음으로는 허칠만이라는 인물의 성격 구현이다. 초반부의 의협심 많은 저돌적 성격의 허칠만은 결혼 후 현실 타협과 아울러 세속화되어 가는 인물로 바뀌었다가 종반에 이르면 다시 원래의 성격으로 회귀하는 모습을 보여준다. 이른바 성장하고 변화하는 캐릭터의 전형이라 할 수 있다. 그 과정에 마치 『상록수』의 채영신을 연상케 하는 아내의 헌신적인 일관성이 크게 작용했음은 소설적 결구의 미학으로 작용한다 할 것이다.

근대소설이 지향하는 리얼리티의 구현이라는 면에서도 이 작품은 탁월한 면모를 보여 주고 있다. 현실의 반영이라는 리얼리티는 객관적인 현실의 인식이 선행되어야 하고, 나아가 그것을 형상화하는 용기와 안목이 필수적이다. 이 작품에는 작가가 살고 있는 고향의 여러 지명과 심지어는 지역에서 함께 활동하는 실존 인물로서의 문학인 이름도 여럿 나온다. 자칫 현실과 허구적 소설 세계를 혼동시킬 수도 있는 이런 설정은 오해를 불러일으킬 우려도 없지 않으나, 작가는 그것을 소설적 차원으로 훌륭하게 승화시키는 솜씨를 유감없이 보여 주고 있다. 간간이 보이는 농업 노동 현장의 모습 또한 리얼리티 구현에 크게 이바지하고 있다.

작중인물의 대화에서 사용되는 방언 또한 이 작품이 갖고 있는 매력의 하나다. 이문구 선생의 구수한 충청 방언에서부터 젊은 작가 김종광의 톡톡 튀는 충청 방언의 구사가 우리 지역 문학의 한 특색으로 자리하고 있는 것은 잘 알려진 사실이거니와, 소설에서 방언의 사용은 인물의 성격 구현이나 작품의 분위기 형성에 크게 작용하는 요소라고 할 수 있다. 그런데 충청도에서 태어나 서울로 올라가 활동하는 작가와 계속 이 지역에 거주하며 활동하는 작가 사이에는 차이가 있을 수밖에 없다. 그런 점에서 이 작품의 완벽한 태안 지역 방언 구사는 그 어떤 작가도 따라갈 수 없는 이 작가만의 유리한 점이라 할 것이다. 이 작품은 그런 점에서 태안 방언의 소설화라는 연구 주제를 던져주는 의미가 있다 할 것이다.

소설의 재미는 그 제재에서 오는 것도 있지만, 플롯의 전개에서 오는 게 훨씬 고급스럽고 차원이 높다 할 수 있다. 이 소설이 재미있는 요인 중의 하나는 후반부에 사용된 추리 소설적 기법이다. 한미숙이 느닷없는 가출을 하고자 했을 때 허칠만이 여러 경로를 통해 그 원인을 찾아 나서는 과정은 독자에게 궁금증과 호기심을 자극하는 역할을 수행한다. 소설적 재미의 요체를 터득한 작가만이 구사할 수 있는 원숙한 기법에 해당한다 할 것이다.

이런 여러 요인들이 복합적으로 작용하여 이 작품은 태안이라는 지역의 동시대 현실을 총체적으로 드러내는 데 모자람이 없이 펼쳐지고 있다. 비록 루카치가 말하는 문제적 인물을 통한 현실의 총체적 반영이라는 이상적 경지에는 도달하지 못한 아쉬움이 있지만, 소설적 재미를 통해 독자의 현재적 자아를 성찰하게 하고, 나아가 시대의 핵심적 문제의식의 각성과 함께 어떻게 살아야 하는가 하는 원초적 질문을 되새기게 함으로써 소설이 지향해야 할 세계를 제시했다는 점에서 그 가치가 적지 않다고 생각한다.

물론 완벽이라는 점에서 본다면 이 작품에도 몇 가지 아쉬운 점이 있긴 하다. 작가 자신의 모습이 고스란히 투영되어 있다고 보이는 허칠박(허칠만의 육촌형)이라는 작가의 모습에 나타나는 신비적 요소라든가 한미숙의 남편 몰래 습작하는 장면이 부부 사이에서도 비밀 유지가 지속되는 점, 마무리 부분의 약간 과장적인 감정 충일 등은 작품의 미학에 부정적 요소로 작용하는 것을 부인하기 어렵다. 그러나 그런 것들은 이 작품이 이룩한 성과에 비하면 그야말로 하찮은 옥의 티에 지나지 않는다.

이 작품이 더 많은 사람에게 읽혀져 스스로를 돌아보고, 우리 시대의 문제를 되짚어 보는 계기가 되었으면 좋겠다. 그게 이 지역에서 헌신적으로 지역문학을 이끌고 있는 한 작가에 대해 우리가 보낼 수 있는 최대한의 예우이자 보답이 아닐까 한다.

제3장 여성을 넘어 인간으로

1. 소설과 수필의 경계에서

공지영/『봉순이 언니』

여러 해 전에 출판되어 많은 사람에게 화제가 되었던 작품이다. 1960년대 산업화 초기의 세태 풍속을 자잘하게 수용하면서, 봉순이라는 한 여성의 질곡에 찬 삶을 잔잔하게 서술해 나가는 작품 내용이 동시대를 살았던 사람들의 아련한 향수를 자극하여 그런 반향을 불러 일으켰던 것 같다.

최근 이 작품을 다시 세밀히 읽으면서 소설이라는 것이 과연 시대와 사회를 위해 무엇을 해야 하는 장르인지 다시 생각하게 되었다. 근대 사회 성립 이후 근대인의 삶을 위한 서사 장르로 소설이라는 양식이 필연적으로 창출되었고, 그것은 전대의 서사 전통을 그 형식과 구조에서 발전적으로 계승하여 진화한 것임은 대개 다 알고 있는 사실이다. 그렇다고 하여 근대소설이 중세의 모험담이나 기사 이야기와 같은 로망스의 직접적 전승은 아니다. 근대소설은 비판적 사실주의라는 말에서 보듯 우리 삶에 내재되어 있는 불합리와 모순 등을 잡아내어 끊임없이 사람들을 현실에서 눈 돌리지 못하게 하며, 거대한 일상 속에 숨어 있는 진실을 찾아내기 위해 노력하는 장치다. 따라서 시대의 핵심 문제를 짚어내지 못하는 작품은 아무리 인기가 있다 해도 근대소설로서 대접받기 어려운 점이 있다.

그러나 우리 현실은 마치 '악화가 양화를 구축'하듯 현실에서 발이 떨어져 허공을 헤매는 작품이 '좋은 소설'로 취급되는 파행을 당연시하는 풍토다. 소위 '장르문학'이라고 하는 여러 양식 – 추리, 탐정, 에스에프, 판타지, 무협 등등 로망스 계열의 작품들이 문학 시장을 석권하고 있다. 진지한 작품을 애써 쓰는 작가는 늘 배고프고 외면당한다.

이 작품은 물론 순수소설이고 본격문학이다. 그러나 과거 못 살던 시절에 대한 향수 같은 것을 제하면 무엇이 남을까. 성장소설로서의 계기 전환 장치도 미흡하고, 새로운 캐릭터의 창출 성과도 미진하다. 어린 화자의 언어나 행동도 돌출적이며 개연성이 미흡하다. 또한 주 대상인 봉순이라는 인물 역시 필연성보다는 과장된 측면이 강하다. 물론 이야기 내용은 필자의 직접 경험일 수도 있고, 또 현실 속의 사실일 수도 있다. 그러나 작가는 작품 창작 과정에서 현실 속의 사실을 문학적 진실로 치환하는 작업을 해야 한다. 그것이 소설과 실화의 차이다.

이 작품은 총 72개의 번호가 붙어 있는 구조로 되어 있다. 각각의 분량은 들쭉날쭉하여 일정하지 않다. 내용 전개는 처음에 현재에서 출발하여 회상을 거쳐 다시 현실로 돌아오는 순환 구조로 되어 있다. 그런데 전체적으로 전반부의 소설적 진행이 마무리 부분에 가면 이야기체로 바뀌어 버리는 불균형을 보인다. 그리고 작가의 개입이 노출된다. 다시 말해 전체 구조가 탄탄한 소설적 틀을 갖지 못하고 있는 것이다.

이 작품은 많은 인기를 얻은 작품이기는 하지만, 그 요인은 앞에서 말한 대로 살만해진 사람들이 못 살던 과거에 대한 회상을 통해 일종의 대리만족, 또는 카타르시스를 불러일으키는 데서 오는 것 같다. 거기에 덧붙여

이 작가 특유의 문체, 즉 독자의 감성을 적절히 통제하면서 자극하는 문장력이 한 몫을 더하고 있지 않나 한다.

이 작품은 소설이라기보다 한 편의 수필에 가깝다고 생각한다. 내용도 그렇고 구조 또한 그렇다. 수필이라고 해서 이 작품의 가치가 깎아 내려지는 것은 절대 아니다. 소설의 이름을 달고 수많은 독자를 유혹하는 것이 난무하는 어지러운 요즘 현실을 감안하면, 이만한 작품을 만나는 것도 결코 쉬운 일이 아니다. 골치 아플 정도로 좀 어렵고 진지한 작품을 읽고 났을 때, 독서하면서 눈물 몇 방울 흘리며 '감동'했던 착각이 얼마나 허망한 것이었던가를 알 수 있게 될 것이다.

2. 뛰어난 작가와 위대한 작가

송경아 / 「나의 우렁 총각 이야기」

한국현대소설학회에서 만든 『2005 올해의 문제소설』이라는 책을 대충 훑어보았다. 몇 년 동안 이런 책을 만드는 일에 함께 참여했었으나, 이번에는 아무런 역할도 하지 못했는데, 책이 아주 예쁘고 토실하게 만들어져 나와 매우 기쁘다.

이 책에 수록된 작품 가운데 최우수 작품으로 선정된 **송경아**의 **「나의 우렁 총각 이야기」**는 재미있고 깔끔한 소설이기는 하나 그리 탁월한 작품이라고는 생각되지 않는다.

상품으로 판매되는 우렁이를 사서 집에 두면 그 우렁이가 사람으로 변해 집안일을 깔끔하게 한다는 얘기가 표제와 연관하여 작품의 주요 구조를 이루는데, 이는 우리 설화 속의 우렁 각시 이야기를 작품의 보조 장치로 끌어들인 형식이다. 대체로 평자들은 환상을 소설 속에 도입하는 게 그의 소설 창작의 주요 특징이라고 평가하는데, 이 작품도 유사한 방식을 취하고 있는 것이다.

그런데 요즘 작가들 사이에 마치 유행처럼 번지고 있는 것으로, 현실에 대한 작가의 태도를 유보하고 그걸 환상이라는 이름으로 분식하여 소설화하는 현상은 또 다른 안이함으로 연결될 수도 있다. 이 작품에는 대학을 졸업한 후 취업도 하지 않고 결혼도 하지 않은 20대 후반의 여성이 중심인물로 설정되어 있다. 이는 서구 선진국의 풍속에 따라 우리나라에서도 점점 그 폭을 넓혀 가는 사회 현상 중의 하나다. 생활에 여유가 생기고, 경제적으로 자립할 수 있다면, 매너리즘처럼 반복되는 여성의 결혼과 출산, 아이 양육, 그리고 간혹 남편의 외도라는 늪에 빠지고 싶지 않은 게 당연한 일일 것이다. 그 여성의 어머니나 가장 가까운 사촌언니가 그걸 실증적으로 보여 주고 있다.

자세히 생각해 볼 필요도 없이 이 문제는 대단히 중요한 이 시대의 병리적 증상임에 틀림없다. 유사 이래 똑똑하고 유능한 후손을 남기고자 하는 것은 모든 인류가 가진 본능이고 또 의무일 수도 있다. 그게 자신의 정체성 유지와 개인 존엄성 지속에 걸림돌이 된다고 해서 포기한다면, 그리고 당분간의 자유와 편리를 위해 책임을 방기한다면, 그건 또 다른 재앙이 되어 되돌아올 수도 있다. 당장 저출산 현상으로 우리나라도 비상에 걸린 게 현실이지 않은가.

소설은 현실의 문제를 정확히 짚어 수용하는 게 일차적 임무다. 그런 면에서 이 작품은 일단 성공적이다. 우리 사회의 병리적 현상을 예리하게 통찰하는 결과를 보여 주고 있기 때문이다. 또 그것을 표현하는 문체나 서사 구조를 짠 솜씨도 현란할 정도로 완벽에 가깝다. 섬세하고 적확한 서술 기교는 눈이 부실 정도다. 이는 그 누구도 따라가기 힘든 이 작가만의 재능이고 능력일 것이다.

그러나 이 소설을 읽은 독자들은 무엇을 생각할까. 멋있는 여자, 따라해 보고 싶은 여자, 부러운 여자… 혹시 이런 것만 생각한다면 외형의 아름다움을 가진 이 소설이 표명하고 있는 메시지는 과연 무엇이 될 것인가. 한갓 사람을 잠시 달뜨게 하는 아름다운 이미지, 현실을 몰각하게 하는 눈속임, 시대의 핵심 문제를 비켜가게 만드는 비틀림… 이런 것들은 일시

사람의 감각을 점령할지는 모르나 끝내 허무한 귀환에 다름 아닐 것이다.

다시금 근대소설의 본령이나 시대의 본질로 돌아와 생각해 보면 역시 소설은 현실을 바탕으로 정직하게 접근할 때 그 존재 의의가 살아나는 것임을 어렵지 않게 확인할 수 있다. 이 작품만을 놓고 봤을 때, 그런 면에서 송경아는 '뛰어난 작가'이기는 하지만 '위대한 작가'가 되기에는 아직도 좀 더 길을 가야 할 것 같다는 생각이다. 어디 이 작가뿐이겠는가. 이 땅에서 소설을 쓰는 모든 작가가 짊어지고 가야 할 영원한 과제이기도 하다.

3. 감은 익으면서 왜 단 맛을 내는가

김인숙/「감이 익을 무렵」

늦은 봄쯤 피는 감꽃은 달착지근하다. 그 꽃이 지고 난 후 매달린 열매는 여름 내내 자라는 동안 그 맛이 떫다. 가을에 붉게 익은 감은 그 맛이 무척 달다. 그런데 단맛을 내는 한 개의 감이 되기까지는 누구의 시 구절처럼 소쩍새도 울어야 하고, 천둥도 울어야 한다. 그런 시련과 인고를 견뎌낸 감만이 단맛을 제대로 낼 수 있다.

늦은 가을, 잎을 다 떨궈낸 감나무에 매달려 있는 붉은 감은 넉넉하고 정겨운 이미지를 선사한다. 대개 예전의 감나무는 인가 주위에 두세 그루씩 서 있는 게 보통이고, 서리가 내릴 때까지 따지 않은 감은 일손이 모자라서가 아니라 다른 사람들과 새들의 먹이로 남겨 두는 인정이었다. 그러나 이렇게 아름답고 정이 넘치는 감나무에 관한 추억은 사람 위주의 해석일 뿐이요, 감의 입장에 서보면 그건 종족을 유지하고 퍼뜨리기 위한 눈물겨운 한살이일 것이다. 달고 부드러운 감의 속살은 씨앗을 멀리 보내주는 존재에 대한 보은의 답례일 것이요, 그냥 땅에 떨어진 것들은 그 후손을 위한 씨앗의 발아와 생장을 위해 거름이 될 것이다. 그래서 잘 익은 감은 풍요의 결실이란 의미와 함께 다시 살기 위한 죽음이라는 이중적 해석을 가능하게 한다.

이 작품의 표제는 첫머리 배경 제시 외에 작품 전체와 아무 연관이 없어 보인다. 언뜻 패러디 수법을 떠올리게 하는 이효석의 「메밀꽃 필 무렵」이나 손소희의 「창포 필 무렵」과는 아주 이질적이다. 이 작품은 자기가 낳은 세 명의 딸과 남편이 밖에서 낳아온 또 하나의 딸을 자식으로 둔 어머니와, 옷 장사를 하다 거의 빈 손 들고 나앉아야 하는 처지인 작품의 화자 선혜의 이야기다. 이복동생인 정혜의 남편이 잠시 등장하긴 하지만, 전반적으로는 여성인물 위주로 진행되는 작품이다. 이처럼 감 이야기와는 동떨어진 내용 같아 보이기도 한다.

어머니는 딸만 셋을 낳고 아들을 낳지 못했다. 아버지는 아들을 얻으려 몰래 다른 여자를 만나 정혜를 낳았다. 정혜 엄마는 자궁암으로 죽고, 아버지는 심근경색으로 죽었다. 어머니는 아버지를 보내는 마지막 순간에도 용서하지 않았다. 그리고 일만 죽어라고 했다. 건어물 가게 일과 계주 일을 해서 돈을 벌기에 모든 걸 다 바쳤다. 어머니에겐 여자가 음식 만들고 살림 잘하는 게 절대 중요한 일이 아니었다. 어떻게 해서든 딸들이 공부를 잘해 교수가 되고 의사가 되는 것만을 신앙처럼 입에 달고 살았다. 그걸 위해 어머니는 일생을 맹목처럼 살아온 것이다. 따라서 상대적으로 더 공부를 잘하는 언니 은혜나 동생 민혜에 비해 선혜는 어머니에게 소홀한 대접을 받는 게 당연했을 것이다. 결과적으로 은혜는 의사가 되었고, 민혜는 성악 공부를 하고 있다. 그런데 은혜는 미국에서 살고 있고, 민혜는 남편을 따라 런던에서 살고 있다. 큰딸에게 가 보았지만 '지년 하고 싶은 일만 하는 그 성질' 때문에 보름 만에 되돌아와야 했고, 민혜는 10년째 외국에서 살면서 나오지도 않는다. 나이가 들어가자 어머니에게 '자식한테 죽어라고 목맬 일이 아니었다'는 후회가 찾아온다.

아동복 관계 일을 해서 회사 사장까지 했던 선혜는 시대의 조류에 의해 점점 뒷전으로 밀려 빈털터리 신세가 될 지경에 처한다. 아무리 동분서주해 보아도 거래처는 하나둘 떨어져 나가고, 최후까지 남아 있던 친구 승옥이마저도 이제 그 일을 접고 항복해 버린다. 승옥의 폐업은 곧 선혜의 폐업이나 다름없다. 마흔 두 살의 나이에 남은 건 아무 것도 없다. '빚을 갚기 위해 밤낮이 바뀐 생활'을 하며 어머니에게 빌렸던 돈을 간신히 다 갚고 나니 '어느덧 다른 일을 찾아야 할' 그런 신세가 된 것이다. 남은 거라곤 끊었던 담배를 다시 피우고 싶은 욕구와, 참기 힘든 두통, 그리고 심한 속쓰림뿐이다.

'알고 보면 정혜 그것도 불쌍한 물건'이라며 아버지 사후 한참 만에 받아들인 어머니에게 요즘 정혜는 보배로운 존재다. 정혜 남편은 어머니를 모시고 절 구경, 단풍 구경을 다니며 살갑게 대하고, 정혜네 아이들은 할머니 뺨에 입 맞추는 '귀여운 강아지들'이다. 그런 정혜가 어머니 생일상을 차린다고 어머니를 통해 선혜를 부른다. 의사인 언니도, 성악가인 동생도, 회사 사장이었던 자신도 하지 못했던 일이다. 생일상을 받은 어머니는 행복해 한다. 그러면서 선혜에게 '지금이라도 니 새끼를 만들어라. 서방은 없어도 괜찮지마는 자식은 있어야 한다.'는 닦달을 한다. 자식 소용없다고 했다는 반박에는 '자주 얼굴 보고 살아야 한다'는 뜻이었다고 대답한다. 즉 외국에 나가 있는 딸들을 가리키는 말이었다는 것이다.

그런 어머니의 평생에 걸친 삶의 궤적은 다른 형태로 선혜에게도 그대로 전승된다. 오직 일만 바라보며 살아온 40대의 독신 여성에게 '감미로운 휴식의 공간'이었던 원룸은 이제 '무덤'과 다름없으며, 길을 가다 귀여운 아이를 보면 '이끌리는 맘을 누르지 못해 뒤돌아보는' 그런 여자가 되고 만 것이다.

드디어 어머니는 정혜네로 들어가 살 결심을 한다. 정혜네가 원하기도 하는 일이지만, 나이가 들어가면서 '혼자 사는 것이 하루하루 무덤 속에 들어가는 것 같은' 외로움 때문이다. 은혜와 민혜는 그 일에 대해 어머니의 적지 않은 유산과 관련하여 속물적인 해석을 하기도 하지만, 선혜는 동생과의 통화 후 '더러운 기분'을 느낄 뿐이다.

건조한 원룸 안에서 지독한 위통에 시달리던 선혜는 해장국을 끓여 가지고 온 승옥의 방문을 받고, 곧 갚았던 돈을 다시 돌려주려 하니 통장번호를 불러달라는 어머니의 전화를 받는다. 공부 잘하는 은혜와 민혜를 떠받들다 선혜에게 마음 쓰지 못한 '잘못한 일들'이 '죽을 날이 머지 않아 그런지 자꾸' 마음에 걸린다는 어머니의 전화 목소리를 들으며 선혜는 울음을 멈추지 못한다.

이 작품은 위의 내용에서 보듯 그저 그런 미세 서사의 한 전형일 수도 있다. 시대의 질곡에 대한 투쟁 의지나, 날카로운 현실 인식 같은 것도 보이지 않는다. 사소한 일상 속에서 일어날 수 있는 평범한 가족 이야기, 어찌 보면 '옛말에 못난 자식이 효도한다는' 그런 진부한 이야기이기도 한다. 그러나 소설이 꼭 거대담론만으로 성공할 수 있는 것은 아니다. 오히려 담담한 일상사가 격동으로 휘둘리는 시대에 더 빛을 발할 수도 있다.

특히 이 작품에서 주목되는 것은 다섯 번에 걸친 전화 벨 소리다. 첫 번째와 마지막은 어머니의 전화고, 가운데 세 번은 거래처, 동생 민혜, 친구 승옥의 전화다. 선혜가 건 두 번의 전화는 통화가 이루어지지 않는다. 첫 번째 어머니의 전화는 생일상을 차린 정혜네로 오라는 내용인데 별로 내키지 않는 내용이다. 두 번째 정사장의 전화는 사업의 몰락을 확인하는 것이고, 세 번째 민혜의 전화는 어머니의 유산을 두고 의심하는 속물적 내용으로 '더러운 기분'을 느끼게 하는 내용이다. 친구 승옥의 네 번째 전화는 두통과 위통으로 고통스러워하는 선혜를 달래주는 변치 않는 우정의 전화고, 마지막 어머니의 전화는 모녀간에 보이지 않게 유지되던 갈등에 화해와 용서를 가져다 주는 전화다. 뒤로 갈수록 점증되는 사건 변화의 추이를 전화라는 소도구를 통해 해결한 작가의 솜씨는 요즘 손전화가 일상화된 시대상과 관련하여 기발한 착상이라 할 수 있다. 전화선이 없이도 허공을 통해 사람과 사람사이에 소통이 이루어질 수 있다는 것은 새로운 인간관계의 출현을 의미한다. 물론 아날로그 시대의 인간관계에 비해 그 정감이 다른 것은 사실이지만, 그것 또한 변화된 우리 삶의 한 양상이니 그걸 부정할 수도 없는 노릇이다. 길지 않은 작품에 이런 전화 벨 소리의 패턴을 적절하게 구사하여 작품의 완성도를 끌어올린 작가의 능력은 분명 비범하다 할 것이다.

또 하나 눈여겨 보아야 할 것은, 선혜의 새로운 출발에 대한 의지다. 어머니에게 인정을 받지도 못했고, 다른 형제에 비해 더 고생을 하며 살았건만 지금 그녀 앞엔 좌절과 절망의 현실이 놓여 있을 뿐이다. 그토록 밤을 낮 삼아 일했어도 결국 아무 것도 이룬 것 없이 빈손으로 다시 출발해야 하는 40대 초반의 미혼 여성. 마지막 끈이었던 친구마저 손을 털고 돌아선 지금, 어머니와 형제 누구로부터도 따뜻한 대우를 받지 못하는 절박한 처지. 무덤 같은 원룸에서 두통과 위통에 시달리면서도 냉장고에 생수 한 병 준비하지 못한 삭막한 삶. 그런 그녀지만 고통을 덜기 위해 창문을 열려는 시도를 한다. 그것은 다음과 같은 세 번의 시도 끝에 이루어진다. '창을 열려 하지만 창문은 꼼짝하지 않는다.', '창문 열기를 포기하지 않은 선혜는 두 팔에 힘을 주느라고 얼굴이 일그러진데다 시뻘겋다.', '아주 조금 움직이기 시작한 창문을 힘껏 밀어젖히면서 선혜의 입에서 비명과 같은 신음이 흘러나온다.', 창문을 여는 행위는 외부 세계와의 소통을 뜻한다. 창문이 열리면 무덤 같은 방은 사람이 사는 공간으로 바뀔 것이다. 이는 닫혔던 마음을 여는 행위와도 같고, 또 스스로의 힘으로 자신 앞에 닥친 난제를 해결하겠다는 의지를 상징하기도 한다. 우리는 이런 선혜의 행동을 보면서 그녀가 절망에 빠져 좌절하지 않을 여자라는 걸 감지할 수 있다. 지금까지의 우리 여성소설들이 여성의 피해의식, 부당한 차별, 억울한 희생 등을 강조하는 빅팀 페미니즘에 빠져 있었다면, 이제는 당당하고 대등한 한 주체적 인간으로서 스스로의 정체성을 정립하여 과감하게 행동하고 실천하는 파워 페미니즘으로 나가야 한다는 한 평론가의 주장을 잘 실천한 한 사례가 이 작품일 수도 있다고 생각된다. 물론 거기에는 적지 않은 고통이 따를 것이다. 그러기에 이 작품에서도 문을 열고 난 선혜는 '팔꿈치가 창틀에 부딪쳐 눈앞에 불길이 일렁이는 것 같은 아픔이 머릿속과 무릎 뼈로 퍼지는' 그래서 당연히 '온몸의 곳곳에 전류가 닿은 듯한 아픔'을 느끼는 것일 게다.

감은 여성적 이미지의 사물이다. 따라서 감이 익어간다는 것은 여성이 나이를 먹어간다는 것과 동일시될 수 있다. 감이 잘 익으면 그 씨앗을 충실하게 하여 생명을 이어갈 강한 힘을 발휘하게 된다. 여성이 나이를 잘 먹으면 그 의식이 단단해지고 가치관이 튼실해지는 힘을 갖는다. 그 힘이 인류를 이어주고 발전시키는 근원적 원천이 된다. 그것을 본능이라고 하든, 좀 미화하여 모성애라고 하든, 인류는 그 힘이 없이는 존재할 수도 없고 존속할 수도 없다. 이것은 여성만이 가진 위대한 힘이며, 또 그들만의 특권이기도 하다. 이 작품은 이런 점에서 사소한 것에서 진리를 이끌어내는 근대소설의 한 모델을 보여준다고 할 수 있다.

4. 세 여성 작가의 세 여자 이야기

박완서/『친절한 복희씨』, 김인숙/「조동옥, 파비안느」, 하성란/「돼지는 말할 것도 없고」

우리 사회에 '금녀의 영역'은 이제 더는 존재하지 않는다. 사관학교와 선원, 광부를 넘어 이제 이종격투기에까지 여성들이 진출하여 당당하게 그 위상을 누리고 있다. 그뿐 아니다. 각 대학의 수석 입학과 졸업은 의례 여학생 차지고, 사법연수원에서도 상위권은 여성들이 점유하고 있다 한다. 가정이나 직장에서도 여성의 역할과 영향력은 예전과 사뭇 다르다. 그 외의 여러 영역에서도 여성들의 진출은 '눈부시게' 이루어지고 있다. 그야말로 여성이 하지 못할 일이 없고, 가지 못할 곳이 없다. 불과 몇 십 년 전, 이중삼중의 차별과 억압 아래 신음하던 때와 비교해 보면 가히 '여성들 천국'이 도래한 느낌이다. 자칫 이런 현상에 대해 비판적인 언사를 늘어놓으면 영락없이 성차별(남녀평등에 관한 무슨 법 위반)로 제재를 받는 세상이 되었다.

그러나 아직도 여성들이 '남성과 대등한 대접을 받는 존재'를 넘어 '인간'으로서 제대로 대접받고 있는 세상이 되었는가에 대해서는 의문이 남는다. 여성들이 남성들의 영역에 진출하는 데 존재하는 장애가 해소되었다 해서 모든 문제가 해결되는 것은 아니다. 여성이 남성과 대등하게, 또는 동등하게 되는 것이 목적이 될 수는 없다. 그것이 목적이라면 그것이 달성되는 순간 또 다른 문제가 발생할 수밖에 없기 때문이다. 요즘도 소위 역차별이라 하여 남성들이 상대적으로 불이익을 당하는 사례는 심심찮게 발생하고 있다. '여성 해방'이 본질적으로 '인간 해방'으로 지향해야 할 당위성은 부정할 수 없는 진리다. 따라서 페미니즘은 여전히 현재 진행형의 과제여야 하고 미래 사회에서도 지속적으로 추구되어야 할 가치임에 틀림없다.

우리 문학에서 페미니즘은 근대문학 초창기부터 꾸준히 다루어져 왔다. 하지만 여성 문인에 의해 여성 문제를 다룬 것으로 여성문학의 범주를 한정할 때, 남성 작가들이 압도하는 문단에서 여성 작가들은 그 존재의 희소성이나 특이함으로 기억되고 논의되어 온 것을 부인할 수 없다. 실제로 1920년대 전후만 하더라도 작가의 성별이 여성이라는 이유만으로 그 작가가 발표한 작품은 문단의 화제가 되었고, 작품에서도 여학생 인물 설정은 그 자체만으로 커다란 관심의 대상이 되는 경우가 흔했다. 사정이 이렇다 보니 그 과정에서 실제 이상으로 작품의 가치가 부풀려지거나 반대로 여성이라는 이유 하나로 인해 제대로 평가받지 못한 경우도 종종 있었다. 이런 현상은 우리 문학사의 전개 과정에 대체로 수십 년 동안 보이지 않는 관행처럼 지속되어 왔다.

그러다가 변화가 왔다. 1970-80년대의 경제 압축 성장과 사회의 급격한 변화는 문단에도 새로운 바람을 불러 일으켰다. 특히 80년대 말 현실 사회주의 세력의 연이은 몰락과 권위주의적 정권의 퇴조는 남성 중심의 거대서사가 서서히 퇴색해 가는 현상으로 나타났다. 대신 그 자리는 자잘한 일상사들로 채워진 미소서사로 대체되었다. 허위의 중산층 남성들과 젊은 지성인들은 더 이상 공적인 가치를 문제 삼는 '골치 아픈 현실'에 머리를 싸매지 않게 되고, 가식의 중류층 여성들은 신분 상승의 꿈에 젖어 부의 축적과 명품 구매, 건강과 성형 등에 관심을 집중시키는 바람이 일었다.

때맞춰 포스트모더니즘이라는 '해괴한 흐름'(우리 사회가 포스트모더니즘이 성행할 조건을 못 갖고 있다는 점에서)이 유입되어 그 본질과 무관하게 주변적이고 사소한 것들을 대단한 것인 양 강조하면서, 형식과 미학의 파괴에서 새로운 질서를 창출하는 본질과는 동떨어지게 불륜과 그로테스크한 것들을 다루는 작품들이 난무하게 되었다.

페미니스트들에게 비난받을 말일지 모르지만, 자잘한 일상사를 아름다운 필치로 묘사해서 완성시키는 데 여성 작가들은 남성 작가들보다 훨씬 유리하다. 이 말은 후천적인 노력의 문제가 아니라 선천적인 기질의 차이 때문이다. 그런 연유로 해서 90년대 초부터 우리 문단은 완전히 여성 작가들이 '접수'해 버리게 된다. 현실적으로 일부 남성 작가들이 써낸 작품들은 어렵고 골치가 아파서 외면 받고, 대다수 여성 작가들이 써낸 작품들은 읽기에 부담이 없고 일상적인 재미가 넘친다는 이유로 베스트셀러 반열에 오르는 경우가 흔하다. 그렇다고 해서 이게 잘못되었다거나 문제가 있다는 얘기는 아니다. 다른 사람이 잘되는 것을 배 아파하는 것도 아니다. 걱정되는 것은 문단이 어느 한쪽 경향으로 쏠리는 것이다. 그로 인해 균형을 잃게 되면 결과적으로 우리 문학의 발전과 향상에 장애가 되지 않겠는가 하는 염려를 하는 것뿐이다.

21세기에 들어와서 다른 부문과 마찬가지로 문단에서도 특정한 성향의 뚜렷한 주류의 흐름은 보이지가 않는다. 이미 사회가 그만큼 다양해지고 어느 한 흐름에 휩쓸리지 않을 정도로 성숙해 있기 때문일 것이다. 다만 여성 파워의 우위 현상과 미소서사의 범람 태세는 큰 변화나 별다른 저항 없이 20세기 말과 유사하게 지속되고 있는 듯하다.

손에 잡히는 대로 최근의 문학잡지를 들춰보면 대개는 여성 작가들의 작품이 상당 부분의 지면을 점유하고 있는 것을 보게 된다. 잡지 경영 측면에서 보면 독자를 확보할 수 있는 쉬운 길이 거기에 있는데 굳이 어려운 길을 택할 이유가 없을 것이다. 흔히 우리 문단에서 대표적으로 '부성의 문학'을 상징한다는 "창작과 비평"도 여기에서 예외가 아니다. 이번 2006년 봄호(통권 131호)에서도 그런 현상은 확인된다. 모두 다섯 편의 소설이 수록되었는데 그 가운데 하나는 장편 연재고, 나머지 네 편이 단편인데 그 중에 세 편이 여성 작가들의 작품이다. 박완서는 70대의 노익장을 과시하고 있고, 김인숙과 하성란은 40대의 중후한 목소리를 내고 있다.

「친절한 복희씨」(박완서)는 제목 그대로 복희라는 여자 이야기다. 시골의 어려운 가정에서 태어나 버스 차장을 목표로 상경했다가 먼저 와 있던 동네 총각의 소개로 어느 가게에 일자리를 찾아 들어갔는데, 결국 열아홉에 전실 아들이 있는 그 가게 주인의 후처로 들어가 다섯 남매를 낳아 고생하며 기르고, 지금은 반신불수가 된 남편과 함께 요일을 정해 찾아오는 아들딸 및 손주들과 살아가는 노파다. 특별할 것도 없고 대단할 것도 없는 그저 그렇고 그런 평범한 노인의 일생일 뿐이다. 지금 당장 웬만한 노인정에 가서 어느 할머니를 붙들고 얘기해 보라 해도 이와 비슷한 이야깃거리를 가진 분은 많이 있을 것이다. 그런데 이 작품은 이런 평범한 이야기를 어떻게 예술성 있는 구조로 변환시켰는가. 작가는 장대한 몸뚱이를 한 젊은 시절의 건장한 남편과 현재 불구인 남자를 대비시키고, 고된 노동에 시달리며 거칠어진 손에 글리세린을 발라주며 따뜻하게 어루만지는 대학생 식객과 욕정에 눈이 먼 남편을 나란히 등장시킨다. 또 전실 자식과 구별하지 않고 기른 자식들, 그들에게 쏟아 부었던 한 맺힌 정성과 현재의 야박하고 타산적인 자식들의 모습을 대조적으로 묘사하고, 벌레

한 마리 죽이지 못하는 착한 여자 이미지와 자식과 친정을 위해 온갖 힘든 일과 어려운 일을 예사롭게 하는 여자의 모습을 대비한다. 무엇보다 결정적인 것은 시집오기 전부터 지금까지 간직하고 있는 생철갑 속의 까만 아편 덩어리다. 죽을병에 걸린 사람을 낫게도 할 수 있고, 반대로 멀쩡한 사람을 죽게도 할 수 있다는 그 아편은 그녀에게 이 세상을 살아가고 버티게 해 주는 힘이었다. 그런데 불구의 남편이 약국에 가서 비아그라를 사려고 하면서 아내가 그 짓을 좋아한다고 말했다는 얘기를 듣고 그 모욕과 수모를 이기지 못해 그 아편을 가지고 강에 나가 멀리 던져 버린다. '세상이 아름다워서가 아니라, 내가 죽기도 억울하고, 누굴 죽일 용기도 없어서, 어쩔 수 없이 너 죽고 나 죽기를 선택'(p.108)하는 것이다. 그러면서 '나는 허공에서 치마 두른 한 여자가 한 남자의 깍짓동만한 허리를 껴안고 일단 하늘 높이 비상해 찰나의 자유를 맛보고 나서 곧장 강물로 추락하는 환(幻)을, 인생 절정의 순간이 이러리라 싶게 터질 듯한 환희로 지켜본다.'(p.109) 이 결말이 보여주는 바는 '찰나의 자유'로 상징된 여성으로서의 각성이다. 비록 때늦은 감은 있지만 지금껏 친정을 위해, 남편을 위해, 아이들을 위해 살아 왔던 삶과 작별하고 자신의 선택에 의해 자신의 의지대로 세상을 사는, 짧지만 깨어 있는 여성으로서의 삶은 소중한 것이 아닐 수 없다. 공자는 나이 70에 하고자 하는 대로 하여도 법도에 어긋나지 않는 경지에 이르렀다는데, 복희씨는 늘그막에 띠 동갑 남편의 추잡한 욕정에 의한 수모 때문에 여성으로서 새 탄생을 하게 되는 것이다. 평범한 것에서 중요한 의미를 찾아내어 깔끔하게 마무리하는 날렵한 솜씨는 어느새 원로 작가의 반열에 들어선 노 작가의 녹슬지 않은 기량을 과시하고도 남는다.

「조동옥, 파비안느」(김인숙)는 중년 여성인 작중화자 자신의 이야기와 어머니의 이야기가 겹치는 형태로 되어 있으나 중심은 표제에서 보다시피 어머니의 삶에 놓여 있다. 이 작품 속의 인물들은 이름이 없다. 작중화자는 그녀로, 그녀와 사귀는 남자는 손이 큰 그로, 그리고 아버지와 어머니라는 호칭으로만 호명된다. 작품 마지막에 가서야 어머니의 이름이 조동옥이며 동시에 파비안느라는 것이 밝혀질 뿐이다. 그녀가 열다섯 살이 될 무렵 그녀의 어머니와 아버지는 이혼을 한다. 박사가 되기를 바랐으나 하급 공무원이 된 아버지는 초등학교 교사의 딸로 피아니스트를 꿈꾸던 어머니와 어린 딸인 그녀를 남기고 일방적으로 떠나 버린다. 그녀의 어머니는 그 모욕을 견디기 위해 어린 딸을 데리고 고향 경주 등지를 떠돌며 안간힘을 쓰지만 끝내 술과 욕설에 젖어 있다가 마침내 더 이상 견뎌내지 못하고 그녀를 아버지에게 강제로 떠넘긴 채 친정 식구들이 있는 브라질로 떠난다. 그 무렵 그녀는 임신을 하고 출산을 한다. 그러나 아기는 열흘 정도 있다가 남의 손으로 떠나버린다. 아이를 떠나보내고 새어머니와 살게 된 그녀는 땅 속의 물건에 집착하는 이상 증세를 보인다. 아버지는 이런 딸을 자상하게 돌본다. 그리고는 여고를 졸업하고, 대학을 가고, 연애하고, 평범하게 산다. 그런데 브라질에서 그녀의 어머니가 사망했다는 편지가 온다. 편지를 쓴 사람은 열여섯 살 먹은 어머니의 딸이다. 16년 만에 듣게 된 어머니의 소식, 그 편지를 통해 어머니는 그곳에서 두 번 더 결혼을 했으며, 스스로를 '개잡년'으로 부르며 '농담으로 가득 찬 인생'(p.124)을 살았다는 걸 알게 된다. 그녀는 이전 개관한 국립박물관에서 실종되었다던 수령옹주의 묘지명을 탁본으로서가 아니라 실물로 보게 된다. 그 전시실의 유리에 두 팔에 아이 하나씩을 안은 여인이 유리 속으로 걸어 들어

가는 모습이 비치는 것을 본다. 그녀는 그게 '생의 마지막 16년 동안을 개잡년으로 보냈으나, 누구도 그를 개잡년이라고는 생각하지 않은, 바로 그녀의 어머니, 조동옥, 파비안느였던 것'(p.131)을 깨닫는다.

이 작품에는 세 여인의 모습이 겹쳐 있다. 고려 시대에 원나라로 가는 공녀로 딸을 뺏긴 아픔으로 고통을 겪다가 병이 골수에 들어 세상을 떠난 수령옹주가 그 첫째고, 꿈 많던 소녀가 남편에게 버림을 받고 끝내 이국으로 가 현지인과 두 번이나 결혼해서 스스로를 개잡년으로 호칭하며 살다가 세상을 떠난 그녀의 어머니가 둘째고, 부모의 이혼으로 어린 나이에 상처를 받아 임신과 출산을 겪은 적이 있으며 지금까지 제대로 된 삶을 살지 못하고 있는 그녀가 셋째다. 하지만 첫째와 셋째 여인 이야기는 둘째 여인의 이야기를 보다 효과적으로 전달하기 위한 보조 장치로 보인다.

그것은 우선 수령옹주의 이야기가 그녀와 사귀던 남자로부터 들었던 묘지명 속의 여인이고 그 내용 또한 한 글자씩 애써 해독해야 하는 난해한 한문 문장으로 되어 있다는 점에서 그러하다. 수령옹주의 삶을 해독해 보면 거기에 굴곡진 그녀의 어머니 삶이 고스란히 드러난다. 통입골수(痛入骨髓)라, 자신이 낳은 딸을 보지 못하는 고통, 보고 싶으면서도 헤어진 후 한 번도 연락하지 않았던 그 모진 마음은 역설적으로 지독한 애정을 반증한다. 그녀의 삶 또한 마찬가지다. 어려서 낳았던 아기에 대한 어머니로서의 그리움, 그리고 제대로 길러 주지 못하고 남의 손으로 떠나보낸 미안함과 죄책감, 그것 때문에 괴로워하고 있는 모습은 그대로 그녀의 어머니 모습이기도 하다. 몸은 먼 타국에 가 있지만 혈육에 대한 애정만은 한이 없었을 터, 그 마음을 무엇으로 표현할 수 있으랴. 그래서 어머니의 브라질에서의 인생은 그 딸에 의해 포르투갈어로 표현되고, 그 언어를 한 단어도 모르는 그녀는 그것을 마치 암호 풀듯이 한 단어씩 해명하면서 차츰 어머니의 진정한 마음에 가 닿게 된다.

결국 이 작품은 한 여인의 일대기를 다루면서 그것을 더욱 깊이 있고 유장하게 하기 위해 시간적으로 수백 년을 거슬러 고려 시대까지, 그리고 공간적으로 지구의 반대편에 있는 브라질이라는 나라까지 확장했다. 아울러 숨어 있는 의미를 찾아내라는 듯 난해한 한문 문장과 낯선 포르투갈어 암호 해독 장치를 곁들여 놓았다. 이런 장치들을 통해 독자들은 시간과 공간을 초월하여 연결되고 있는 여성성의 본질인 임신과 출산 그리고 본능적인 모성의 힘을 새삼 자각하게 된다. 그것은 개인적 운명에 따른 것이 아니라 필연적으로 우리를 존속케 하는 영원한 힘이자 패턴인 것이다.

「돼지는 말할 것도 없고」(하성란)는 억척스러운 엄마에 관한 얘기다. 엄마는 아버지를 끌고 시골에 와서 돼지 농장을 경영한다. 처음엔 단지 돼지 두 마리로 시작했는데 지금은 이천 마리가 넘는다. 엄마는 남자보다 더 억세고, 돼지 불을 까는 일도 척척 해내는 여장부다. 화자인 나는 도시에서 살면서 삼겹살 먹기 동호회 회원으로 활동한다. 거기서 H라는 남자를 만난다. 그는 그 분야의 전문가답게 박식하다. 그들은 정모와 번개 모임을 통해 맛있는 삼겹살 집을 찾아다니며 고기 맛을 즐긴다. 나는 엄마를 위해 게시판에 모차르트 삼겹살이라는 글을 올린다. 엄마는 돼지에게 모차르트 음악을 들려주는 특성화로 특별한 삼겹살을 생산하지만, 회원들이 방문하여 고기를 먹어 보고는 상품성이 없다고 판정하는 바람에 빛을 보지 못한다. 설상가상 돌림병까지 돌아 출하시기를 놓친 돼지 탓에 엄마는 큰 곤경을 치르게 된다. 동호회 모임에 H가 나타나지 않는다. 대신 그는 회전목마라는 사이트를 중심으로 놀이기구 타는 사람들의 모임에서 활동한다. 한참 후에 나는 H를 찾아간다. 그는 돼지처럼 비만에 빠져 있다. 잘 움직이지도 못한다. 어느 날 돈사에 불이 난다. 돼지들이 타 죽고 건물은 폭삭 다 타 무너져 버린다. 엄마는 타다 남은 돈사 앞에 주저앉아 여기 처음 올 때 그랬던 것처럼 돼지들이 새끼를 낳아 마릿수가 늘어나는 계산을 한다. 어느 날 H의 급한 전화를 받고 찾아가니 그는 엉덩이에 꼬리가 나려고 하는 모양인데 비만 때문에 굴신을 못해 그곳을 볼 수가 없다고 한다. 대신 내가 살펴보니 거기에 압정이 꽂혀 있다. 나는 돼지 몰 듯 그를 떠밀며 살이 쪘으니 이제 '출하'라고 소리를 지른다. 불이 난 돈사를 다시 고치고 고사를 지내려 돼지를 잡다가 목에 칼이 찔린 채 놓쳐서 그 돼지가 난동을 부린다. 그 돼지를 붙잡으려고 온 가족이 부산을 떨다가 엄마는 대학 축제 때 돼지를 몰아 잡던 것을 회상하고 새로운 사업 아이디어를 떠올린다. 엄마는 '돼지 잡아라' 라고 소리를 치며 달려 나간다.

여자와 돼지는 사실 잘 어울리는 짝이 아니다. 그러나 그것이 생계와 연관되면 이야기는 달라진다. 무서울 것도, 더러울 것도 없다. 엄마는 아버지와 달리 매우 적극적이고 능동적이다. 억센 인부들도 잘 다루고 사업 수완도 좋다. 몇 번의 고비가 있었지만 다 잘 견뎌냈듯이 화재로 소실된 농장도 곧 복구해낼 것이 틀림없다. 또한 엄마는 위기 때마다 새로운 아이디어로 돌파구를 찾아내기도 하는데, 모차르트 삼겹살 같은 것이 그것이다. 돼지에게 모차르트 음악이 어울릴 리가 없지만 엄마는 돼지들이 음악에 따라 반응이 다르다고 믿고 음악을 들려주는 일을 계속한다. 그러다 보니 테이프의 한 부분이 늘어나 '그 부분은 돼지소리와 비슷하게'(p.170) 들리기도 한다. 이 작품의 특이함은 돼지 사육이라는 진부한 소재에 젊은이들의 풍속과 문화를 접속하여 새로운 세계를 열었다는 데도 있다. 인터넷 동호회의 모임과 그들의 재기발랄한 닉네임은 잔잔한 미소를 떠올리게 한다. 또한 엄마가 당한 비극적 장면을 묘사하면서도 시종 유머와 비판적 풍자가 작동하는 것도 빼놓을 수 없는 장점이다. 맛있는 삼겹살을 찾아 즐기는 식도락가들의 허세와, 비하하던 돼지를 닮아 비만에 빠져 버린 인간을 과장적으로 묘사한 대목에선 쓴 웃음이 나온다. 그것은 현대인들을 향한 신랄한 비판이 아닐 수 없다.

박완서의 여자는 전형적인 우리 할머니들의 초상이다. 젊어서 모든 것을 희생하고 늙어서 대접받지 못하는 그런 나이든 여자의 늦깎이 자각 과정을 깔끔하게 그려냈다. 김인숙의 여자는 운명적으로 헤어진 혈육의 문제를 한과 애정의 관점에서 패턴화해 낸 독특한 작품이다. 시공간의 확장과 암호 해독이라는 장치 또한 각별한 예술성을 띄고 있다. 하성란의 여자는 억세고 당찬 여장부 모습이다. 그녀에겐 운명도 역경도 장애가 되지 못한다. 이런 생활력 강한 여성 또한 우리 시대의 보편성을 띈 한 전형이다.

이 작품들은 각각의 특색과 장점을 갖고 있다. 사람마다 개성이 있듯이 이 작품들도 독특한 문법과 분위기로 독자적인 아름다움을 형성하고 있는 것이다. 하지만 이 세 여자 이야기를 읽으면서 이들 여성들이 과연 여성을 넘어 인간 전반의 문제의식을 제대로 구현하고 있는가 하는 약간의 아쉬움이 남는 것을 숨길 수 없다. 앞에서 말했듯 여성성이나 여성다움은 남성에 대한 대타적 존재로서가 아니라 스스로 주체적 존재로 확립할 수 있을 때 비로소 그 의미를 갖기 때문이다. 아울러 하나 더 말하고 싶은 것은 이들 작품에서 다루어지고 있는 것들이 우리가 살고 있는 이 시대의 문제의식과 갖는 거리감이다. 이는 작가의 철학과 역사의식의 문제이기에 꼭 비판적으로 말하기는 어렵지만, 그것이 좋은 작품이 되기 위해 피해 갈

수 없는 조건이라는 점만은 반드시 기억할 필요가 있다.

5. 어머니의 부재, 그 전달 방식의 탁월함

신경숙/『엄마를 부탁해』

신경숙의 **『엄마를 부탁해』**라는 소설이 화제다. 언론에서야 당연히 독자가 많이 읽고 판매가 많이 되는 작품을 다룰 수밖에 없고, 또 언론에서 다루어 주면 판매 부수가 늘어나는 속성 때문에 더욱 상승 작용을 일으키는 것 같다. 신경숙은 기본적으로 그녀의 소설을 좋아하는 고정 독자층이 형성되어 있어 출판사로서도 프리미엄을 인정하는 인기 작가이고, 그런 작가가 쓴 작품이니 불황 속에서도 그 작품이 화제가 되는 것은 당연한 일일 것이다.

그러나 이 작품을 읽고 나서 생각해 보니, 이 작품이 기록적인 판매 부수를 기록한 것은 딱히 그런 이유만 있는 것은 아닌 것 같다. 물론 어떤 작품이 많이 팔렸다고 해서 꼭 좋은 작품으로 직결될 수는 없고, 반대로 많이 안 팔렸다고 해서 그 작품의 가치가 떨어지는 것은 아니다. 작품의 판매 부수가 그 작품의 가치 평가에 정비례하는 것은 아니라는 말이다. 하지만 요즘 같은 경제 불황 속에 왜 이 작품이 그리 많이 팔렸을까? 사람들은 왜 이 작품을 많이 읽었을까?

우선 작품의 소재가 친근하고 공감이 간다는 점이다. 서울역에서 어머니를 잃고(혹은 잊고) 남편과 아들과 딸이 찾아나서는 과정은 모든 사람들에게 그것이 남의 일이 아니라는 느낌을 줄 것이다. 누구에게나 일어날 수 있는 일, 나와 동떨어진 먼 곳의 일이 아니라 언제라도 내게 일어날 것 같은 일, 그런 평이하고 친근한 소재가 사람들의 마음을 움직였을 것이다.

다음으로 작품의 서술 시점이 매우 특이하다. 대개 장편의 경우 전지적 시점으로 서술되는 게 보통인데, 이 작품은 남편, 아들, 딸, 어머니 자신 등으로 시점이 변동되고 분산되어 독특한 모습을 보인다. 이는 읽는 사람들에게 신기한 느낌을 준다. 또한 그런 변화는 사건을 입체적이고 생생한 느낌으로 인도한다. 이는 작가의 소설 창작 능력에 관련되는 문제일 것이다. 제재의 선정과, 그것을 독자에게 전달할 가장 효과적이고 적합한 방식은 작가 능력의 우열을 가리는 열쇠일 것이다. 사실 이런 소재야 어느 작가나 생각할 수 있고, 누구라도 떠올릴 수 있는 내용이다. 문제는 그것을 전달할 방식과 기법의 차이에 있다. 작가는 이 점을 적확하게 파악하고 있고, 효과적으로 달성하고 있다. 독자들은 그 절묘한 작가의 재능에 몰입하지 않을 수 없다.

또한 이 작품은 중요하지만 잊고 있던 사물에 대한 새로운 인식을 깨우친다. 그것은 어머니라는 인물이다. 우리는 종종 아주 소중한 것에 대한 가치를 몰각할 때가 많다. 어머니라는 존재가 그것에 해당한다. 너무도 당연한 존재이기에 우리는 어머니가 하는 일의 중요성과 가치, 어머니의 위상과 무게를 망각하고 산다. 그래서 어머니의 말이나 행동은 남의 말이나 행동에 비해 중요도에서 대개 뒤에 놓는 경향이 있다. 특히 나이가 많은 어머니, 자신보다 많이 배우지 못한 어머니일수록 더욱 그렇다. 그런 어머니의 소중함은 언제나 그 자리에 있을 듯한 어머니가 사라졌을 때 비로소 인식된다. 어머니의 부재, 그것이 주는 충격과 존재감의 재인식, 이 작품은 그것을 극명하게 부각하여 전달하고 있다.

또 이 작품은 서술 문장이 아주 평이하고 친절해서 읽기에 부담감이 없다. 여성 특유의 날카로운 일상성의 포착, 예리하고 적확한 감성의 묘사는 독자들을 강하게 붙잡고 놓아주지 않는다. 골치 아프게 의미를 생각하고, 다시 읽어서 문맥을 연결해야 하는 고민을 하지 않아도 된다. 그저 읽는 대로 머릿속으로 들어온다. 편안하게 작품의 세계로 안내한다. 마치 안락한 자리에 앉아 있기만 하면 모든 것을 알아서 다 해 주는 최상의 서비스를 받는 느낌이다.

반면 이 작품에는 아쉬운 부분도 있다. 비단 이 작가에 국한되는 사실은 아니지만, 작품 전체에 걸쳐 감성의 자극과 공감의 정서가 넘쳐흐르고 있으나 그것이 우리 사회의 본질과 핵심에 얼마나 문제의식으로 작용하고 있는가 하는 점이다. 물론 소설의 효용에 대해 여러 논란이 가능하다는 점을 인정해도, 근대소설이 탄생하고 유지되는 근본적인 이유를 상기해 보면 작품을 다 읽고 나서 독자의 사유의 변화를 이끌어내는 지점이 어디일지 궁금하다. 가정의 붕괴와 가족의 해체라는 이 시대의 문제의식에 접근하기에는 어딘가 공소하다는 느낌을 지울 수가 없다.

덧붙여서 어머니의 남자 이야기는 차라리 없는 편이 나았을 듯하다. 전반적으로 작품에 묘사된 어머니의 이미지와 어울리지 않을 뿐 아니라 자연스러운 이야기의 흐름을 훼방하는 역할을 하는 것 같다. 아무리 그게 사실에 기반을 둔 이야기라 해도 어떤 제재가 소설에 들어오면 그 소설의 지형과 흐름에 맞도록 순치되어야 한다. 그런 점이 부족한 채 도사린 이 남자의 존재는 꽤 어설프다. 따라서 이 남자의 순애보적 태도 또한 작위적이어서 공감이 별로 크지도 않기 때문이다.

6. 곰팡이 핀 절망의 탈출구

은미희/ 「푸른곰팡이가 있는 풍경」

얼마 전에 간통죄 처벌 조항(형법 241조)이 헌재로부터 합헌 판결을 받았다. 해당 법 조항으로 재판을 받던 당사자가 이 조항에 대해 위헌 여부를 판단해 달라는 제청을 한 것에 대한 재판 결과다. 그런데 이런 판결은 이번이 처음이 아니다. 전에도 세 차례에 걸쳐 그런 제청이 있었고 결과는 동일했다. 다만 한 가지 큰 차이가 있다. 전에는 압도적 다수로 합헌 판결을 했었는데, 이번에는 9명의 재판관 중 5명이 위헌 내지 헌법 불합치 의견을 내서 합헌 의견을 낸 4명의 재판관보다 많았고, 위헌판결 정족수에 1명이 부족해 아슬아슬한 수치로 합헌 판결을 받았다. 시대의 변화를 수용한 판결, 이미 실효성을 상실한 법 조항 등의 해설이 뒤따랐다.

간통 행위 처벌이 가정을 지키는 최후의 보루인지, 아니면 성적자기결정권을 제약하는 낡은 유산인지는 아직도 쉽게 판단하기 어려운 논란거리다. 여성계에서는 약자인 여성을 보호하는 마지막 수단이라고 하고, 유림에서는 인륜을 지키는 최소한의 장치라고 옹호하는 가운데, 이 조항의 폐기를 찬성하는 측에서는 성인 남녀가 스스로의 주체적인 결정으로 행하는 지극히 개인적인 사생활에 국가가 개입하는 일 자체가 어불성설이며, 국가 권력이 남녀의 이불 속 일까지 처벌하는 것은 시대착오적인 일이라고 주장한다. 실제로 외국의 예를 살펴보더라도 소위 선진국이라는 나라에서 이를 문제 삼는 곳은 거의 없다. 우리나라를 포함한 몇 나라만이 이 제도를 유지하고 있을 뿐이다.

간통이란 무엇인가? 사전에는 '결혼하여 배우자가 있는 사람이 배우자가 아닌 사람과 성적 관계를 맺음'이라고 풀이되어 있다. 그런데 기혼자가 배우자 아닌 사람과 성적 관계를 맺는 간통에는 통상적으로 강압이나 위계 같은 것이 배제되어 있다. 즉 상호간에 묵시적이든 노골적이든 좋아하는 감정이 전제되어 합의로 이루어지는 행위인 것이다. 따라서 이를 생물학적 시각으로 해석하면 더 좋은 2세를 남기려는 욕망의 발현으로 볼 수 있으며, 또한 사회적 관점으로 보면 사람과 사람이 만나 이루는 다양한 인간관계 양상의 하나인 사회적 현상으로 풀이할 수도 있다. 그러므로 이를 법으로 처벌하든 하지 아니하든 이는 인류 사회가 지속되는 한 결코 사라지지 않을 풍속이자 사회 현상의 하나인 것이다. 물론 그렇다고 이를 장려하거나 방치하라는 이야기는 아니다. 사회의 질서를 유지하고 가정이라는 조직을 보호하기 위해 예방 차원의 암묵적인 사회적 공감대는 당연히 필요하다고 할 수 있다.

헌재의 결정대로 이 조항을 존치한다고 해도 그 실효성에 대해서는 의문을 제기하는 사람들이 많다. 실제 법을 운용하는 사람들의 조사에 의하면 이 조항은 위자료 청구의 목적으로 악용되는 면도 있고, 법 조항의 처벌 규정대로 실형을 받는 비율도 극히 미미하다고 한다. 다시 말해 이 조항의 형법적 기능이 이미 상실되어 가고 있다는 것이다.

이런 법 조항에 대한 근본적인 논란이나 처벌의 실효성 논쟁에도 불구하고 우리 현실은 어떠한가. 간통죄가 친고죄이기는 하지만 현실에서 이루어지는 모든 간통 행위를 다 조사하여 법대로 처벌하기로 한다면 아마도 법원의 모든 업무가 마비되어버릴 것이다. 더 나아가 간통 행위를 폭

넓게 해석하여, 예컨대 마음속으로 간음한 것도 죄가 된다는 예수님의 정신으로 본다면 이 세상에 죄인 아닌 사람을 찾는 것은 거의 불가능에 가까운 일이 될 것이다. 실제로 요즘 사람들의 성 도덕 내지 윤리에 대한 인식은 과거에 비해 크게 달라졌다. 특히 근대민주주의 도입 이후 서구적인 제도와 판단 척도가 우리 생활을 점령해 버려 우리 일상생활의 변모가 엄청나게 이루어졌다. 간통뿐만 아니라 남녀 간의 사랑이나 인간관계에 있어서도 이제 서구의 기준과 방식이 자연스럽게 수용되어 가고 있는 사실을 부인하기 어렵게 된 것이다.

이런 현실을 반영하듯 우리 주변에는 간통을 소재로 한 작품들이 아무렇지 않게, 아무 제약도 없이 유통되고 있다. 매일 안방에 방영되는 텔레비전 드라마나 인기 속에 판매되고 있는 문학 작품 중에서 간통을 소재로 한 작품들을 발견하는 것은 이제 다반사처럼 되었다. 그뿐 아니다. 세계 명작의 반열에 드는 작품 가운데도 간통을 제재로 한 것이 많다. 요는 간통을 도덕적 기준으로 보는가, 인간 본연의 본성을 다루는 일로 보는가의 차이일 것이다. 더 나아가 제재상의 문제가 아니라 그 대상을 얼마나 예술적으로 승화시켜 형상화했느냐가 문제일 것이다. 극단적으로 말하면 도저히 용납할 수 없는 비인간적 행위조차도 그것을 다루는 태도와 방법에 따라서는 충분히 위대한 예술 작품의 대상이 될 수 있는 것이다. 간통은 물론 그보다 더 악질적인 살인이나 잔혹 행위를 다룬 세계 명작들이 그것을 실증해 주고 있지 않은가.

간통 문제는 우리 신문학 초창기부터 주요 제재로 많이 다루어져 왔다. 김동인의 '감자'를 비롯해서 채만식의 『탁류』, 김말봉의 『찔레꽃』, 정비석의 『자유부인』 등등 한 시대의 화제를 점령했던 작품들이 직간접적으로 간통 문제를 제재로 하고 있다. 이는 우리 소설문학이 주로 신문 연재를 기본으로 하여 전개된 사실과도 연관이 있을 것이다. 즉 신문 연재소설이 불가피하게 취할 수밖에 없는 통속성, 선정성을 따르다 보면 가장 효율적인 수단으로 간통이 선택되는 것은 지극히 자연스러운 일이었을 것이다. 이런 사정은 해방 전의 문학이나 해방 이후의 문학이나 큰 차이가 없다. 다만 시대의 추세를 반영하는 배경이나 세밀한 제재의 선택, 그리고 그것을 대하는 인식이나 태도에는 변화가 있지만, 일탈로서의 간통 행위 자체는 변함이 없다고 볼 수 있다는 것이다.

하지만 간통 제재 문학은 문단의 비주류로서, 조금은 부끄러움으로 은밀하게 진행되어 왔다. 이 문제에 대한 우리 사회의 통념을 반영한 결과일 것이다. 그러던 간통 행위 제재 작품들이 당당하게 목소리를 내면서 '주력 상품'으로 자리 잡은 것은 아마 90년대 초부터가 아닌가 한다. 여기에는 크게 두 가지 사실이 작용했다고 생각된다. 하나는 현실 사회주의의 몰락이다. 20세기 초에 전 세계 청년들의 열광적 지지를 받으며 유토피아처럼 등장했던 사회주의가 소련의 해체를 시발로 결국 참담한 실패로 귀결되면서 아노미현상을 초래했다. 굳건하게 믿고 있던 신념의 체계가 실종되어 버린 허탈감, 미래의 전망이 차단되어 버린 데서 오는 허무함, 그 자리를 무엇으로 채울 것인가. 대안이 될 수 있는가에 대한 진지한 성찰이 실종된 채 해체주의니, 포스트모더니즘이니 하는 것들이 물밀 듯이 들어왔다. 또 하나는 페미니즘의 유입이다. 오랜 가부장 사회의 전통이 뿌리 깊게 자리한 우리 사회의 특수한 여건상 페미니즘은 당연하고도 실효성 있는 이데올로기이지만, 그 본질은 덮어 둔 채 표피적인 여권 운동으로 왜곡된 페미니즘이 시대적 트렌드로 강력한 영향력을 행사하게 되는 기이한 현상이 현실화되었다.

이 두 가지 사실이 우리 문학을 크게 변화시킨 결과로서 남성적 거대 서사의 왜소화 내지 소멸, 여성적 글쓰기라는 이름의 미세 서사의 유행이 보편화 되었다고 생각한다. 개인적인 견해로는 이 무렵부터 문학의 주도권이 남성 작가로부터 여성 작가 쪽으로 이행한 것이 아닌가 한다. 물론 그것이 좋다 나쁘다는 가치 판단을 전제로 하는 얘기는 아니다. 굳이 남성 작가와 여성 작가를 구분해서 생각하자는 뜻도 아니다. 다만 한 나라의 문학이 어느 한쪽으로 지나치게 편향되는 것은 매우 우려스러운 일이라는 점을 지적하고 싶을 뿐이다.

그런 사실 인정 여부와 상관없이 현재 우리 문학 시장이 여성 작가들에 의해 지배되고 있다는 것은 움직일 수 없는 현실이다. 몇몇 여성 작가들의 상품성은 거액의 선 인세를 지급하며 출판권 쟁탈을 벌이는 출판사들의 경쟁으로 여실히 증명되고도 남는다. 물론 일부 작가에 국한되기는 하지만 작가들에 대한 이런 파격적 대우는 문학에 종사하는 사람들에게는 부러운 일이 아닐 수 없다. 그들에 대한 근거 없는 질시나 폄하는 옹졸한 샘내기에 불과할 것이다. 어찌되었든 그만한 평가를 받는다는 것은 그만한 문학적 능력이 있다는 증거일 것이기 때문이다.

은미희의 **「푸른곰팡이가 있는 풍경」**(내일을 여는 작가 52호, 2008 가을호)은 외견상 여성 작가에 의해 한 부부가 각각 행하고 있는 간통을 소재로 하고 있다는 점에서 일견 이 시대의 큰 흐름인 문단 풍조를 반영하고 있는 작품으로 볼 수 있다. 그러나 다른 작가의 간통 소재 작품과는 차별성이 커서 같은 부류로 분류하기에는 좀 무리가 있어 보인다.

가장 큰 차이는, 간통(혹은 불륜)을 흔히 취급되고 있는 것처럼 여성의 정체성 찾기나 주체로서의 확인, 또는 쾌락의 추구나 갑갑한 일상으로부터의 일탈 정도로 다루고 있지 않다는 점이다.

이 작품 속의 부부(원진과 영미)는 경제적으로 여유 있는 가정을 이루고 있다. 명시되어 있지는 않으나 원진은 자기 사무실을 갖고 있고, 출근 시간에 구애받지 않는 점으로 보아 자영업에 종사하는 것으로 보인다. 영미 역시 특별한 자기 일을 갖고 있지는 않지만 생활에 쪼들리거나 다른 고민거리가 있는 인물은 아니다. 오직 '집밖에 모르는 여자다.'(p.195) 이처럼 그만한 조건을 갖추기 어려운 이들 부부에게 한 가지 문제가 있다면 아이가 사고로 세상을 떠났다는 것이다. 그 사고로 인해 이들 부부에게는 회복하기 어려운 문제가 발생한다. 원진은 그 심적 고통을 풀기 위해 정란이라는 여자를 만나 성관계를 맺는다. 일종의 탈출구로서 그것을 선택한 셈이다. 영미 또한 외간 남자를 만난다. 그 행위가 무엇을 위한 것인지는 알 수 없다. 처음부터 끝까지 사건 서술은 원진에 의해 이루어지고 있고, 영미의 외간 남자 만남은 전적으로 원진의 시각과 추측으로만 이루어지기 때문이다.

원진은 정란과의 격렬하고 난폭한 성행위를 통해 '흔적도 없이 사라지고 싶은 욕구'(p.186)를 실현시키려 시도하고, '환상이 아닌 실재로서의 확인'(p.187)을 추구해 보지만, 결국 그것은 이루어지 않는다. '살고 싶은 몸부림, 비명, 절규'(p.189)로서 정란의 몸 위에서 용을 써 보지만 그 또한 '습관과 관성'(p.189)으로만 남을 뿐이다. 정란은 원진에게 그러한 목적 달성을 위한 도구에 불과하다. 따라서 그들 둘 사이에 사랑 같은 것은 없다. 남녀 사이의 애틋한 감정 같은 것도 없다. 그들에게 있어 섹스는 그저

이기적인 목적을 위한 수단에 지나지 않는 것이다. 실제로 정란은 단지 '지루함과 권태'(p.190, 192)를 이유로 원진을 만나 섹스를 한다. 아무런 조건도 없고 대가도 없다. 그저 권태를 해소하기 위한 순간적인 선택이고 지루함을 달래기 위한 가벼운 유희일 뿐이다.

원진이 애초부터 그랬던 것은 아니다. 그에게도 '시간시간들이 다 빛나고, 설렜으며, 미래의 설계로 가슴이 뻐근하던 때'(P.192)가 있었다. 그랬던 그가 크게 변한다.

> 헌데 언제부터 그 모든 것이 시들해졌는지 알 수 없다. 그저 눈치 채지 못하는 사이에 말이 없어지고, 웃음이 사라지더니 온갖 것에서 의미를 찾아 삶에 대입시키던 노력이 증발되어 버렸다. 더불어 미래를 보여 주던 영사기도 파팟, 꺼지고 말았다. 전망 부재의 암흑과 지루함만이 미래의 시간 속에 도사리고 있었다.(P.192)

왜 그렇게 되었는가. 아마도 아이가 사고로 세상을 떠난 뒤부터였을 것이다. 그 이후 아내는 '푸른 이끼 같은 곰팡이'(p.190)가 되었다. 2년 전, 사무실에서 집으로 돌아온 원진에게 아내는 곰팡이로 보인다. 곰팡이는 '말 한 마디 없이 수도꼭지를 틀고, 가스 불을 켜고, 냉장고에서 반찬을 꺼낸다.....그 곰팡이와 잠을 자고, 곰팡이와 밥을 먹고, 곰팡이와 생활해야 했다.'(pp.190-191) 그리고 그 곰팡이는 원진에게로 옮아온다. 원진은 그것을 용납할 수 없어 정란을 찾는다. 그런데 곰팡이가 된 아내는 남편과 정란의 외도에 대해 무심하다. 불같이 화를 내고 협박을 해야 정상인데 영미는 철저히 무시하고 경멸할 뿐이다. 원진은 그런 아내를 보며 '가슴을 쥐어짜는 듯한 그악스런 흉통'(p.193)을 느낀다. 그래서 태질하듯 정란의 몸을 탐하지만 남는 것은 '허망함과 허무함'(p.193)뿐이다.

정란과의 자학적인 성행위를 밤새도록 벌인 원진은 사무실로 가지 않고 집으로 온다. 그런데 집에 아내가 없다. '아내에게 이해 받기를 포기하고' '유령을 대하듯 살아왔지만'(p.195) 문득 아내의 '빈자리가 너무 크다'(p.196)는 것을 깨닫는다. 그 계기는 앞집 여자가 보관했다가 전해준 소포다. 그 소포는 고대 인도의 성에 대한 경전인 까마수뜨라다. 아내는 왜 이것을 주문했을까. 원진은 아내에 대해 새롭게 생각하기 시작한다.

> 아내는 도대체 어떤 여자였던 것일까. 이제까지 자신이 알고 있던 여자가 아내가 맞는 걸까. 원진은 헛갈리기 시작했다. 아니, 한 번도 아내라는 여자에 대해 알았던 적이 없는 것만 같았다. 왜 아니겠는가. 본인이 누구인지, 어떤 사람인지 알지도 못하는데, 어떻게 감히 타인을 안다고 자신할 수 있겠는가. 그저 안다고 착각하고 살았을 뿐.(p.196)

원진은 아내의 흔적을 추적하기 시작한다. 옷장에서 자기 것이 아닌 다른 남자의 셔츠와 넥타이가 나온다. 더 뒤지자 깨끗이 빨아 정리한 속옷과 양말도 나온다. 원진은 배신감과 상실감에 명치끝이 아려온다. 분노와 긴장도 느낀다. 믿을 수가 없다. '아내의 몸은 소도처럼 남아 있어야 한다'(p.198)고 믿었던 그는 아내의 불륜에 대해 격렬한 분노와 동시에 성욕을 느낀다. 그리고 상대 남자에 대한 온갖 상상에 빠진다. 누구일까? 그에게 얼마만큼 주었을까? 몸도 마음도 다 주었을까? 아예 존재자체를 걸었을까? 원진은 아내를 찾아 나선다. 장인에게 전화를 걸어 보고, 친하게 지내던 아내의 선배 가게를 찾아간다. 그들은 아내의 행방을 모른다. 선배로부터 '살아있어도 죽어있는 거나 다름없고 세상을 살아갈 이유가 필요하다'(p.200)는 말을 했다는 것을 들었을 뿐이다. 앞집 여자도 아내의 행방을 모르기는 마찬가지다. 다만 단서가 될 만한 말을 한 마디 듣는다. 백운호수 쪽의 '푸른 물소가 있는 카페'에 가고 싶어 했다는 것이다. 원진은 그 카페로 차를 몰기 시작한다. 그러나 그는 호수 가까이 와 차를 세우고는 잠에 빠진다. 한참 후 잠에서 깬 그는 끝내 카페에 들르지 않고 차를 돌린다. 그리고는 정란에게 전화를 건다. 아내에 대한 복수로 정란의 몸을 갈기갈기 찢고 싶다는 다짐을 한다. 그 순간 그에게는 참을 수 없는 구역질이 시작된다. 그리고 아내와의 시간을 되돌려 놓고 싶은, 아내의 몸에 곰팡이가 더 이상 자라지 않게 지켜 주고 싶은 후회와 반성을 한다. 그러나 이미 그들 부부에게 '두텁게 낀 곰팡이가 서로의 체온을 지우고, 서로의 기억을 지우고, 서로의 존재를 지워가고 있다'(p.204)는 것을 실감한다.

간통에 대한 원진의 생각은 지극히 이기적이고 자기중심적이다. 자신은 간통을 하면서도 아내는 그래서는 안 된다는 것은 대부분의 남성들이 갖고 있는 대표적인 이중인격의 모습일 것이다. 간통이 특별한 사람에게만이 아니라 평범한 보통 사람에게도 충분히 가능한 일이 되어버리다시피 한 요즘 세태에서 남성들의 이런 전도된 가치의식은 낯선 것이 아니다. 작가는 이 점을 신랄하게 비판하려는 의도를 가진 듯하다. 간통에 대한 이런 남성 중심적 사고는 원진이 간통한 아내를 상상하는 대목에서도 노출되고 있다. 즉 그는 아내가 다른 남자와 관계를 맺으며 행복하기보다는 죄책감을 느꼈을 것으로 상상한다. 아니, 그렇기를 원한다. 그러면서도 그 남자를 자신과 비교하여 '늘 축 쳐져 있는 자신과는 다르게 그 남자는 푸릉푸릉 더운 입김을 뿜어대며 아내를 향해 달려들고, 아내를 감싸고, 아내를 보호해 주었는지도 모른다'(p.202)는 생각을 한다. 비교를 통한 일종의 질투라 할 수 있다.

이 작품 속의 간통은 외설스럽지도 않고 성적 쾌락 추구와도 거리가 멀다. 그보다는 부부 상호간의 각자 존재 확인을 위한 기능으로 작용한다. 물론 원진이 탐닉했던 정란과의 간통은 곰팡이로부터의 탈출이나 실재 확인 욕구로서 시작되었지만, 종내 그것은 허망한 착각이었음이 명징하게 증명된다. 그것은 결코 절망의 탈출구가 될 수 없다는 아픈 깨우침인 것이다. 아내의 불륜 또한 작품 속에서 구체적으로 전개되고 있지는 않지만, 원진의 추리에 의해 그 의미가 새롭게 매김이 된다. 즉 원진은 아내를 곰팡이로 인식하고 있지만 아내는 불륜을 통해 '다른 남자와의 사이에서 농염한 칸나 꽃으로 불타오르는'(p.201) 존재가 될 수도 있을 거라는 인식이 그것이다.

이 작품의 미덕은 이런 간통에 대한 인식의 새로움만이 아니다. 일반화하여 말하기에는 다소 한계가 있지만, 여성 작가들은 대체로 소설 서술에서 섬세함, 치밀함, 정교함 등에서 본질적으로 남성 작가에 비해 뛰어나다고 할 수 있다. 이 작품에는 인물들의 섬세한 심리 변화나 주변 환경에 대한 미세한 관찰이 놀랄 만큼 정교하고 치밀하게 서술되고 있다. 이는 남성 작가 작품에서 그 유례를 찾기 어려운 여성 작가만의 고유한 영역이라 할 수 있을 것이다. 작품을 읽어가다가 이런 아름다운 묘사를 만나는 기쁨은 소설 독서에서만 맛볼 수 있는 망외의 소득일 것이다.

간통은 불륜이고 금기라는 강압적 사고는 윤리 강령은 될 수 있어도 그 자체로 문학 작품이 되기는 어렵다. 또한 간통은 무조건 금하고 처벌한다고 해서 사라질 풍속도 아니다. 이미 수 천 년 전 공자는 왜 남녀유별을 그토록 강조했던 것일까. 불교의 5계나 기독계의 십계명 중에 왜 간통이 한

항목으로 들어 있을까. 인간으로서 범해서는 안 될 윤리이어서 그렇기도 하겠지만 달리 해석해 보면 그 시대에 그만큼 간통이 성행했다는 반증이 아닐까. 그렇다. 시대가 바뀌고 지역을 달리해도 인류가 사회생활을 영위하는 한 간통은 영원히 달콤한 유혹으로 남을 것이고, 대부분의 인류는 남녀와 빈부귀천을 불문하고 간통의 영역으로부터 완벽하게 자유롭지는 못할 것이다.

따라서 간통을 제재로 하는 예술 작품은 끊임없이 창작될 것이고, 그것이 소모적인 타락이 되지 않기 위해서는 작가의 인생과 사회에 대한 냉철한 판단과 의식이 요구된다고 할 수 있다. 다시 말해 동일한 간통 제재를 다루면서도 그것을 끈적거리는 통속성이나 추잡한 외설로 표현할 수도 있고, 냉정한 거리를 유지하면서 그 본질적 의미를 인생의 해석과 관련하여 천착할 수도 있다는 말이다. 이 작품은 그런 면에서 간통이라는 다소 진부하면서도 통속에 빠지기 쉬운 제재를 문학작품으로 잘 승화시킨 모범 사례로서 손색이 없다 할 것이다. 더욱 강한 자극을 추구하기 위해 괴기스럽고 엽기적인 간통 제재 작품들이 횡행하는 시대에 이런 깔끔한 작품을 만날 수 있는 것 또한 흔한 일은 아닐 듯하다.

7. 사라지는 것들에 대한 끈질긴 집착

심윤경/ 「달의 제단」

모 일간지에서 제정한 대한민국 최고 상금 문학상 후보작으로 거론되었던 작품이다. 분자생물학을 전공한 작가의 작품이라고는 믿어지지 않을 만큼 국문학 고전 형식의 언문 내간을 그 기본 골격으로 채택하고 있는 이 작품은 우선 단아하고 절제된 느낌을 준다. 한 가문의 흥망을 역사적 무늬로 되비치면서, 조모와 시집 간 손녀 사이에 오간 이 언간(諺簡)들은 조상의 묘소 이전 과정에서 출토된 것들인데, 이는 모두 작가의 창작이라고 한다.

작품은 서안 조씨의 종손으로 국문학을 전공한 주인공 상룡을 중심으로 전개된다. 그 할아버지는 무너진 예전의 가문을 다시 일으킨 장본인으로 나이를 먹어가면서 철저한 의고주의자요 완고한 혈통주의자로 변모한다. 그런 조부에게 상룡은 그 아버지가 정식으로 지조 있는 집 여자와 결혼하지 않고 젊은 날 연애로 만난 여자 사이에서 태어난 손자이기에 인정을 받지 못한다. 순수한 제도권의 손자가 아니라는 이유다. 그는 조부에게 불결하고 추한 씨앗일 뿐이다. 그러나 조부의 아들이자 상룡의 아버지는 그 부친과의 불화를 견디지 못하고 자살하고 만다. 대를 이을 자손이 없게 되자 어쩔 수 없이 조부는 상룡을 데려온다.

조부의 하대와 무시 속에서도 상룡은 종갓집 종손으로서의 임무와 법도를 익혀 나간다. 그러나 젊은 나이의 그에게 조부의 강요된 그런 지시는 반항심을 불러일으킬 뿐이다. 그는 조부의 기대와 달리 국문학을 선택하며, 결국 옛글로 된 그 언간들을 해석하라는 임무를 부여 받는다. 그 해석 과정에서, 그는 가문을 지키기 위해 그의 옛 조상들이 얼마나 비인간적인 횡포와 음모 속에 살았는가를 깨닫게 된다. 그러면서 그것들은 고스란히 조부의 행위로 현재화되어 있다는 걸 알게 된다. 그로부터 그는 조부의 기대와 명령과는 반대로 반항적인 사람으로 바뀐다. 여자가 없는 집안에서 오래 가문을 지켜나가는 일을 하는 여자인 달시룻댁의 딸, 기괴한 용모에 지능이 모자라는 여자를 범해 임신을 시키고, 할아버지에게 그 여자와 결혼하겠다고 대드는 것이다. 조부는 그 모녀를 집에서 내보내는 것으로 가문의 수치를 덮으려 한다.

그러나 조부의 재산과 권위로 지키려 하는 가문의 전통과 맥은 이미 지켜지기 어려운 세상이 되어 버렸다. 다만 조부만 그걸 인정하고 있지 않을 뿐이다. 상룡에 의해 해석된 언간에서 드러난 치욕스런 과거를 아무리 인정하지 않고 덮으려 해도 그건 불가능한 일이다. 마찬가지로 목숨을 걸고 지키려는 순수 혈통과 누백 년 이어온 가문도 이미 시대적으로 끝난 일을 붙들고 헛 힘을 쓰는 일에 지나지 않는다.

조부에게는 '문화재적인 가치'가 있는 언간도 가문에 욕이 된다면 아무 의미 없는 종이쪽에 불과할 뿐이다. 그래서 그는 그것들에 불을 붙인다. 상룡은 그걸 막으려 하지만, 그래서 난생 처음으로 조부에게 '당신은 미쳤어!'라고 부르짖지만, 불길은 그 조부가 그렇게 지키려고 하던 가문의 정통과 순수성을 상징하던 효계당 건물을 삼키고 만다. 그리고 그 불길과 함께 조부의 강인한 고집과 왜곡된 시대 착오의 가문의식도 모두 불에 타

버리고 만다. 그 불길 속에서 조부는 '행복한 임종'을 맞이하지만, 상룡은 수 백 년 이어오던 가문의 종언을 조상하듯 하는 뭇 여인들의 환상을 본다. 그리고 조부와의 불화나 도저히 수용하기 어려운 수모와 냉대를 끌어안고 또한 거센 불길 속에 스러지고 만다.

요즘 세상에 가문을 이야기하고, 종가를 말하고, 시대착오적인 전통을 고집하는 것은 용납되기 어려운 일일 것이다. 특히 그것이 자연스런 책임과 의무로 전승되지 못하고 예전처럼 강압과 강제에 의한 것이라면 더욱 수용되기 어려울 것이다. 옛것이라고 해서 무조건 다 소중한 것은 아니다. 시대에 따라 변하고 움직이는 것이 인간의 삶이다. 다른 것들은 다 흘러가고 움직이는데 나만 가만히 그 자리에 서 있는다면 그건 낙오이자 정체일 뿐이다. 전통을 지키는 것은 아름다운 일이지만 인습을 고집하는 것은 어리석음이기 때문이다.

유교문화권의 상징이라 할 가문 의식, 양반 가문의 긍지, 종갓집의 맥, 종손으로서의 과중한 임무, 순수 혈통주의, 이런 것들이 현대 사회에서 얼마나 의미를 가질 것인가. 또 그것이 앞으로 얼마나 더 지속될 수 있을까. 누구나 자기 과거에 대해 자랑하고 싶고, 조상에 대해 긍지를 가지고 싶은 마음이 있을 것이다. 다른 사람이나 가문에 비해 찬연한 가족사를 가진 사람들은 더욱 그럴 것이다. 때로 주변에서 그런 안간힘으로 살아가는 사람들을 볼 수도 있다. 하지만 결혼 기피, 자식 안 낳기 또는 적게 낳기, 아들 중심의 대 잇기 의식 약화 등은 이미 우리 사회에서 보편화되고 있는 게 현실이다. 한두 세대 더 지나 세월이 바뀌면 아마도 그런 의식은 거의 사라질지도 모른다.

이 작품은 이런 우리 사회의 현실 추세를 무섭게 짚어내고 있다. 가문에 대한 끈질긴 집착이 어떻게 인격을 파탄시키고, 턱없이 강요되는 종손으로서의 순수성과 의무가 어떻게 개인을 말살시킬 수 있는가를 두려울 정도로 세밀하게 보여 주고 있다. 이는 비단 가문과 종가에 대한 이야기만은 아닐 것이다. 우리 주변엔 또 다른 형태로 우리를 옥죄고 있는 무수한 '종가'와 '가문'이 널려 있다. 그 울타리에 갇혀 우리는 숨이 막힐 정도다. 나와 우리의 의식에 알게 모르게 배어 있는 그 낡고 강인한 '종가와 가문'을 어떻게 정리하고 대처할 것인가. 아직도 우리는 이 질문의 앞에서 헤매고 있다. 길을 못 찾고 있다. 그런 면에서 우리 모두는 과거의 노예요 가엾은 종손들이다. 지고 갈 수도 없고 버릴 수도 없는 무거운 짐을 진 짐꾼들이다.

소설예술로서 이 작품에 대해 아쉬운 점을 한두 가지 덧붙인다면, 우선 문장의 부정확과 간혹 과장된 비유 등이 눈에 거슬린다. 전체적으로 문장이 들쭉날쭉이다. 어느 부분은 아주 세련되고 빛나는 문장을 구사하는가 하면, 어느 부분에선 억지스럽고 생경한 문장이 거칠게 버티고 있다. 한 작품이 정확하고 아름다운 문장으로 일관된다는 것은 매우 어려운 일이기는 하지만, 최소한 필자 본인이 퇴고를 거친다면 충분히 바로잡을 수 있는 문장들이 다수 존재한다는 것은 '모국어 교육 교재'로서의 소설에 명백한 흠결이 된다 할 수 있을 것이다.

다음으로 플롯 전개상 과장된 부분이 나타난다는 점이다. 정실이라는 여자의 외모와 성격, 행동 등은 현실성이 약한 경우라 할 수 있다. 부분적으로 전후에 걸쳐 캐릭터의 불일치가 보이며, 지나치게 그로테스크한 묘사는 균형감의 상실을 가져오기도 한다. 또한 마지막 화재 처리 부분과 상룡의 죽음을 묘사한 장면은 작가의 지나친 의도가 개입되고 있다. 그 의도를 살려 강조하려 하다 보니 작위적인 환상의 장치가 마련될 수밖에 없고 그것은 작품 내내 이어 오던 리얼리티를 일거에 무너뜨리는 느낌을 준다.

내로라하는 원로 문인들이 격찬을 아끼지 않은 작품이긴 하지만, 그것이 그 제재의 신선함과 충격적인 주제의식에서 오는 일시적인 감흥일지, 아니면 소설 예술로서의 완성도와 미학의 아름다움에서 오는 긴 호흡의 감동일지는 앞으로 더 깊이 있게 따지고 지켜보아야 할 일이다.

제3부

소설집 해설과 서평

제1장 담담한 일상성의 본질적인 힘

이성훈 소설집/『고장난 시계도 하루에 두 번은 맞는다』

이성훈의 두 번째 소설선집인 **『고장난 시계도 하루에 두 번은 맞는다』**에는 '퇴출 시대에서 사는 일그러진 현대인의 자화상'이라는 에피세트가 얹혀 있다. 겉으론 멀쩡해 보여도 이미 그 기능을 상실한 '고장난 시계'들이 우리 주변을 가득 메우고 있던 저간의 세태를 은유하는 의도라는 걸 쉽게 짐작할 수 있다. 그러나 이 작품집에는 퇴출시대의 사람들 이야기만 들어 있는 게 아니다. 작가 스스로 밝히고 있듯이 30여 년간 써 온 작품 중에서 기간(旣刊)의 작품집에 수록하지 못했던 '애착이 가는' 작품을 골라 만든 작품 선집이기 때문이다. 따라서 이 작품선집에는 최근의 사회 풍정(風情)뿐만 아니라 이 작가의 문학적 특성과 아울러 우리 현실을 바라보는 시선이 충분히 녹아들어 있다고 보아야 할 것이다. 이런 점에서 이 선집은 이성훈의 작품 세계를 조망하는 하나의 가늠대가 된다고도 할 수 있을 것이다. 물론, 작품선집 한 권으로 작가의 모든 역량을 판가름하기는 어렵겠지만, 어지러웠던 시대를 현장에서 살아온 작가의 세계관이나 현실의식을 얼마쯤은 규지(窺知)해 볼 수도 있는 것이 아닌가 한다.

이 작품선집에서 가장 비중이 큰 것은 표제작을 비롯한 몇 편의 근작들이다. 이 최근작 몇 편이 주목을 끄는 것은 이 시대 우리의 자화상을 담담하게 그려내 보이는 원숙함 때문이다. 우리는 얼마 전에 정치가들의 턱도 없는 자존심과 무능으로 인해 미리 예비할 수도 있었던 국가적 경제 위기를 자초하여 굴욕적인 경험을 했고, 아직도 그 후유증은 사회 곳곳에 많은 어려움을 끼치고 있다. 이 과정에서 지도자들은 대부분의 고통을 힘없는 일반 서민들에게 떠넘기고, 자신들은 콧노래를 부르며 그 시대를 '즐겼다.'(대도시에 차량 운행이 줄어들자 훤히 뚫린 도로를 고급 승용차로 달리며 교통난 없는 이런 시대가 더 오래 갔으면 좋겠다고 했다는 부유층의 못된 심보가 기사로 보도된 적이 있었다.) 많은 직장에서는 구조조정이라는 이름으로 평생직장이라 믿고 있던 사원들을 짤라냈다. 하루아침에 실업자가 된 멀쩡한 중년 사내들은 거리를 배회하거나 산을 오르면서 잘못된 시대에 태어난 자신을 한탄해야 했었다.

이런 와중에서 교육계에도 그 본질이나 특성은 거들떠보지 않은 채 일방적인 경제논리로 정년 단축 조치가 강행되었다. 노령교사 한 명을 내쫓으면 젊고 유능한 교사 두세 명을 쓸 수 있다는 해괴한 논법은 교단에서 아이들 가르치기에 평생을 바친 교사들을 맥빠지게 하는 저열한 술책이었다. 매스컴에서는 한술 더 떠 교사들의 조그만 비리를 침소봉대하여 분위기를 부추겼다. 교사들과 사회일각의 반발이 거세어지자 돈 몇 푼으로 유혹하는 명예퇴직이라는 당근을 내밀었다. 정말 더럽고 치사해서라도 그만두고 싶은 마음이 들게 하는 교묘한 기만책이었다. 게다가 교단개혁이니, 뭐니 해서 되지도 않은 외국 이론을 직수입해서, 말은 수요자 중심

교육이라 하면서 실은 아이들을 방치하거나 방임하는 식의 교육 방법이 일률적으로 강제되다보니 원로 교사들은 정나미가 떨어지지 않을 수 없는 지경에 이르렀다. 이런 파행적인 교육계의 현실은 당사자들에게뿐 아니라 현재와 미래의 우리 국민 대다수에게 직간접적으로 큰 영향을 미친다는 심각성이 있는 것이다.

작가는 직접 교단에서 아이들을 가르치는 신분이었기에 이런 문제를 작품으로 다루는 데는 누구보다 그 핍진성과 절실성에서 유리할 수 있었을 것이다. 그러나 그는 이런 제재를 작품으로 다루면서 흥분하거나 비탄조로 접근하지 않는다. 냉혹할 정도로 객관적 거리를 유지하면서 우리가 그 동안 잊고 살아왔던 근본적인 문제들을 짚어나간다.

이 소설집에 수록된 열 세 편의 중단편 가운데 표제작을 비롯하여 「잔치는 끝났더라」와 「종점 부근」 등이 퇴직자, 명퇴자 등 노인 문제를 다루고 있다. 이들 작품에서 작가는, 근근이 달성한 경제적 성과에 도취되어 흥청망청 살다가 느닷없이 들이닥친 아이엠에프라는 국가적 위기에 '퇴출'의 홍수를 이루었던 시대를 담담하게 그리고 있다. 우리는 국가부도라는 위기를 넘기기 위해 그런 시대를 어쩔 수 없는 운명으로 묵묵히 받아들였다. 그러나 그 뒤안에서 당사자들이 겪어야 했던 심리적 허탈에 대해서는 개인적 문제로 치지도외해 버렸다.

표제작은 사범학교 동기생인 네 명의 명퇴 교사들이 무위회라는 모임을 만들어 함께 등산도 하고 근황도 이야기하는 내용이다. 그들의 이야기 속에 가정과 사회, 정치와 교육, 노년의 사고와 삶의 방식 등이 대화의 방법으로 종횡무진 펼쳐진다. 전통적인 소설 문법으로 보면 말미의 양여사 등장 부분을 제외할 때 플롯이 미약하여 특기할 만한 '사건'이란 것이 없는 셈이다. 1930년대 이념의 문학이 외압에 의해 차단되었을 때 나타났던 소위 '세태소설'의 형태를 연상시킨다. 하지만, 소설이 반드시 꽉 짜인 사건이 있어야만 성립되는 것은 아니다. 진지한 현실 수용이나 증언자적 사회 묘사는 그 자체로서 작가의 소명이기도 하다. 이 작품에 나오는 네 명의 전직교사들이 노년의 삶에 비전으로서의 전망을 제시하는 데까지는 이르고 있지 못하지만, 이 시대의 진실에 접근하고 있는 사실만은 부인할 수 없다. 다소 장황한 듯한 대사들도 노년의 리얼리티를 나타내는 데 일정 부분 기여하고 있다고 보아야 할 것이다. 특히 '노는 모임이 아니라 아무것도 않는' 무위회를 계속하겠다는 말미의 강조는 강한 역설적인 의미를 드러내며 현실에 대한 비판의식을 담아내고 있다. 다만, 시대적 진실 수용이라는 명제에 충실하다 보니 소설로서의 미학에 소원(疎遠)해지는 부분은 아쉬움이라 할 수 있을 것 같다.

「잔치는 끝났더라」는 앞의 작품에 비해 보다 직설적인 타이틀이다. 전직 영어교사였던 가장이 아내로부터 황혼 이혼을 제의 받는가 하면, 아들과 딸이 모두 직장 때문에 전전긍긍하고, 막내는 결혼을 약속했다가 보류하지 않을 수 없는 상황에 처한다. 그 이유는 다음과 같은 말에서 잘 드러난다. '천벌을 받은 거지 뭐. 너무 낭비들을 하고 하늘 높은 줄 모르고 날뛰었지. 이런 충격적인 계기가 없다면 반성들도 안 했을 테니까. 누구 누구 할 것 없어. 우리 모두의 책임이지(p.58)' 이 작품 속에는 이런 현실 말고도 노년에 이르기까지 자신의 정체성(아이덴디티)을 갖지 못한 채 살아온 어머니 세대, 치매에 걸린 노령의 노인, 청소년 아이들의 되바라진 태도 등도 함께 다루어지고 있다. 지금까지 아무 문제없이 살아왔고 또 살고 있다고 믿고 있는 대다수의 사람들도 조금만 시선을 돌려 성찰해 보면 문제는 어디에나 있는 법이다. 우리는 그걸 무시하거나 외면하며 살고 있는 것이다. 그런데 외부로부터 갑자기 현재의 삶을 뒤흔드는 충격적인 일이 닥치면, 그런 문제들은 갑자기 수면 위로 떠오르게 되고 당사자들은 혼란에 빠질 수밖에 없다. 현구가 혜원이와 정인이 사이에서 고민하는 모습은 이런 상황을 대변하는 성격을 갖는다. 풍성하고 흥겨운 잔치가 끝나게 되면 그에 상응하는 뒤처리가 짐으로 남는다. 또 분수에 넘치는 잔치를 치르게 되면 후회와 부채밖에 남을 게 없다. 우리가 무심하게 살아오며 소홀히 했던 문제들, 막연하게 자신을 고평(高評)하며 내세웠던 당찮은 허세, 일상 속에 매몰해 두었던 본질적인 가치들, 이런 것들이 잔잔한 톤으로 전달되는 이 작품은 그런 면에서 진정한 우리의 '자화상'일 수 있다. 이 자화상을 인정할 수 있다면 속된 말로 위기는 새로운 기회며, 화가 복이 될 수도 있는 것이다. 그렇게 되었을 때 '잔치는 끝난 것'이 아니라 새로운 의미 창출의 축제가 될 수도 있는 것이다. 작가가 정말 바라는 것은 아마도 여기에 있지 않을까 추측해 본다.

「종점 부근」은 노인 문제를 다루고 있다. 경제력이 상승하고 의료기술이 발달함에 따라 평균수명이 늘어나는 것은 당연하여 우리나라도 노령인구가 점점 증가하고 있다. 반면에 서구의 생활양식이 급격히 보편화되어 과거의 유교적인 가족 관계는 사라져 가는 추세다. 전직 역사교사였던 주인공은 정년퇴임을 하고 내외가 함께 살 계획을 세워두었건만 갑자기 부인이 세상을 뜸으로 해서 어려움에 처하게 된다. 힘들게 키운 자식들은 그의 퇴직금에는 서로들 눈독을 들이면서도 홀로된 아버지 모시기를 서로 미루어, 그는 결혼 안 한 막내를 데리고 파출부와 함께 산다. 산책을 나갔다가 그는 예전 학교 동료였던 허여사를 만나게 된다. 젊어서 혼자된 그녀는 아이들을 다 키워 결혼까지 시킨 몸이지만 아직도 아이들의 뒷바라지에서 벗어나지 못하고 있다. 그는 허여사에게 어렵사리 재혼을 제의하지만 승낙을 받지 못한다. 마음에는 있으면서도 승낙하지 못하는 그녀는 '웃는 것이 우는 것 같고'((p.222), '쓸쓸함과 외로움의 미소'(p.227)를 띠거나, '웃음인지 울음인지 분간하기 힘든'(p.229)웃음만을 보여준다. 출가하여 미국으로 이민간 딸의 해산 구완을 위해 그의 청을 수용하지 못하는 허여사에게 그는 "자식, 도대체 자식이란 게 뭡니까. 부모는 자식에게 끝까지 의무만 있고, 얽매여 있어야 하고, 그들의 요구는 출가 후에도 들어주어야 하고, 평생을 오로지 희생으로만 일관해야 합니까.(p.229)"라고 외친다. 이 분노에 찬 외침은 그들처럼 희생만 하고 살아온 수많은 한국 노인들의 가슴속에 맺힌 한과도 같은 것이라고 할 수 있다. 따라서 이는 무수한 노년 세대의 말없는 절규를 대신하는 의미를 가지며, 그만큼 이 시대의 절박한 문제를 표면화시키는 역할을 수행한다. 그러나 그의 이런 호소에도 허여사는 미안하다는 말과 함께 그의 말을 따라주지 않는다. 그는 먼저 내려와 그녀를 기다리다가 결국 쓰러지고 만다. 이러한 결말의 비극적인 처리는 작가의 냉철한 포즈를 드러낸다. 이는 감성적으로는 동의하면서도, 제도와 인습의 굴레에서 벗어나는 것이 결코 쉽지 않다는 우리 모두의 의식을 날카롭게 짚어내고 있는 노련한 수법이라 할 것이다.

다음으로 이 작품집에서 많이 다루어지고 있는 것은 교육계의 현실이다. 양적으로 보아도 13편 가운데 교사가 주인물로 된 것이 7편이나 된다. 과외 학습 문제를 다룬 「하늘 아래 둘도 없는 법」과 청소년 학생들의 기성 질서에 대한 반항과 탈선을 다룬 「이 아이들」까지 포함시키면 그 숫자는 더 많아져 작품집 전체의 7할 가까이가 해당되는 셈이다. 이는 앞에서도 말한 바와 같이 작가의 직업과 관련이 있을 것이다. 그 가운데 「오늘을 좋은 날」을 제외하면 노령의 교사나, 퇴임한 교사들이 주축을 이루고 있다.

작가는 이런 문제를 다루면서 시선을 비판적인 데 두고 있다. 표제작과 「잔치는 끝났더라」에 토로되고 있는 교육 정책에 대한 생생하고 신랄한 현장의 비판의 목소리들, 「오늘은 좋은 날」의 젊은 교사가 어떻게든 병든 교육계를 떠나고자 고심하고 있는 학교의 일그러진 현실, 「사도」에서 위로부터 일방적으로 몰아붙이는 여러 가지 일선 교육계의 현실과는 동떨어진 정책들, 「이 아이들」에서 다루어지고 있는 섬뜩할 정도의 아이들의 세계, 억지로 틀어막아 많은 사람들을 고통스럽게 했던 과외 교습 금지를 그 표제에서부터 문제로 제기하고 있는 「하늘 아래 둘도 없는 법」 등 우리 교육계의 다양한 문제점들이 정면으로, 혹은 스쳐 지나가는 듯하지만 날카롭게 부각되고 있다. 이런 비판적인 시선은 두말할 필요 없이 교육과 교단에 대한 작가의 역설적인 애정의 표출일 것이다.

교육은 언필칭 백년지대계라 일컬어진다. 그러나 우리의 교육 현실은 이와 너무나 동떨어져 있다. 특히 현장에서 아이들을 직접 지도하는 교사의 입장에서 보면, 교육 현장은 사사건건 지시와 간섭으로 일관하는 상부의 영향 때문에 아이들 가르치는 본업보다는 잡무 처리나 승진을 위한 준비로 비본질적인 것에 많은 에너지를 낭비하지 않을 수 없는 왜곡된 구조로 되어 있다. 교단에서 열심히 가르치기만 하는 교사는 무능하다는 평을 어쩔 수 없이 받아야 하는 파행적 모습이 우리 교육계의 현주소인 것이다. 사회에서도 교사들은 별 대접을 받지 못한다. 오죽해야 이것저것 해 보다가 안 되면 '교사라도 해 볼까' 하는 발상이 통하는 현실일까. 하지만, 당장의 가시적 성과보다 먼 미래를 대비하는 교육의 진정한 본질을 상기한다면, 우리 교육의 잘못된 부분을 염려하고 걱정하는 것은 너무도 당연한 교육자의 진면목이라 할 것이다. 이런 걱정조차 않는 다수의 교사들은 적당히 타협하거나 본질을 망각한 채 살고 있는 것이다. 그런 면에서 작가는 이들 작품을 통해 이 시대 일선 교사들의 우리 교육에 대한 비판과 아울러 올바른 교육의 방향성을 대변하는 임무를 수행하고 있는 셈이며, 이는 바로 우리 미래에 대한 작가적 소명을 실천하는 일을 하고 있다고 볼 수 있는 것이다.

다음으로 이 작품집에서는 작가의 가치관이나 예술관을 엿볼 수 있는 작품들이 눈길을 끈다. 「비우와 청부」는 할아버지, 아들, 손자의 3대가 각기 다른 가치관을 보여주는 세대의식의 차이를 다루고 있다. 일찍이 횡보가 『삼대』라는 장편에서 우리 근대사의 전개 과정과 관련하여 3대의 의식구조와 가치관의 차이를 다룬 바 있지만, 이 작품에서도 선비의식, 부와 청빈이라는 현실적 삶의 문제와 관련하여 젊은 세대가 기성세대의 사고방식에 대하여 강하게 반발하는 모습을 보여준다. 아버지세대는 '어떻게 사는 게 잘 사는 것이냐, 하는 질문에 정답은 없다. 나도 오늘날까지 살아오면서 수없이 회의하고 자문해 보았지만, 정답은 없어.'(p.311)라고 자탄하면서 중간자적 고민을 드러내 보이지만, 이는 한편으로 우리 모두의 생각을 대변하고 있는 것인지도 모른다. 그러나 이 작품에서는 고3인 서술자 '나'는 결국 할아버지식의 가정교육 덕분으로 어려운 취업을 하게 되는 것으로 화해를 보여 주고 있다. 이는 첨예한 본질적 갈등 해결 방식으로 그다지 좋은 것이라고는 하기 어려우나, 전환기 가치관의 추이를 포괄하는 주요한 의미를 갖고 있다고 볼 수 있다.

「예고편」은 친구들을 만나 자신의 구상중인 작품, 집필 중인 작품, 탈고 직전의 작품에 대해 늘 화려하게 그 의미를 떠벌리면서 실은 한 편도 완성된 작품을 내놓지 못하는 '예술가' 이야기를 다루고 있다. 그는 작품에서뿐 아니라 이성 관계, 결혼에 있어서도 예고만 무수하게 남발할 뿐 실질적 성과는 아무 것도 보여주지 못한다. 말과 실질이 일치하지 못하는, 언행이 불일치하는 경우가 어디 그 사람뿐이겠는가. 우리 주변의 많은 사람들, 나를 포함하여 이 세상 거의 모든 사람들이 실은 모두 예고편만을 남발하며 한 세상을 사는 것이 아니겠는가. 그러면서 남들의 그런 면을 흉보고 있는 것은 아닌가. 그러고 보면 이 작품의 풍자적 수법은 그 공격의 초점이 우리 모두에게로 향해져 있다고도 볼 수 있을 것 같다. 일상 속에 숨겨져 있는 허위와 가식의 너울 속에서 우리는 오늘도 무수히 '예고편'을 날리며 나를 속이고, 우리를 속이고 있는 것이다. 이 작품은 이런 진실을 날카롭고도 아프게 직시하며 그 치부를 낱낱이 공개하고 있는 것이다.

「단종구락부」는 그 제목에서부터 일말의 해학성을 보여준다. 대학생인 내가 가정교사하던 집 아이의 고모인 현아를 만나 사랑을 느끼고 결혼을 하자고 했을 때 그녀는 자기가 아이를 낳지 못하는 여자임을 밝히며 그 이유로 첫결혼에 실패했다는 사실을 털어놓는다. '나'는 그것이 무슨 이유가 되느냐며 졸라보지만 그녀는 결국 전실 자식이 있는 집으로 재가를 해 버린다. '나'는 친구들을 끌어들여 아이를 낳지 말자는 뜻의 단종(斷種)구락부 결성을 제의하는데, 그 모임에 치자라는 여자가 나타나서 그 여자와 술김에 하룻밤을 같이 보내고 결국은 그 여자가 임신을 하게 된다. 아이를 낳아서는 안 된다는 '나'의 설득에도 불구하고 그녀는 종적을 숨기기까지 하며 아이를 낳는다. 그 아이를 죽여야겠다고 병원에 간 '나'는 아이의 맑은 눈망울을 보며 포기하고 만다. 이 작품은 그 애펠레이션(고

치자)에서부터 단종구락부 주동자가 아이를 낳게 된다는 것에 이르기까지 시종일관 아이러니와 역설로 가득 차 있어서 소설적 재미를 한껏 높여주고 있다.

「내 마음의 상흔」은 이 작품집에서는 유일하게 분단 문제를 다루고 있다. 칠촌 조카뻘인 헌규와 영자와의 어린 시절 추억을 소재로 하고 있는 이 작품은 우리 민족이 겪어야 했던 동족상잔과 이데올로기에 의한 분단의 아픔을 다루고 있다는 점에서 그 주제가 상당히 무겁다고 볼 수 있다. 할아버지가 형제였던 서술자와 헌규네는 헌규네가 훨씬 부유하고 여유롭게 살았는데, 헌규 할머니의 남동생이 좌익에 관련되어 있고 서술자의 아버지가 경찰관 신분이어서 격동기에 상호 부침을 하게 되나 결국 휴전이 되면서 헌규네는 몰락하고 서술자의 집안은 안정을 찾게 된다. 헌규와 영자는 생사의 소식도 모른 채 지금까지 두절되어 있는데, 적십자회담이니 이산가족 상봉이니 하는 말들을 듣게 되면서 마음속에 열 살 전후의 나이로 기억되고 있는 그들을 혹 만나게 될지도 모른다는 기대를 떠올려 보는 것이다. 분단과 이산가족 문제는 우리 민족이 풀어야 할 최대의 숙제이며 현재진행형인 고통의 비극이다. 반세기가 넘도록 혈육을 떼어놓고 그 생사조차 알 수 없게 한 일은 전세계 인권사에 그 유례를 찾을 수 없는 부끄러운 유산이자 수치다. 이를 악용하여 정권의 버팀목으로 삼은 남북의 기존 정권들은 어떤 면에서고 역사적 비판을 받을 것이고 또 받아야만 한다. 그 틈바구니에서 가족 형성의 원초를 무시당해 버린 수많은 이산가족의 한과 슬픔은 한두 편, 한두 권의 작품으로는 결코 소화될 수 없는 거대한 모습을 하고 있다. 민족의 내면에 깊숙이 잠재해 있는 이 문제가 올해 김대중 대통령과 김정일 위원장의 회담으로 겨우 그 실마리를 풀어가고 있는 중이지만, 이 제재의 소설화는 아마도 쉽게 달성되기는 어려울 것 같다. 워낙 거대한 실체인데다가 감성이 앞서지 않고는 받아들이기 어려운 속성을 갖고 있기 때문이다. 그런 점에서 한 가족사의 단면을 통해 담담하게 이 문제를 풀어낸 이 작품은 한 가능성을 열어 보이고 있다. 감성을 배제한 채 '만나야 얼굴도 못 알아보겠지만 그래도 우리의 기억까지야 잊힐 것인가'(p.207)하는 독백이야말로 이 문제에 접근하는 하나의 통로일 수도 있기 때문이다.

그밖에도 이 작품집에는 규격화된 '세뇌' 교육의 장에서 우연히 자신의 문제를 진지하게 성찰해 볼 수 있었다는 「좋아졌습니다」, 말과 생각의 자유까지 보이지 않는 감시의 그물 속에서 조심해야 했던 시절의 이야기를 다룬 「유신의 그늘」, 사소한 일상사의 일들까지 미신적 행운에 의지하며 살아가는 젊은 교사의 고뇌를 그린 교육 현장의 적나라한 생태보고서 「오늘은 좋은 날」, 교무실의 풍경을 소재로 하여 사람들의 내면에 침잠해 있는 허위의식을 통렬하게 비판하고 있는 「사도」 등이 있는데, 이미 약속된 분량이 넘어 자세히 논의하지 못해 아쉽다.

끝으로 전체 작품에 대해 그 기법적 특징과 작가의식을 간략히 언급하는 것으로 마무리를 지어야 하겠다. 13편의 작품은 1인칭 시점이 5편, 작가관찰자 시점이 5편, 전지적 시점이 3편으로 되어 있다. 소설 서술에서 시점 문제는 매우 중요하다. 같은 제재라 하더라도 시점을 달리 함에 따라 의미가 얼마든지 달라질 수 있다. 대체로 1인칭 시점은 작품내적 서술자에 의한 서술로 신빙성 확보 차원에서 유리하나 시야의 제약이라는 제한이 따른다. 반면 작가관찰자 시점(3인칭시점)은 작품외적 서술자에 의한 서술로서 인간의 내면 묘사에 제약이 따를 수밖에 없다. 작가는 이런 점을 충분히 활용하여 한 권의 작품집에서 균형 있는 서술의 태도를 보여 주고 있는데, 이는 보이지 않는 작가의 역량이 녹아있는 모습이라 할 수 있을 것이다. 플롯의 짜임에서는 대체로 순행적 구성과 역순행 구성이 섞여 있는데, 이 또한 소설 창작의 묘미를 그 본질에서 잘 살리고 있는 증좌로 볼 수 있을 것이다. 간혹, 풍자와 해학의 고급스런 방법이 채택되고 있는 기법도 원숙한 작가의 역량이 아니면 해 내기 어려운 작업이라 할 수 있을 것이다.

작가는 어떤 경우에도 현실을 떠날 수 없고, 소설은 현실의 정직한 반영이며 또 그것이 소설 장르의 본질이기도 하다. 다만, 현실을 다루는 태도와 방법은 작가에 따라 얼마든지 달라질 수 있다. 이성훈은 앞에서 말한 바와 같이 자신의 직업적 소재를 즐겨 다루되, 거창하고 무거운 주제를 끌어들이기보다는 우리의 일상을 담담하고 냉철하게 다루는 특징을 보여 주고 있다. 그러나 그 담담함 뒤에는 삶의 진실과 보편성을 추구하는 치열한 작가 정신이 스며들어 있다. 얼핏 고발문학적 색채가 드러나기도 하나 거기에서도 흥분이나 구호성 외침은 찾아볼 수 없다. 근대소설이 소시민의 삶을 중요하게 문제삼기 시작한 이래, 금세기에 들어서서 힘의 문학을 추구하는 사회주의 리얼리즘소설이 위력을 떨친 바 있다. 게오르그 루카치의 말대로 거대서사의 시대가 한 시대를 풍미했던 것이다. 그러나 현실 사회주의의 몰락과 함께 우리 문단에서 방향 상실의 공백 상태가 이어지고 있는 요즘, 같잖은 미세서사의 범람이 문단을 장악하고, 독서계를 평정해 나가고 있는 느낌이다. 더구나 디지털 문명이라는 생활의 변모가 이런 환경을 가속화시키고 있다. 이런 소용돌이 속에서 묵묵하게 소설의 정도(正道)를 실천해 나가고 있는 이 작가의 모습은 어느 면에서 줄리앙 방다의 표현대로 '지적 성직자'의 자세인지도 모른다. 이런 자세는 자칫 고루하고 정체(停滯)된 모습이라 비판받을 수도 있겠으나, 어느 시대 어느 민족을 막론하고, 본질에서 벗어나 일시적 인기를 얻거나 환호를 받더라도 그것이 비본질적 정체성 상실의 단면임은 움직일 수 없는 진리다. 그러므로 역사라는 것은 용기 있는 소수의 유행 거부에서 계승되는 것인지도 모른다. 이런 면에서 '용기 있는 보수'는 아름답고 소중하다고 할 수 있다. 이성훈은 그 자신이 서문에서 밝히고 있듯이 '문학에 대해 지극히 보수적인 입장'임을 작품을 통해 철저하게 입증하고 있는 것이다. 그의 이런 작업이 우리 문단과 문학사에 크게 빛을 발하기를 기대한다.

제2장 평화와 화해의 휴머니즘 작가

박병례 소설집/『쑥 캐는 불장이 딸』

반세기를 넘은 우리 대학의 역사와 함께 공주대학 문학의 역사도 긴 연륜을 자랑하고 있다. 1950년대의 '시회' 활동에서 현재의 '한누리문학회'에 이르기까지 학생들의 문학 활동은 중단 없이 우리 사회와 현실을 진지하게 고민하는 작품을 창작하여 한국문학의 한 축을 굳건하게 형성해 왔다. 그런데 한 가지 아쉬운 것은 우리 대학 출신 문인 중 시인은 기 백 명을 헤아릴 만큼 많은데 소설가는 손에 꼽을 만큼 적다는 것이다.

이런 아쉬움 속에 지난 연말 역량 있는 소설가 한 사람이 출현했다. 문헌정보교육과를 졸업한 **박병례**가 소설집 **『쑥 캐는 불장이 딸』**(실천문학사, 2001.12.)을 출간한 것이다. 박병례는 1995년 실천문학신인상, 1997년 김유정문학상을 수상하며 문단에 나온 신예작가다. 아직 30대 초반의 나이로 문단의 주목을 받으며 명망 있는 출판사에서 소설집을 출간한다는 것은 쉬운 일이 아니다. 그만큼 그의 작품들이 해당 전문가들로부터 인정을 받았기에 가능한 일이었을 것이다.

이 소설집에는 미발표작 2편(「바다에 가면」, 「소망빌라 사람들2」)을 포함하여 모두 9편의 중단편이 수록되어 있다. 이 아홉 편의 작품을 읽으면서 일관되게 느낀 것은 치열한 산문정신의 발현이다. 요즘 젊은 작가들의 작품을 보면, 손끝으로 매만진 언어의 기교, 필연성 결핍의 서사구조, 표피적인 불륜 미화 등의 경박함이 난무하는 데 비해, 박병례의 소설에선 시대와 사회를 진지하게 성찰하는 자세, 간혹 섬뜩할 정도로 묘사되는 궁핍과 잔혹함, 그리고 현미경적인 꼼꼼한 어휘 구사력이 어우러져 소설 장르의 본질이 잘 구현되고 있다. 모름지기 소설이란 문장력과 작가의식을 기반으로 하는 산문정신을 떠나 존립하기 어렵다. 이런 점에서 박병례는 일단 이 시대가 요구하는 진지한 작가군의 한 구성원이 되기에 부족함이 없어 보인다.

박병례의 소설에서 다뤄지는 내용들은 크게 우리 근대사의 궁핍을 축으로 하면서, 주한 미군 문제와 농촌 현실(「황구지천」), 해체되는 농촌의 가망 없는 삶의 현장(「여름, 그 어느 날」, 「살다보면」), 여성들의 가혹한 운명과 절망(「그 해의 겨우살이」, 「뻐꾸기 둥지」), 그리고 도시 빈민의 일그러진 세태(「소망빌라 사람들」) 등 다양한 모습을 보여 주고 있다. 이처럼 비극적이고 참혹한 내용을 다루면서도 거기에 함몰되지 않고 냉혹한 객관적 거리를 유지하는 데서는 얼핏 19세기 프랑스 자연주의 작가들의 작품이 연상되기도 한다. 그러나 우리는 여러 작품 속에 스치듯 숨어 있는 인간에 대한 따스한 시선에 주목할 필요가 있다. 이 작가가 추구하는 것은 궁극적으로 평화와 화해의 휴머니즘이다. 이는 근대소설 작가들이 한결같이 추구해온 이상이기도 하다. 이런 점에서도 이 작가의 선택은 정곡을 향해 있다.

그 외에도 자재하게 구사되는 충청도 방언(그는 아산 출신이다.)의 든든한 저력, 간접체험을 실제와 가깝게 형상화해 낸 능숙한 솜씨, 소재의 외연을 확장하여 매너리즘을 극복한 능력 등은 이 작가만이 가진 훌륭한 장점이자 미덕이라 할 만하다. 반면, 아무리 거대담론의 세계가 그 효율성을 상실한 시대라고는 해도 미세(미소)담론에만 치중한 듯한 스케일의 문제, 일부 작품에서 정밀한 세태 묘사에만 신경 쓰다 놓쳐 버린 듯한 서사 체계의 미약함, 추악함을 드러내는 것보다 더 소중한 대안으로서의 희망에 대한 관심 약화 등은 앞으로 더 보완하고 개척해야 할 아쉬움이라 생각된다.

열악한 우리 소설의 현실에서 역량 있는 새로운 작가를 만나게 된 것을 무엇보다 기쁘게 생각한다. 앞으로 더욱 좋은 작품을 창작하여 모교인 공주대학교의 영예를 높이고, 나아가 한국 소설계에 훌륭한 소설가로 우뚝 서기를 진심으로 기원한다. 재학생 후배들이나 동문들도 이 작가의 작품을 많이 사랑하여 크게 성장하는 데 모두 힘을 보태 주기 바라는 마음이 간절하다.

제3장 늙음에서 피어나는 아름다움의 힘

강병철 소설집/『엄마의 장롱』

강병철의 네 번째 작품집, 소설집으로는 두 번째인 **『엄마의 장롱』**(푸른나무. 2002.6.)은 표제작을 포함하여 모두 여섯 편의 작품으로 채워져 있다. 그런데 이 책의 표지에는 '강병철 장편소설'이라고 표기되어 있다. 작가의 의도적인 '내색'인지, 아니면 출판사의 고의에 의한 '상품 만들기'인지는 알 수 없으나, 이런 체제는 일단 바깥과 안이 일치되지 않는 작은 불협화음을 느끼게 한다.

하지만 수록된 작품을 하나하나 읽어가다 보면 이런 불협화음이 단지 실수에서 나온 고의성이 아니라는 점을 확인할 수 있다. 이 작품집에서 다루어지는 제재가 거의 동일한 내용이고, 소설의 서술자 또한 순례라는 교사로 일관되고 있기 때문이다. 물론 작품에 따라 순례는 국립사범대학을 졸업한 중등학교 교사에서 사범학교 출신의 초등학교 교사로, 또는 9남매의 딸이었다가 4남1녀의 5남매 맏딸로 신분이 바뀌기는 하나, 그녀의 남편 규호(그의 직업도 교사에서 학원 강사 등으로 일정하지 않다.)라는 인물과 함께 다섯 작품에서 동일한 위상을 차지하고 있으니, 마지막 한 작품(「양지편에 부는 바람」)을 제외하면 다섯 편의 작품은 한 편의 작품으로 볼 수도 있겠다는 생각이다. 그러나 엄밀하게 말해 이 다섯 작품들은 한 편의 장편으로서의 구조와 형식에는 미치지 못한다. 굳이 말한다면 변형된 옴니버스 형태라고나 할까. 그럼에도 불구하고 이들 작품에 드러난 작가의식은 여섯 편의 모든 작품에서 한 편의 작품처럼 한결같이 동질성을 유지하고 있다. 아마도 이런 점이 이 책에 장편소설이라는 단어를 얹도록 한 게 아닐까 생각한다.

이 책 속의 작품에서 가장 핵심이 되는 인물은 갑천댁이다. 현재 이 땅에 살고 있는 80세 전후 여인들이 겪었을 온갖 고초와 신산을 남김없이 떠안은 이 할머니는, 웬만한 집안에서 태어나 어린 시절을 그럭저럭 잘 보내다가 운명적인 결혼을 하게 되고, 그 이후 아직도 남존여비의 의식에 꽉 찌들어 있는 남편을 섬기면서 '남자는 하늘, 여자는 땅'이라는 생각 속에 별 다른 대책 없이 자식들을 많이 낳고, 그 자식들을 양육하고 교육시키느라 자기 몸 망가지는 것도 모른 채 오직 험한 노동으로 일생을 보내다가, 지금은 늙은 몸으로 자식들에게 괜한 짐 거리가 되어 노년을 힘겹게 보내고 있는 전형적 인물이다. 그녀의 시어머니 또한 이와 다르지 않으며, 주변의 이웃 여인들도 역시 마찬가지의 모습이다. 이 여인들은 살아오는 동안 일제 강점기 시대의 질곡을 견디기도 하고, 한국 전쟁의 모진 시련을 가까스로 모면하기도 하며, 군사 쿠테타 주역들이 펼치는 개발 독재 시대의 험한 세파를 감내하기도 한다. 그러나 이들은 그런 세상에서 사회의 정의나 민족의 비애 같은 걸 느낄 겨를이 없었다. 그런 자각도 없었을 뿐 아니라 대다수 이 땅의 민초들이 그러했듯이 자신과 가족의 생존이 급선무

였기 때문이다. 그런 점에서 보면 이 책 속의 갑천댁으로 대표되는 여인들은 한국 현대사의 가장 원형적인 인물군을 대변하는 아키타입에 해당한다고 할 수 있을 것이다.

주지하다시피 20세기 한국 현대사는 시련과 왜곡으로 일그러진 모습을 하고 있다. 지도자들의 무능과 판단 착오로 말미암아 나라의 주권을 강탈당했고, 외세에 의해 민족의 분단이 초래되었으며, 동족상잔의 참혹한 투쟁 속에 수많은 사람들이 죽음의 땅으로 내몰렸고, 상식과 정의가 실종된 가운데 권위주의적 힘이 풍미한 그런 시대가 바로 우리 현대사다. 하지만 이런 시련과 왜곡의 현대사에 책임을 진 사람은 아무도 없고, 오히려 그들은 시대가 바뀜에 따라 카멜레온처럼 변신을 일삼으며, 부당하게 권력을 독점하고 백성들 위에 군림하였다. 이런 시대에 힘겹게 이 땅을 지켜내고, 또 우리 정체성을 유지해 낸 주역은 과연 누구인가. 그것은 저 잘난 양반의 후예들도 아니고, 오직 권력욕에만 눈먼 지도자들도 아니었으며, 선거때마다 입에 거품을 물고 애국 애족을 외친 정치꾼들도 아니었고, 제 배 채우기에만 급급했던 개발 시대의 주역인 경제인들도 아니었다. 자신의 주린 배를 숨기며 자식들 먹일 생각만 했던 어머니, 자신은 배우지 못했지만 자식들만은 가르쳐야 한다는 신앙에 가까운 교육열을 발휘했던 어머니, 어떤 경우에도 남편인 가장의 권위와 체통은 지켜줘야 한다는 가정교육 표본으로서의 어머니, 늙고 병이 들어서도 자식들의 짐이 되기는 싫다는 최소한의 자존심을 지켜 나가는 어머니, 바로 이런 여인들이 그 주역이랄 수 있다. 그들이 있었기에 그래도 우리는 지금 한국인으로서의 정체성을 이나마 지키고 유지할 수 있었던 것이 아니겠는가. 그런 점에서 이 늙은 여인들이야말로 우리를 지키는 강인한 힘이고, 우리 민족의 역사를 이어주는 끈질기고 아름다운 끈인 것이다.

이 작품 속의 여인들이 이러한 역사적 의미를 가지고 있음에도 불구하고 현실은 이들에게 그리 호의적이지 않다. 이는 소득의 증대 및 기술의 발달로 인한 고령화 사회의 도래와 맞물려 있음은 물론 산업화와 함께 초래된 공동체 가족 제도의 해체와 직결되어 있는 문제이기도 하다. 힘들게 가르쳐 길러낸 자식들은 직장에 얽매어 나이든 부모님을 모실 여력이 없다. 또 그 자식들이 낳은 자식들(손자 손녀)은 할머니 세대와 생활 방식이나 삶의 양식이 다르기 때문에 함께 살기가 어렵다. 그래서 아픈 몸으로 힘에 부치는 노동을 하면서 아직도 농촌에서 살아갈 수밖에 없거나, 어렵게 자식들과 산다 해도 아이들에게 '강아지'만도 못한 대접을 받아야 한다. 이처럼 이성적으로는 나이든 어머니를 잘 모시고 싶어도 현실적으로는 겹겹의 장애 때문에 여의치 못한 사정은 어머니나 자식 모두에게 또 다른 고통으로 작용할 수밖에 없다. 남편마저 저 세상으로 먼저 보낸 몸으로 버성긴 자식과 손자들 틈에서 생존을 이어가야 한다는 것은, 젊은 시절에 몸으로 견뎌온 그 어떤 시련보다 더욱 큰 고통일지도 모른다. 이는 현재 우리가 당면하고 있는 중요한 사회 문제이기도 하며, 이 책이 제기하는 가장 중요한 주제의식이기도 하다.

여러 작품에서 서술자 역할을 하고 있는 순례라는 교사는 9남매(혹은 5남매) 중의 딸로서 어렵게 공부하고 교사가 되어 역시 같은 분야 직종의 남편 규호와 살고 있는 중년의 주부다. 아이들의 엄마로서, 한 가정의 주부로서, 학생들을 지도하는 교사로서, 남편이 있는 아내로서 힘겹게 살아가고 있는 그녀에게 또 하나 얹혀진 짐은 나이 많은 친정어머니, 혹은 치매 기운이 있는 시부모다. 그들은 때로 숨기기도 하지만, 때로는 드러내

놓고 그녀에게 뭔가를 바라고 있고, 이는 그들이 살아 계시는 한 도저히 해결될 수 없는 난감한 과제다. 그녀의 어머니가 원래의 가정 주부 일 외에 자식들을 위해 장돌뱅이에 학교 앞에서 구멍가게를 하며 살았던 것처럼, 그녀도 지금 일인다역의 고난을 견뎌내며 힘들게 살아가고 있다. 그러고 보면 순례도 그 양태의 변화만 있을 뿐, 그 어머니와 다름없는 숙명을 타고난 존재라 할 수 있다. 다시 말해 그녀 또한 나이만 다른 또 다른 갑천댁 중의 하나인 것이다.

작가의 말대로 '유년의 기억'을 소재로 한 '아름다운 쭈그렁탱이들'의 이야기인 이 작품들은 그 제재의 성격만큼이나 끈끈하고 질척이는 분위기를 갖고 있다. 자연히 작품에는 독자들의 긴장감을 자아내는 긴박한 서사구조도 없고, 플롯이 긴밀하게 짜여진 단단한 형식도 갖추지 못하고 있다. 그럼에도 이 작품이 막힘 없이 읽히는 이유는 인물들의 대사에 구사되는 농익은 충청도 방언에다 서산(명기는 안 되었으나 생강과 마늘 이야기로 보아), 조치원, 강경, 연무대 등의 이 지역 지명의 배경, 그리고 시를 쓰며 다져진 다부지고 감칠맛 나는 문장력 때문이 아닌가 한다. 가령 아무렇게나 펼친 한 페이지에 도사리고 있는 '시누대 이파리가 우수수 소란을 떨었다.', '봄날의 새순들이 새파란 물감을 번지고', '새순이 튀어 오르는 뽕나무밭 언덕'(p.101) 등의 묘사는 마치 이효석의 문장을 연상케 한다.

반면 여섯 작품을 읽으며 간혹 아쉬웠던 점은, 제재를 제대로 정제하지 않은 채 쏟아놓은 것 같은 거친 느낌과, 그 다음으로는 가끔 튀어나오는 노동 투쟁, 학생 운동 등의 이질적인 곁가지 이야기의 삽입, 그리고 각 작품에서 완결된 구조로서의 미학적 힘이 나약한 것 등이었다. 그러나 이 같은 아쉬움이야 이 작품들이 이룬 성과에 비하면 그야말로 옥의 티에 불과할지니 그대로 덮어두어도 무방하리라.

책 한 권에 대한 서평을 쓰면서 작품 하나하나가 가진 의미와 특징들을 섬세하게 짚어내기는 애당초 어려운 일이다. 꼼꼼하게 읽으며 생각났던 것들 가운데 일부만 이야기하고 마치려니 왠지 미진하여 찜찜하기만 하다. 특히 곽노인을 통해 노년과 이산가족의 문제가 병합된 우리 근대사의 현재진행형 비극을 다룬 주요한 주제의 '황혼의 그림자', 당숙모와 엄마의 자식을 사이에 둔 대립과 갈등, 그리고 엄마의 죽음을 계기로 화해에 이르는 내용을 유머 감각으로 재치 있게 다루어 이 책 속에서 가장 뛰어난 미학적 완성도를 보여 주고 있는 '양지편에 부는 바람' 을 따로 논의하지 못한 것이 아쉬움으로 남는다. 이 작품들은 나중에 기회가 닿으면 본격적으로 다루어 보고 싶다.

시류 영합의 경박한 소설들이 판을 치는 우리 문단에 이런 '낡은 제재'를 다룬 진지한 책도 버젓이 경쟁할 수 있는 풍토가 조성되었으면 하는 소망은 한낱 바람에 그치고 마는 것일까? 작고 비루해 보이는 것 속에 진리가 숨어 있다는 평범한 상식을 실증하는 이 책이 많은 독자의 큰 사랑을 받았으면 한다. 이는 작가 강병철만을 위해서 하는 말이 아니라 우리 소설계에 전하는 나의 바람이기도 하다.